Contraste insuffisant

NF Z 43-120-14

Ye

LIBRAIRIE NOUVELLE,
BOURDILLIAT et Cie, ÉDITEURS.

CHANSONS POPULAIRES
DES
PROVINCES DE FRANCE

SUITE AUX
CHANTS ET CHANSONS POPULAIRES DE LA FRANCE

NOTICES
PAR CHAMPFLEURY

ACCOMPAGNEMENT DE PIANO
PAR J. B. WEKERLIN.

PROSPECTUS.

Un des succès les plus grands de la librairie illustrée a été sans contredit celui des *Chants et Chansons populaires de la France*, trois volumes toujours réimprimés et dont une nouvelle édition revue avec soin va reparaître. Dans la pensée des auteurs et éditeurs des *Chants et Chansons populaires de la France*, il avait été question plus spécialement de la chanson populaire dans les *villes*, c'est-à-dire des chansons de table, d'airs célèbres d'opéras-comiques, de complaintes faites par des gens d'esprit, telles que *Fualdès*, dont quelques-unes se sont vendues à plus de cent mille, d'airs nationaux qui ont traversé des siècles sans perdre leur gaieté, comme *Malbrough*, etc. L'idée qui a présidé à la collection était de réunir les chansons faites et chantées par la bourgeoisie, dont Béranger et Désaugiers furent les illustres représentants.

Nous avons voulu joindre à ces trois volumes un Livre tout à fait nouveau, qui, en même temps qu'il les complète, forme un tout indépendant, et se rattache étroitement à notre précédente publication. Ce livre, qui renferme plus spécialement des chansons de campagne, s'appellera CHANSONS POPULAIRES DES PROVINCES DE FRANCE. Ici plus d'auteurs : on ne les connaît pas, et on ne les connaîtra jamais.

Qui a fait la chanson? Le compagnon partant pour le tour de France et charmant sa route par d'interminables couplets.

Qui a fait la chanson? La bergère de village, « *là-haut, sur la montagne,* » pensant au conscrit qui reviendra plus tard.

Qui a fait la chanson? Le paysan pour préparer sa ménagère à la vie de travail qui l'attend après la noce.

Qui a fait la chanson? Les gens d'un village pour se gausser de ceux du village voisin.

Qui a fait la chanson? Le matelot partant pour les îles, *sur son vaisseau d'argent*.

Qui a fait la chanson? La mère prudente montrant à sa fille pauvre le jeune « *roi qui épouse des bergères.* »

Qui a fait la chanson? Les buveurs de tous les pays vignobles, plus amoureux de la bouteille que de l'amour.

Qui a fait la chanson? Les amoureux trompés, se consolant de l'ingratitude de leurs belles et assoupissant leurs chagrins dans de mélancoliques refrains.

Qui a fait la chanson contre les femmes? Les hommes.

Qui a fait la chanson contre les hommes? Les femmes.

Par cette collection de chansons populaires, mieux que par d'ambitieuses Histoires, on connaîtra le peuple de France, avec les différences qui séparent le Midi du Nord, une province de l'Est d'une province de l'Ouest, un département d'un autre département, une ville d'une autre ville, un bourg d'un village, un village d'un hameau. De ces chansons jaillit un sentiment particulier, plein de charme, provenant de l'innocence des esprits qui ont improvisé ces vers et ces mélodies naïves. On dirait que l'absence de toute éducation n'a servi qu'à rendre plus vives les sensations. La joie, la tristesse, l'amour, y sont dépeints plus fortement, n'étant bridés par aucune rhétorique.

M. CHAMPFLEURY, le vaillant conteur, qui, de tous nos romanciers d'aujourd'hui, connaît le mieux la province, et dont les aspirations sont tournées vers l'Art populaire, a fait précéder chaque livraison d'une Notice historique, et a recueilli ces chansons avec le concours de M. WEKERLIN, qui, par ses publications précédentes, était le seul compositeur propre à ce travail délicat de transcription des mélodies et de leur accompagnement, qui veut autant de science que de sentiment naïf.

MM. Bida, Catenacci, Courbet, Faivre, Flameng, Français, Hanoteau, Jacque, Morin, Maurice Sand, Staal, Villevieille, qui ont illustré ces nouvelles chansons, n'ont pas besoin de commentaires.

EN VENTE

CHANSONS POPULAIRES	CHANTS ET CHANSONS
DES PROVINCES DE FRANCE	**POPULAIRES DE LA FRANCE**
Texte par Champfleury, accompagnement de piano par Wekerlin.	Texte par Dumersan, accompagnement de piano par Colet.
1 volume grand in-8°. 12 francs.	3 vol. grand in-8°. — Chaque vol. séparément, 12 fr.
30 Livraisons. — 50 centimes chaque Livraison.	Les trois volumes, 32 francs.

Ensemble les quatre volumes 40 francs au lieu de 48 francs.

Chaque Livraison contient une Province et forme un tout complet.

LIBRAIRIE NOUVELLE, BOURDILLIAT ET Cie, ÉDITEURS.
15, BOULEVARD DES ITALIENS.

SPECIMEN.

NOUS ÉTIONS DIX FILLES DANS UN PRÉ.
(LYONNAIS.)

Nous étions dix fill's dans un pré,
Tout's les dix à marier,
Yavoit Dine, yavoit Chine,
Yavoit Claudine et Martine.
    Ah! ah!
Cath'rinette et Cath'rina;
Yavoit la belle Suzon,
La duchess' de Montbazon,
Yavoit Madelaine,
Il y avoit la du Maine.

Le fils du roi vint à passer,
L' fils du roi vint à passer,
Salua Dine, salua Chine,
Salua Claudine et Martine.
    Ah! ah!
Cath'rinette et Cath'rina;
Salua la belle Suzon,
La duchess' de Montbazon,
Salua Madelaine,
Embrassa la du Maine.

SALLE ÉRARD, RUE DU MAIL, 13.

PREMIÈRE AUDITION
DES
CHANSONS POPULAIRES
DES
PROVINCES DE FRANCE
1 VOLUME IN-8°. NOTICES
PAR CHAMPFLEURY
ACCOMPAGNEMENT DE PIANO
PAR J. B. WEKERLIN.

PROGRAMME DU CONCERT
SOUS LA DIRECTION DE J. B. WEKERLIN.

Combien j'ai douce souvenance (chœur d'introduction).

1.	Cantique de Jeanne d'Albret, duo et chœur . . . . . (Béarn).	Mmes Ponchard, Gugenheim.
2.	Le Jardin, duo . . . . (Alsace).	Mmes Ponchard, Gugenheim.
3.	Eho! Eho! les agneaux vont aux plaines . . . . . (Bourgogne). Le Bouquet de ma mie . . . . (Picardie).	MM. Lionnet.
4.	La belle est au jardin d'amour . . . . (Picardie). Le Diablotin, avec chœur . . . . (Alsace).	Mme Ponchard.
5.	Berceuse et Tarentelle, composées et exécutées par	M. Lubeck.
6.	Belle, quelle souffrance! duo . . . . (Béarn). Les Scieurs de long . . . . (Limousin).	Mlle Gugenheim. M. A. Lionnet. M. H. Lionnet.
7.	Au bois rossignolet, duo . . . . (Franche-Comté). La Maîtresse du roi céans . . . . (Saintonge).	MM. Lionnet. chœur.
8.	Rossignolet des bois . . . . (Bretagne). La Violette, avec chœur . . . . (Touraine).	Mme Ponchard.
9.	Feuille d'Album et Polonaise, composées et exécutées par . . .	M. Lubeck.
10.	Ballade de Jésus-Christ . . . . (Picardie). Belle, allons nous promener, avec chœur . . . . . (Lyonnais).	MM. Lionnet.
11.	Les trois Princesses . . . . (Franche-Comté). J'étions trois capitaines, chœur . . . . (Nivernais).	Mmes Ponchard. Gugenheim. Vogler. MM. Lionnet.
12.	Le Moulin, avec chœur . . . . (Normandie).	M. A. Lionnet.

LE PIANO SERA TENU PAR M. MATON.

CHANSONS POPULAIRES DES PROVINCES DE FRANCE
SUITE AUX
CHANTS ET CHANSONS POPULAIRES DE LA FRANCE.

PROSPECTUS.

Un des succès les plus grands de la librairie illustrée a été sans contredit celui des *Chants et Chansons populaires de la France*, trois volumes toujours réimprimés et dont une nouvelle édition revue avec soin va reparaître. Dans la pensée des auteurs et éditeurs des *Chants et Chansons populaires de la France*, il avait été question plus spécialement de la chanson populaire dans les villes, c'est-à-dire des chansons de table, d'airs célèbres d'opéras comiques, de complaintes telles que *Fualdès*, dont quelques-unes se sont vendues à plus de cent mille, d'airs nationaux qui ont traversé des siècles sans perdre leur gaieté, comme *Malbrough*, etc. L'idée qui a présidé à la collection était de réunir les chansons faites et chantées par la bourgeoisie, dont Béranger et Désaugiers furent les illustres représentants.

Nous avons voulu joindre à ces trois volumes un nouveau Livre, qui, en même temps qu'il les complète, forme un tout indépendant, et se rattache étroitement à notre précédente publication. Ce livre, qui renferme plus spécialement des chansons de campagne, s'appellera CHANSONS POPULAIRES DES PROVINCES DE FRANCE. Ici plus d'auteurs : on ne les connaît pas et on ne les connaîtra jamais.

Qui a fait la chanson? Le compagnon partant pour le tour de France et charmant sa route par d'interminables couplets.

Qui a fait la chanson? La bergère de village, « *là-haut, sur la montagne* », pensant au conscrit qui reviendra plus tard.

Qui a fait la chanson? Le paysan pour préparer sa ménagère à la vie de travail qui l'attend après la noce.

Qui a fait la chanson? Les gens d'un village pour se gausser de ceux du village voisin.

Qui a fait la chanson? Le matelot partant pour les îles, *sur son vaisseau d'argent*.

Qui a fait la chanson? La mère prudente montrant à sa fille pauvre le jeune « *roi qui épouse des bergères* ».

Qui a fait la chanson? Les buveurs de tous les pays, plus amoureux de la bouteille que de l'amour.

Qui a fait la chanson? Les amoureux trompés, se consolant de l'ingratitude de leurs belles et assoupissant leurs chagrins dans de mélancoliques refrains.

Qui a fait la chanson contre les femmes? Les hommes.

Qui a fait la chanson contre les hommes? Les femmes.

Par cette collection de chansons populaires, mieux que par d'ambitieuses Histoires, on connaîtra le peuple de France, avec les différences qui séparent le Midi du Nord, une province de l'Est d'une province de l'Ouest, un département d'un autre département, une ville d'une autre ville, un bourg d'un village, un village d'un hameau. De ces chansons jaillit un sentiment particulier, plein de charme, provenant de l'*innocence* des esprits qui ont improvisé ces vers et ces mélodies naïves. On dirait que l'absence de toute éducation n'a servi qu'à rendre plus vives les sensations. La joie, la tristesse, l'amour y sont dépeints plus fortement, n'étant bridés par aucune rhétorique.

M. CHAMPFLEURY, le vaillant conteur, qui, de tous nos romanciers d'aujourd'hui, connaît le mieux la province et dont les aspirations sont tournées vers l'*Art* populaire, a fait précéder chaque livraison d'une Notice historique, et a recueilli ces chansons avec le concours de M. WEKERLIN, qui, par ses publications précédentes, était un des rares compositeurs propres à ce travail délicat de transcription des mélodies et de leur accompagnement.

MM. Bida, Bracquemond, Catenacci, Courbet, Faivre, Flameng, Français, Hanoteau, Jacque, Morin, Maurice Sand, Staal, Villevieille, qui ont illustré ces nouvelles chansons, n'ont pas besoin de commentaires.

EN VENTE

CHANSONS POPULAIRES	CHANTS ET CHANSONS
DES PROVINCES DE FRANCE	**POPULAIRES DE LA FRANCE**
Texte par Champfleury, accompagnement de piano par Wekerlin.	Texte par Dumersan, accompagnement de piano par Colet.
1 volume grand in-8°. 12 francs.	3 vol. grand in-8°. — Chaque vol. séparément, 12 fr.
Une Livraison par semaine, 50 centimes.	Les trois volumes, 32 francs.

Ensemble les quatre volumes 40 francs au lieu de 48 francs.

LIBRAIRIE NOUVELLE, BOURDILLIAT et Cⁱᵉ,	LIBRAIRIE,
15, BOULEVARD DES ITALIENS.	5, RUE DU PONT DE LODI.

AU MÉNESTREL, CHEZ HEUGEL, RUE VIVIENNE, 2 bis;

Chez FLAXLAND, place de la Madeleine, et chez tous les Libraires et Marchands de musique.

SPECIMEN.

OUS ÉTIONS DIX FILLES DANS UN PRÉ.
(LYONNAIS.)

Nous étions dix fill's dans un pré,
Tout's les dix à marier,
Yavoit Dine, yavoit Chine,
Yavoit Claudine et Martine.
　　Ah ! ah !
Cath'rinette et Cath'rina ;
Yavoit la belle Suzon,
La duchess' de Montbazon,
Yavoit Madelaine,
Il y avoit la du Maine.

Le fils du roi vint à passer,
L' fils du roi vint à passer,
Salua Dine, salua Chine,
Salua Claudine et Martine.
　　Ah ! ah !
Cath'rinette et Cath'rina ;
Salua la belle Suzon,
La duchess' de Montbazon,
Salua Madelaine,
Embrassa la du Maine.

LES SCIEURS DE LONG.
(LIMOUSIN)
MUSIQUE RECUEILLIE ET TRANSCRITE AVEC PIANO PAR J. B. WEKERLIN.

(Specimen.)

SALLE HERZ, RUE DE LA VICTOIRE, 48.

DEUXIÈME AUDITION
DES
CHANSONS POPULAIRES
DES
PROVINCES DE FRANCE

1 VOLUME IN-8°. NOTICES

PAR CHAMPFLEURY

ACCOMPAGNEMENT DE PIANO

PAR J. B. WEKERLIN.

A LA LIBRAIRIE NOUVELLE, BOULEVARD DES ITALIENS, 15.

PROGRAMME DU CONCERT
SOUS LA DIRECTION DE J. B. WEKERLIN.

Combien j'ai douce souvenance (chœur d'introduction).

1. *Belle, allons nous épromener*, avec chœur . . . . . (Lyonnais). — MM. LIONNET.
2. { *Le Jardin*, duo . . . . (Alsace). { Mmes PONCHARD.
   { *Jeanne d'Albret*, duo et chœur . . . . GUGENHEIM.
3. { *Bouno Neyt*, sérénade en dialecte toulousain . . . . } Mme PONCHARD.
   { *Le Diablotin*, avec chœur . . . . (Alsace). }
4. *Fantaisie espagnole*, composée et exécutée par . . . . Mlle Jos^{ne} MARTIN.
5. { *Eho! Eho! les agneaux vont aux plaines* . . . . . (Bourgogne). } MM. LIONNET.
   { *Au bois, rossignolet*, duo . . . . (Franche-Comté). }
6. *La Part à Dieu* . . . . (Saintonge). — CHŒUR.
7. { *La belle est au jardin d'amour* . . . . (Picardie). } Mme PONCHARD.
   { *La Violette*, avec chœur . . . . (Touraine). }
8. { *Les Scieurs de long* . . . . (Limousin). } MM. LIONNET.
   { *Le Bouquet de ma mie* . . . . (Picardie). }
9. *L'ouverture des chasses*, composée et exécutée par . . . . . . Mlle Jos^{ne} MARTIN.
10. { *J'étions trois capitaines*, chœur . . . . (Nivernais). } MM. LIONNET.
    { *Le Trente-et-un du mois d'août*, marine . . . . }

JOBIN ET NANETTE
POÈME DE MM. MICHEL CARRÉ & BATTU, MUSIQUE DE M. J. B. WEKERLIN.

Exécuté pour la première fois par Mme PONCHARD et M. RENIÉ

LA CHANSON DE MARLBOROUGH

Mme Marlborough . . . . Mme PONCHARD.
Le Petit Marlborough . . . . Mlle GUGENHEIM.
Le Page . . . . M. BIÉVAL.
Un Archer . . . . M. ADAM.
Récitants . . . . MM. LIONNET.
Chœur . . . .

Le Piano sera tenu par M. Maton.

PARIS, TYPOGRAPHIE DE HENRI PLON, IMPRIMEUR DE L'EMPEREUR, 8, RUE GARANCIÈRE.

CHANSONS POPULAIRES

DES

PROVINCES DE FRANCE

PARIS. TYPOGRAPHIE DE HENRI PLON,
IMPRIMEUR DE L'EMPEREUR
RUE GARANCIÈRE, 8.

CHANSONS POPULAIRES

DES

PROVINCES DE FRANCE

NOTICES

PAR CHAMPFLEURY

ACCOMPAGNEMENT DE PIANO

PAR J. B. WEKERLIN

ILLUSTRATIONS

PAR MM. RIDA, BRACQUEMOND, CATENACCI, COURBET, FAIVRE, FLAMENG, FRANÇAIS, FATH, HANOTEAU, CH. JACQUE, ED. MORIN, M. SAND, STAAL, VILLEVIEILLE.

* * * *

NOELS. — CHANSONS DE MAI. — BALLADES.
CHANSONS DE MÉTIERS. — RONDES. — CHANSONS DE MARIÉES.

PARIS

LIBRAIRIE NOUVELLE

BOURDILLIAT ET Cⁱᵉ, ÉDITEURS

15, BOULEVARD DES ITALIENS

1860

PRÉFACE.

Au poète Charles Baudelaire.

I.

« Il existe, écrivait un statisticien méridional, quelques chansons dans le dialecte du département, qui n'offrent rien de gracieux ni de délicat, et qui ont dû être composées par des personnes peu douées du talent poétique. » Telle était, il y a cinquante ans, l'opinion générale sur la poésie populaire, qu'on traitait avec le mépris de Louis XIV pour les peintres flamands. La publication présente témoigne de la réaction qui s'est produite en faveur de la poésie populaire. Cette réaction est-elle toute moderne? Quel motif la dirige et la rend si forte? C'est ce qu'il est facile d'expliquer, appuyé sur de grands esprits : Platon, Montaigne, Jean-Jacques, Gœthe et bien d'autres, qui tous ont protesté de leur admiration pour ces cris spontanés qui s'échappent tout à coup du cœur des peuples.

Les grands esprits qui ont sondé la profondeur de l'idée et qui ont usé leur corps à la recherche d'étoffes brillantes pour habiller ces idées, sont ceux-là mêmes qui se sont enthousiasmés le plus vivement pour un pauvre petit art, tout nu, souvent crotté, mais gai et souriant, naïf, et ne craignant pas plus de montrer ses nudités que l'enfant qui vient de naître.

L'admiration pour cet art naïf n'était-elle pas une affectation de la part des hommes qui avaient dépensé leur vie en sens contraire? La question de *mode,* insupportable quand elle sert de thème de conversation aux médiocrités, les poussait-elle à vanter outre mesure un art dont chaque cri était une opposition à leur manière de manifester leurs sentiments? Gœthe répondra avec sa sérénité habituelle : « Nous autres modernes, nous savons bien sentir la grande beauté d'un sujet naïf; nous savons même la manière de rendre ce sujet, et nous ne le rendons pas. L'esprit domine trop chez nous, il étouffe les grâces naturelles. »

La véritable naïveté a un tel charme que chacun y est pris; mais les lettrés en sont plus frappés que d'autres. Qu'ils peignent de grandes passions, plus grandes que nature, ils n'en sont pas moins poursuivis par le démon de la réalité qui ne les quitte pas et tout à coup vient imposer son mot, quelquefois le grand mot de la pièce. Corneille et Racine, à travers l'emphase propre à la tragédie, trouvent de ces mots qui sont ceux applaudis par la foule. La poésie populaire n'en connaît pas d'autres. Je ne mettrai pas des chansons populaires en regard des tendresses de Racine et des grandeurs de Corneille, mais je n'ai pas besoin de citer la fameuse opinion du *Misanthrope,* qui me semble penser et parler juste comme parlait Molière. Molière (et son étroite parenté avec le *Misanthrope* ressort bien de son œuvre et de sa vie) préférait :

> Si le roi m'avait donné
> Paris sa grand' ville....

à tous les poëmes ennuyeux de son temps.

Ne faut-il voir là-dedans que la boutade d'un homme irrité contre de fâcheux rimailleurs? Mais en voilà un autre, grave à l'excès en matière de poésie, une sorte de géomètre, Malherbe, dont Tallemant des Réaux nous a conté l'historiette :

PRÉFACE.

« M. Chapelain trouva un jour Malherbe sur un lit de repos qui chantait :

> D'où venez-vous, Jeanne?
> Jeanne, d'où venez-vous?

et ne se leva point qu'il n'eût achevé. — « J'aimerais mieux, lui dit-il, avoir fait cela » que toutes les œuvres de Ronsard. » Racan dit qu'il lui a ouï dire la même chose d'une chanson où il y a à la fin :

> Que me donnerez-vous?
> Je ferai l'endormie.... »

Je veux être impartial et ne pas tromper mes lecteurs. Malherbe, tout solennel qu'il se montrât en ses poésies, était dans la vie un excentrique qui, bien avant M. Proudhon, disait « que les poëtes ne sont guère plus utiles à l'État que des joueurs de quilles. » Il faut prendre garde à ces esprits inquiets, aigris, tracassés et chagrins. Un *noir* dans l'esprit les fait abonder en sarcasmes qu'il est dangereux de prendre au pied de la lettre. Et Molière lui-même, dans cette grande création du *Misanthrope*, n'est pas toujours bon à donner en précepte.

La poésie populaire a d'autres défenseurs qui ne lui manquent pas, et si nombreux que j'ai peine à contenir leur épais bataillon, dont chaque soldat demande à donner seul et à combattre en champ clos, Montaigne le premier : « La poésie populere et purement naturelle, dit-il, a des naifvetez et graces par où elle se compare à la principale beauté de la poésie parfaicte selon l'art : comme il se voit ès villanelles de Gascouigne et aus chançons qu'on nous raporte des nations qui n'ont conoissance d'aucune science ny mesme d'escripture. La poësie mediocre qui s'arrete entre deus est desdeignée, sans honeur et sans pris. »

Rien de plus sage que cette opinion : Montaigne est celui qui voit juste en presque tout. Nourri de la forte poésie des anciens, mais admirant la façon de parler du peuple, il ne blâme que la médiocre poésie *entre deus*, celle qui n'est pas savante, qui ne se rehausse pas par le naturel, qui n'est ni chair ni poisson.

Luther, comme tout réformateur, voit la chanson en moraliste : « Où chantent de braves compagnons, s'écrie-t-il, l'humeur méchante ne saurait être ; la colère, l'envie, la haine, les chagrins ne sauraient rester dans le cœur. »

Jean-Jacques a dû souvent oublier son hypocondrie en écoutant les *brunettes* de son époque. Je ne connais pas de plus claire et de plus jolie définition que celle qu'il a donnée de la chanson : « Un petit poëme lyrique fort court, qui roule ordinairement sur des sujets agréables, auquel on ajoute un air pour être chanté dans des occasions familières, comme à table avec ses amis, avec sa maîtresse, et même seul, pour éloigner quelques instants l'ennui, si l'on est riche, et pour supporter plus doucement la misère et le travail, si l'on est pauvre. »

Un auteur espagnol moderne (voir *Vecchie romanze spagnole*, Bruxelles, 1837) peut encore se citer après Jean-Jacques : « Sache que pour bien jouir de cette simple poésie, il faut que tu redeviennes petit, que tu mettes de côté les réminiscences savantes, et laisses aller ton cœur aux impressions naturelles, sans chercher à les analyser. De même que j'ai fredonné ces vers en les écrivant, toi aussi, à mesure que tu les liras, applique-leur une mélodie quelconque qui tienne lieu de la mélodie étrangère et en rende l'effet plus sensible sur ton esprit : cet accessoire est indispensable à qui veut goûter la poésie populaire. »

Mais il faut entendre le défenseur et l'accusateur. Le poëte du Bellay, dans son *Illustration de la langue françoise*, se fâche contre la poésie comme le poëte Malherbe. Dans sa colère il enveloppe tous les genres au profit de l'antiquité. L'antiquité a été tellement attaquée de nos jours qu'il peut bien rappeler un de ses défenseurs : « Feuillette les exemplaires grecs et latins, et me laisse toutes ces vieilles poésies françaises comme ballades, chants royaux, chansons, et autres telles épiceries qui corrompent le goût de notre langue et ne servent sinon à porter témoignage de notre ignorance. »

PRÉFACE.

La chanson n'est pas atteinte par les foudres de du Bellay, qui, voulant anéantir du même coup toute espèce de poésies, *ballades*, *chants royaux*, et autres *épiceries*, disperse ses coups contre d'épais bataillons, et, sans gagner la victoire, reste poëte avec ses ennemis. « Le principe de toute poésie populaire, c'est l'âme humaine dans toute son ignorance, dans sa bonne foi, dans sa candeur native, » dit M. de la Villemarqué, se rattachant à Montaigne, qui appelait cette âme « sans cognoissance d'aucune science ni mesme d'escripture. »

Il est un nom qui restera glorieux dans l'histoire de la poésie populaire en France, c'est celui de M. de la Villemarqué, dont les *Barzaz-Breiz* ou chants des anciens Bretons ont servi et serviront longtemps de type aux recherches à faire en ce sens. Savant, artiste, historien et philosophe, M. de la Villemarqué a réuni de rares et précieuses qualités, et je ne saurais mieux terminer ce chapitre qu'en citant un fragment de son introduction :

« L'actualité et la bonne foi sont deux qualités inhérentes au chant populaire primitif. Le poëte de la nature chante ce qu'il a vu ou ce qu'on lui a rapporté, ce que tout le monde sait comme lui ; il n'a d'autre mérite que celui du choix des matériaux et de la forme poétique. Son but est toujours de rendre la réalité ; car « les hommes très-près de la nature, selon la remarque de M. de Châteaubriand, se contentent dans leurs chansons de peindre exactement ce qu'ils voient. » L'artiste, au contraire, cherche l'idéal ; l'un copie, l'autre crée ; l'un poursuit le vrai, l'autre la chimère, l'un ne sait pas mentir, « et doit à ses naïvetés des grâces par quoi ses œuvres se comparent à la principale beauté de la poésie parfaite selon l'art, » comme l'a si bien dit Montaigne ; l'autre s'instruit à feindre et réussit par la fiction.

« Cette opinion est aussi celle de MM. Grimm : « Nous pouvons affirmer, assurent-ils, que nous n'avons pu parvenir à découvrir un seul mensonge dans les chants du peuple. » Aussi quand un paysan veut louer une œuvre de ce genre, il ne dit pas : *C'est beau*, il dit : *C'est vrai*. »

II.

Charlemagne ordonna qu'on recueillit tous les chants des races germaniques soumises à sa domination : « *Barbara et antiquissima carmina, quibus veterum regum actus et bella canebantur, scripsit memoriæque mandavit*, » dit Eginhard, dans sa Vie de Charlemagne. Par un décret du 13 septembre 1852, l'Empereur approuvait un projet du Ministre de l'Instruction publique prescrivant la formation d'un *Recueil de poésies populaires de la France*. L'époque était merveilleuse pour ce travail, dont on ne saurait entrevoir la difficulté, si on n'y est étranger. Les paysans chantent tous les romances de ville, et, par une singulière bascule, les villes ont soif des chansons de paysans. Les uns cherchent à goûter aux fruits sucrés de la civilisation, les autres, blasés sur la civilisation, veulent se rafraîchir en mangeant des fruits verts de la campagne. Mais la difficulté était de s'entendre. Les paysans ne se savent pas paysans et croient qu'on se gausse d'eux quand on leur demande de répéter ces chansons naïves dont ils se soucient comme des culottes courtes de leurs grands-pères. Le paysan est *faraud* de sa nature ; s'il se moque des gens de la ville, il cherche à approcher de leur costume le plus près possible. Dans sa lourdeur, il est *maniéré*, et il emploie quelquefois des raffinements de langage dont les *scudériques* seraient ravis. — Nous autres, *gens du paysage*..., me disait un paysan. Voilà un mot singulier qui n'a pas les couleurs de la réalité, et pourtant je l'ai entendu et noté sur l'heure, craignant que ma mémoire ne le retînt pas dans son étrangeté.

Or ces *gens du paysage*, quand ils habitent trop près du chef-lieu, ont perdu jusqu'au souvenir des anciennes chansons que chacun demande à recueillir. Les patois s'effacent de plus en plus ; dans les écoles il est défendu de parler patois. C'était la dernière chemise de la chanson, et elle est bien usée. Je veux conter à ce sujet une petite histoire.

PRÉFACE.

Un enfant de paysans avait été puni plusieurs fois par le maître d'école pour avoir conversé en patois avec ses camarades; rien ne pouvait lui enlever ce restant de patois auquel il tenait presque autant qu'à une tartine. Les arrêts, les privations de congé, le pain sec ne suffisant pas pour lutter contre ce patois acharné, le maître d'école fourre au cachot le petit paysan obstiné. A cette époque, le Ministre de l'Instruction publique envoyait ses *Instructions relatives aux poésies populaires de la France* à tous les archéologues de France, aux correspondants du comité de la langue, aux curés, aux instituteurs, enfin à tous ceux qui par leur éducation et leur position pouvaient comprendre l'intérêt de cette publication. Le maître d'école fut invité comme les autres à recueillir dans le village les chansons anciennes en patois. « Voilà mon affaire, dit-il en pensant au petit drôle qui ne pouvait pas arriver à causer en pure langue française. » Justement l'enfant savait beaucoup de chansons; mais le cachot l'avait trop bien corrigé. Jamais le maître d'école ne put tirer une chanson de sa mémoire. « Oué, je ne veux point retourner en prison, » disait-il, craignant une ruse de son maître.

Par ce fait et bien d'autres qui se rangeront à leur place dans cette notice, au paragraphe de la *poétique musicale populaire*, on comprendra quelles difficultés se dressent devant les collectionneurs de chansons.

Il y a trente ans, quand une génération nouvelle entreprit de remettre en lumière la littérature du moyen âge, les anciens poëmes français, il ne s'agissait que d'étudier l'histoire, les manuscrits, les chartes, de revivre dans le passé et de donner, en même temps que les textes exacts, des commentaires savants de ces époques. Alors les plus aventureux partirent dans les pays étrangers à la recherche d'anciens manuscrits qui contenaient les chants du châtelain de Coucy, de Quesnes de Béthune, l'un des ancêtres de Sully, du roi Richard Cœur de lion, du duc de Brabant, du comte d'Anjou, de Raoul de Soissons, du roi de Navarre, du vicomte de Chartres, du comte de Coucy, de la duchesse de Lorraine, etc.; mais des chansons de compagnons, de bergères, de matelots, de paysans, du *peuple* enfin, sont plus difficiles à collectionner que celles des rois et des princes. Le peuple n'a pas de copiste, de secrétaires, de gens empressés à en tirer copie. M. Bouchet de Perthes, dans les *Souvenirs du pays basque*, donne exactement la manière dont sont improvisés les chants populaires :

« Les chants partaient de l'extrémité de la rue. Nous nous y rendîmes, et nous vîmes un groupe nombreux de jeunes gens, au milieu desquels un individu chantait des stances qu'il paraissait adresser à une troupe de jeunes filles rassemblées sous cette espèce de vestibule extérieur que le paysan basque manque rarement de laisser au rez-de-chaussée de sa maison. La rue tout entière séparait les deux groupes, sans qu'aucun de ceux qui les composaient parût chercher à franchir cet intervalle et à se rapprocher. Les jeunes filles reprenaient à la fin de chaque stance, et chantaient en chœur une sorte de refrain. Pendant ce temps, le chanteur, rappelant ses idées, trouvait dans sa tête basque le sujet d'un autre couplet, auquel on répondait de la même manière. Combien je regrettai alors de ne pas comprendre assez la langue pour retenir quelqu'une de ces improvisations, car ces chants n'étaient pas plus préparés que ceux qui avaient été inspirés par la gaieté du repas. Je voulus en vain me procurer après coup de ces paroles. Les auteurs eux-mêmes les ont oubliées avant qu'ils aient cessé de chanter, et celles qu'ils pourraient vous donner ne seraient déjà plus les mêmes.... »

Aussitôt le couplet chanté, aussitôt le couplet oublié; c'est une exception que celle dont parle M. Francisque Michel dans son livre du *Pays basque* :

« Quant au barde proprement dit, si son astre en naissant l'a formé poëte, il a soin que ses chants se conservent au moins dans la mémoire de ses contemporains. Il confie au papier ses inspirations, il en livre des copies à ses amis, ses amis les répètent dans les champs ou sur les montagnes en gardant les troupeaux, les jours de fête dans les cabarets, et au retour des foires et des marchés. Ainsi se propagent, sans aucuns frais, mais aussi sans profit pour l'auteur, les idylles des Théocrites basques, bluettes qui ne passeront d'une génération à la suivante qu'en raison du mérite connu de l'œuvre. »

De tous les auteurs anciens et modernes que j'ai lus attentivement, et qui ont traité de la poésie populaire, M. Fr. Michel est le seul qui parle de pièces écrites confiées au papier. MM. de la Villemarqué, de Coussemaker, de Laugardière, ont tous recueilli avec

PRÉFACE.

grand'peine leurs chansons et noëls de la bouche des paysans, et il semble étonnant que l'extrême Midi, assez arriéré en civilisation pour avoir été qualifié de *France obscure* par un statisticien, ait la prudence, avec sa faculté d'improvisation, d'*écrire* des couplets chantés par un homme obscur.

« Les *Kler* (écoliers-poëtes) ! s'écrie un barde breton du dixième siècle, les vicieuses coutumes poétiques, ils les suivent; les mélodies sans art, ils les vantent; la gloire d'insipides héros, ils la chantent; des nouvelles, ils ne cessent d'en forger; les commandements de Dieu, ils les violent; les femmes mariées, ils les flattent dans leurs chansons perfides; ils les séduisent par de tendres paroles; les belles vierges, ils les corrompent; et toutes les solennités qui ont lieu, ils les fêtent; et les honnêtes gens, ils les dénigrent; leur vie et leur temps, ils les consument inutilement; la nuit, ils s'enivrent; le jour, ils dorment; fainéants, ils vaguent sans rien faire; l'église, ils la haïssent; la taverne, ils la hantent; de misérables gueux forment leur société. Les cours et les fêtes, ils les recherchent; tout propos pervers, ils le tiennent; tout péché mortel, ils le louent dans leurs chants; tout village, toute ville, toute terre, ils les traversent; toutes les frivolités, ils les aiment. Les commandements de la Trinité, ils s'en moquent; ni les dimanches, ni les fêtes, ils ne les respectent; le jour de la nécessité (de la mort), ils ne s'en inquiètent pas; la gloutonnerie, ils n'y mettent aucun frein : boire, manger à l'excès, voilà tout ce qu'ils veulent. »

Dans cette longue litanie dirigée par un barde breton contre les chanteurs de son temps, je retrouve quelques points applicables au poëte populaire de nos jours, qui a pour ennemis le pouvoir civil et le pouvoir religieux; il a chansonné le maire, le curé, le maître d'école, le garde champêtre, le conseil municipal, les maris jaloux, les femmes coquettes, les mariages disproportionnés, les amoureux trompés, les filles coureuses. Il est plutôt craint qu'aimé. Son rôle est difficile dans le village, où ses propos piquants sont redoutés. Chacun connaît sa malice et le flatte pour essayer d'assoupir ses traits mordants; mais il n'est pas aimé et certainement ce ne sera pas l'instituteur qui ira lui prêter le concours de sa plume pour sauver de l'oubli cette gazette d'un *Loret* de village qui n'a épargné personne.

Les livres de l'Inde ancienne rapportent qu'une certaine mélodie, le *raga d'heepuck*, possédait la propriété de *consumer* le musicien qui la chantait.

Par cette image, le poëte a voulu marquer les souffrances particulières dont sont atteints tous ceux qui touchent à l'art. Ce *raga*, tiré du fond du cœur du musicien, l'a *consumé*! Mozart, Beethoven, Weber, et bien d'autres génies, ont été consumés de la sorte. Sans être atteint de ces maladies particulières des grands artistes, le poëte populaire se révèle aux yeux de ses compatriotes par une sorte de bizarrerie qui en fait un homme à part. Satirique à ses heures, il sait être tendre et dépeindre les ravages de l'amour mieux qu'un autre : si les gens officiels, les jaloux, les avares le détestent, il a pour lui la jeunesse qui oublie ses maux d'amour, ses jalousies, sa séparation forcée en répétant ses chants.

La chanson a servi plus d'une fois à soutenir les esprits défaillants, à relever le courage du soldat blessé, à étancher les plaies d'un être blessé par l'amour.

« J'ai leu en bon autheur, dit Noel du Fail dans ses *Propos rustiques*, qu'un *vielleur*, à Montpellier, chantant la vie du preux chevalier Ogier le Danois, menoit et ramenoit les pensées du peuple qui l'escoutoit en telle fureur ou amitié, qu'il forçoit les cœurs des jeunes hommes, renflammoit celui des vieux à courageusement entreprendre tels erreurs et voyages que le bon Ogier avoit faict. »

Dans le *Cabinet des plus belles chansons* (1596), *Déploration des dames de la ville de la Fère, tenues forcément par les ennemis de la Religion catholique,* se trouvent ces deux vers :

    Quand est de nous, nous n'avons autre viande
    Que la COMPLAINTE en nostre douleur grande.

« Savez-vous, disait un paysan à M. de la Villemarqué, comment on s'y prit pour faire quitter le pays à la peste? On fit une chanson sur elle. Se voyant découverte, elle s'envola. Il n'y a pas de meilleur moyen de chasser la peste que de chanter; aussi, depuis ce jour, elle n'a plus reparu. »

Par ces trois citations auxquelles j'aurais pu en ajouter bien d'autres, on voit l'influence de la chanson ; à Montpellier, elle entraîne les gens à la suite d'Ogier le Danois les dames de la Fère n'ont d'autre viande que la *complainte,* pendant le siége de 1596, et les paysans bretons font sauver la peste en la chansonnant. Le mot de Mazarin (*s'ils chantent, ils payeront*) est bien le mot d'un politique du pays de Machiavel.

Mais quelquefois la chanson se tourne contre le chanteur, qui trouve son châtiment. Je lisais dernièrement dans la *Gazette des Tribunaux* (10 novembre 1858) un singulier trait de mœurs arabes relatif à la chanson.

Les Kabyles chantent aux jours de fête certaines chansons d'amour dans lesquelles ils détaillent complaisamment les charmes physiques des femmes qu'ils aiment. A cette occasion, tous les musiciens des tribus voisines sont invités, et c'est à qui dira le couplet le plus amoureux et le plus hardi ; jamais ces fêtes ne se passent sans rixe ou mort d'homme, car il arrive que le chanteur ne s'arrête pas à décrire complaisamment les *signes* de sa maîtresse, mais il y fait entrer son nom et ses prénoms. De là la jalousie des maris et leur vengeance qui ne pardonne pas.

L'administration française n'a pu faire cesser complétement ces fêtes et ces chansons trop enracinées dans l'esprit national, mais elle a enjoint aux chanteurs de ne plus donner que le prénom seul de la femme dans ces couplets. S'il s'agit d'une *Fatma,* nul danger, car il y a toujours vingt *Fatma* dans l'auditoire ; cependant en décembre dernier, la mort d'un chanteur vint montrer l'insuffisance de la mesure. Un mari jaloux qui avait entendu une chanson adressée à une certaine *Zhora,* dont le dernier couplet se terminait ainsi : « Je voudrais partager ton lit. Je donnerais bien de l'argent pour l'avoir et tomber à tes pieds, » ce mari, quoiqu'il y eût d'autres *Zhora* dans la tribu, attendit le chanteur trop amoureux de sa femme et l'assassina.

III.

L'analogie des chansons sera un jour une des faces de l'art les plus curieuses à étudier ; mais il est nécessaire que de nombreux documents soient publiés. On risque fort, comme dans ce paragraphe, de ne donner que des citations trop incomplètes. Champollion le jeune est le premier qui, en 1828, ait fait connaître une chanson égyptienne :

> Battez pour vous,
> Battez pour vous,
> O bœufs,
> Battez pour vous,
> Battez pour vous,
> Des boisseaux pour vos maîtres.

Qui ne croirait entendre un fragment de chansons modernes, de Burns, de Pierre Dupont, d'un poëte populaire, en lisant cette traduction d'un hiéroglyphe écrit il y a trois mille ans ?

Les hymnes républicains de 1793 ne sont qu'une imitation des chansons grecques, dont Amyot, dans sa traduction de Plutarque, a donné la version suivante :

> VIEILLARDS.
> Nous avons été jadis
> Jeunes, vaillants et hardis.
>
> JEUNES GENS.
> Nous le sommes maintenant,
> A l'épreuve à tout venant.
>
> ENFANTS.
> Et nous un jour le serons
> Qui tous vous surpasserons.

Walter Scott a retrouvé un chant écossais :

> Les fleurs de la forêt
> Sont toutes arrachées,

qui fait penser au refrain célèbre des enfants :

> Nous n'irons plus aux bois,
> Les lauriers sont coupés.

On retrouve en Grèce le fameux refrain de la ballade de Lénore : « Les morts vont vite. »

Mais ce qu'il importe de constater, c'est le singulier mariage des chants profanes et des chants religieux. Au xve et au xvie siècle, les chants populaires ont souvent servi de thème aux compositeurs de messes. Un auteur pieux raconte que des religieuses en prière entendirent des garçons du village chanter à tue-tête des cantiques qui leur servaient à danser. C'étaient les cantiques du couvent. Moi-même, tout enfant, j'ai vu planter des croix de mission à la fin du règne de Charles X; on chantait des cantiques sur l'air du *Chant du départ*.

Les pauvres dentellières de Bailleul, qui gagnent leur vie si péniblement, ont conservé un vif sentiment de poésie, car c'est dans les ouvroirs où elles travaillent que M. de Coussemaker a recueilli une grande partie des chansons curieuses de son livre des *Chants populaires des Flamands de France*. C'était à Bailleul que se dansait la *Danse des jeunes vierges* :

Dans le ciel, il y a une danse,	C'est pour Amélie,
Alleluia !	Alleluia !
Là dansent toutes les jeunes vierges,	Nous dansons comme ces jeunes vierges,
Benedicamus Domino !	Benedicamus Domino !
Alleluia, alleluia !	Alleluia, alleluia !

M. de Coussemaker a vu encore cette singulière cérémonie en 1840, à Bailleul :

« Lorsqu'une jeune fille venait à mourir, dit-il, son corps était porté à l'église, puis au cimetière, par ses anciennes compagnes. La cérémonie religieuse terminée et le cercueil descendu en terre, toutes les jeunes filles, tenant d'une main le drap mortuaire, retournèrent à l'église en chantant la *Danse des jeunes vierges* avec une verve, un élan et un accent rhythmique dont on peut se faire difficilement une idée, quand on ne l'a pas entendu. Le poêle, qu'on rapportait à l'église, était de soie couleur bleu de ciel; au milieu était une grande croix en soie blanche, croix sur laquelle étaient posées trois couronnes d'argent. Semblable poêle sert encore à l'enterrement des jeunes filles, mais le chant a cessé. »

Cette *Danse des jeunes vierges* appartient aux *noëls* purs. Un de mes amis qui habite la Normandie, M. G. Le Vavasseur, me confirme dans l'opinion de l'alliance des chants sacrés et profanes :

« Nous chantons peu dans notre pays de Grandgousiers. Il y a un vieux calembourg qui se transmet de lutrin en lutrin parmi les chantres de paroisse : « Ce n'est rien de chanter, il faut savoir entonner. » Aussi entonne-t-on à la régalade en se réjouissant à la musique du glou-glou dans la gorge.

« Toutefois, pendant toute la moisson, le long du jour de temps en temps, et le soir en rentrant au logis, hommes et femmes envoient aux échos des assonances alternées. On n'y chante guère qu'une chanson que je vous envoie. L'air en est monotone et lent; c'est la vieille mélodie grecque qui sert au chant des litanies. Jadis, dans les longues processions, on entremêlait le texte sacré de chansons profanes : « En Normandie, dans les longues processions, tandis que le clergé reprenait » haleine, les femmes en chantaient de badines, *nugaces cantilenas*. » (*Hist. littéraire de la France*, t. VII, p. 51, citée par M. Asselin, discours préliminaire de l'édition d'Olivier Basselin.)

« Quoi qu'il en soit, voici cette chanson :

Refrain.

Mignonne, je vous aime,
Et vous ne m'aimez pas.

I.	II.
Au jardin de mon père	Ell' demande à son père
Des orang's il y a.	Quand on les cueillera.
Mignonne, je vous aime,	Mignonne, je vous aime,
Et vous ne m'aimez pas.	Et vous ne m'aimez pas.

PRÉFACE.

III.
On les cueill'ra, ma fille,
Quand votre amant viendra.
Mignonne, je vous aime,
Et vous ne m'aimez pas.

IV.
Les orang's, ell's sont mûres,
Et l'amant ne vient pas.
Mignonne, je vous aime,
Et vous ne m'aimez pas.

V.
Ell' prend son échellette,
Son panier sous son bras.
Mignonne, je vous aime,
Et vous ne m'aimez pas.

VI.
Ell' cueilla les plus mûres,
Les vert's elle les laissa.
Mignonne, je vous aime,
Et vous ne m'aimez pas.

VII.
Les porte au marché vendre,
Au marché de Lava (Laval).
Mignonne, je vous aime,
Et vous ne m'aimez pas.

VIII.
Dans son chemin rencontre
Le fils d'un avocat.
Mignonne, je vous aime,
Et vous ne m'aimez pas.

IX.
Que portez-vous, la belle,
Dans ce beau panier-là?
Mignonne, je vous aime,
Et vous ne m'aimez pas.

X.
Monsieur, sont des oranges,
Ne vous en plaît-il pas?
Mignonne, je vous aime,
Et vous ne m'aimez pas.

XI.
Il en a pris deux couples,
Mais il n' les paya pas.
Mignonne, je vous aime,
Et vous ne m'aimez pas.

XII.
Vous prenez mes oranges,
Et vous n' les payez pas.
Mignonne, je vous aime,
Et vous ne m'aimez pas.

XIII.
Entrez dedans ma chambre,
Maman vous les paiera.
Mignonne, je vous aime,
Et vous ne m'aimez pas.

XIV.
Quand ell' fut dans la chambre,
La maman n'y était pas.
Mignonne, je vous aime,
Et vous ne m'aimez pas.

» Je n'ai jamais pu savoir le reste. C'est dans la mémoire d'un moissonneur, braillard intrépide, que j'ai recueilli les quatorze couplets que je vous envoie. Il doit cependant y avoir une suite, peut-être graveleuse et sans esprit, peut-être naïve. Imaginons, pour la regretter, qu'elle est naïve.
» La chanson se chante à deux chœurs. Ordinairement les femmes chantent la chanson, et les hommes répondent par le refrain. »

Rien n'est plus difficile que de constater le pays où une chanson populaire a pris naissance. Souvent j'ai retrouvé la même chanson dans dix provinces différentes, avec quelques modifications, mais le fond ne variait pas. Les matelots, les colporteurs, les ouvriers, les compagnons, les soldats emportaient ces chansons dans leurs souvenirs, tâchaient d'effacer le *mal du pays* en redisant ces couplets de leur village. Celui qui la trouvait gracieuse ou plaisante, la retenait, l'accommodait au patois de son pays, y ajoutait quelquefois un couplet, en retranchait un autre, modifiait un vers, et voilà comment il est difficile de préciser le pays qui a donné naissance à telle poésie populaire.

Il y a eu énormément de chansons qui commencent par l'indication d'un pays, d'une route : il s'y passe habituellement des aventures gaillardes propres à chasser la mélancolie. Ainsi :

En revenant de Saint-Denys en France,
Tricotons des jambes, etc.

ou :

L'autre jour revenois
De la foire de Rheims,
Je rencontrois trois hommes
Qui dansoient main à main.

La trente-huitième chanson de Gautier-Garguille est de la même école :

L'autre jour me cheminois
Mon chemin droit à Lyon.
En mon chemin je rencontre
La fille d'un vigneron, etc.

PRÉFACE.

Il est évident que le premier qui a trouvé :
> Un jour en revenant de Lille en Flandre,

chanson plaisante et graveleuse, a donné la formule de toutes celles qui ont suivi ; il était facile de faire entrer n'importe quel nom de ville, avec le privilége qu'ont les poëtes populaires d'allonger ou de réduire les vers. Il ne s'agit maintenant que de retrouver celle qui a servi de type à toutes ces gravelures, joyeuses du reste, et que nos grands-pères chantaient sans songer à mal.

M. Rathery fait observer certaines associations de mots qui se représentent sans cesse. Ainsi : *Mon ami doux.* « La triade, dit-il, est en grand honneur dans les chansons populaires de tout pays. Ce sont toujours *trois jeunes filles, trois capitaines, trois châteaux.* »

Mais où l'analogie se présente le plus vivement, c'est dans les chansons contre les vieillards amoureux, qui n'ont été épargnés dans aucun pays de France.

M. Édouard Fournier, dans l'excellente édition qu'il a donnée des *Chansons de Gaultier-Garguille*, dit : « On ferait un gros recueil de toutes les chansons du genre de celle-ci :

> Mon père m'a donné mary,
> Un faux vieillard tout racourcy, *etc.*

Et il cite le septième recueil de P. Atteignant (1530), où se trouve une chanson contre les vieux maris :

> Il est jour, dit l'alouette,
> Sur bout, sur bout.
> Allons jouer sur l'herbette.
> Mon père m'a mariée
> A un vieillard jaloux,
> Le plus let de cette ville,
> Le plus mal gratioux,
> Qui ne sait, qui ne veut, qui ne veut,
> . . . .

Il faut laisser chanter le reste aux petites filles qui n'y entendent pas malice : mais le reste ne peut être imprimé.

Dans la *Comédie des chansons* se trouve ce fragment :

> Mon père m'a mariée à un vieillard bonhomme,

et Scarron, dans la troisième partie du *Roman comique*, donne ce couplet :

> Mon père m'a donné mari,
> Qu'est-ce que d'un homme si petit, *etc.*

On m'envoie du Dauphiné, en me donnant comme chantée à Paris par un Franc-Comtois, cette chanson contre les vieillards :

> Mon père mi marie
> Par un jour de moisson, laridon.
> Il m'a baillé un hôme
> Qui n'entend pas raison,
> Laridon, don daine, j'aime laridaine,
> Laridon, don, don. *(bis)*

> Il m'a baillé un hôme
> Qui n'entend pas raison, laridon.
> Le premier jour des nôces,
> Il me baisa au front, laridon,
> Dondaine, j'aime laridaine, laridon,
> Don, don. *(bis)*

> Le premier jour des nôces, *etc.*
> Moi je lui dis : Gros bête....

Ici je m'arrête prudemment : toutes ces chansons contre les vieillards sont chantées par de petites filles qui dansent en rond. Elles répètent des énormités sans s'en apercevoir : l'amour de la danse, la jeunesse, la naïveté, sont les plus sûrs préservatifs contre les gaillardises.

IV.

Un Taïtien, voyageant en Europe, rapporte Bougainville, enfermait ses observations dans une sorte de rhythme cadencé pour se rappeler ce qui le frappait:

b

PRÉFACE.

C'est ce qui explique peut-être le mieux la nature de la chanson et sa *poétique vague*. La principale règle poétique de la chanson est l'assonance, que M. Raynouard définissait : « La correspondance imparfaite et approximative du son final du dernier mot du vers avec le même son du vers qui précède ou qui suit, comme on a appelé *rime* la correspondance parfaite du son identique final de deux vers formant le distique. »

M. Le Roux de Lincy cite avec raison comme modèle du rhythme par assonance la chanson :

> Si le roi m'avait don*né*,
> Paris, sa grand' vi*lle*,
> Et qu'il m'eût fallu quit*ter*
> L'amour de ma *mie*,
> J'aurais dit au roi Hen*ri* :
> Reprenez votre Pa*ris*.
> J'aime mieux ma *mie*
> O *gai!*
> J'aime mieux ma *mie*.

Mais *Si le roi m'avait donné*, qu'elle soit d'Henri IV ou d'Antoine de Navarre, duc de Vendôme, comme l'ont affirmé certains auteurs, est encore une poésie régulière à côté des singulières hardiesses de la poésie populaire, qui ne relève d'aucune prosodie. Je voyageais à pied, il y a quelques années, dans la Franche-Comté, et je rencontrai une jeune fille avec laquelle je causai de choses et d'autres. La route était longue, la conversation languissait. « Ne savez-vous pas de chansons de votre village ? » lui demandai-je par simple curiosité, sans me douter qu'un jour j'entreprendrais un grand travail sur ce sujet. La paysanne dit qu'oui, se fit longtemps prier pour satisfaire ma curiosité ; mais pendant une certaine halte au haut d'une montagne où nous voyions se dérouler les riches vallées environnantes, elle se mit tout à coup à chanter diverses chansons dont la suivante me frappa vivement par son analogie avec les ballades allemandes :

> Ce matin je me suis levé
> Plus matin que la lune,
> Pour aller voir ma mie,
> Que j'aimais tant
> Depuis l'âge de quinze ans.
>
> — Maman, apprêtez-moi
> Mes habits de soie rouge
> Et mon épée qui est brodée d'argent :
> Vers ma maîtresse je veux t'aller.
>
> A mon chemin le messager rencontre.
> — Où t'en vas-tu, cher amant si tranquille ?
> Ta bonne amie qui va mourir. »
> Aussitôt il pique son cheval d'éperon.
>
> Vers sa maîtresse s'en est allé ;
> Tout en entrant au logis de la belle,
> Il fit trois tours alentour de son lit,
> Croyant sembler la réjouir.

> — Amant, mon cher amant,
> Ah ! vous ne dites guères.
> — Ah ! j'ai le cœur si dur et si serré,
> Car à présent je ne peux parler.
>
> — Amant, mon cher amant,
> Faites-moi faire un cierge,
> Et vous l'allumerez à la tête de mon lit,
> Car à minuit je vais mourir.
>
> Les minuit qui sonnent
> Et la belle qui trépasse.
> Elle tire sa main blanche du lit
> Pour dire adieu à son ami.
>
> — Maman, apprêtez-moi
> Mes habits de soie noire
> Et mon chapeau de velours bordé,
> Le deuil d'amour je veux porter.

Cette chanson, j'en garantis l'exactitude : je me la fis répéter plusieurs fois pour en noter la musique sur mon carnet. Les paroles et la musique copiées, je la chantai à mon tour à la jeune fille afin de m'assurer que je n'avais pas commis d'altération : mais je commis une faute, celle de ne pas noter régulièrement la mélodie, c'est-à-dire de ne pas l'enfermer dans une mesure précise, ce qui était presque impossible, car la paysanne se laissait aller à des rhythmes de fantaisie qu'aucun musicien ne saurait régulariser sans en détruire l'accent. Une autre faute encore fut de ne pas m'inquiéter de la séparation des couplets. Plus tard, il me fut impossible d'arriver à chanter cette chanson telle que je l'avais entendue sur la montagne : les paysans ont une façon particulière de phraser, très-habile dans sa sauvagerie. Les mots de plusieurs syllabes glissent sur une note comme par enchantement ; un vers tout entier saute le pas s'il le faut, et en d'autres

PRÉFACE.

occasions une phrase musicale de plusieurs mesures n'est pas trop longue pour un mot. C'est une poétique impossible à régulariser, ce qui n'enlève rien, au contraire, au charme de la mélodie.

« Les airs sur lesquels se chantent les *chansons de filasse*, dit M. de Beaurepaire dans son étude sur *la poésie populaire en Normandie*, ajoutent singulièrement à leur charme et à leur étrangeté. Presque aucun ne s'arrête sur la tonique. La plus grande partie appartient à un système musical différent de celui que nous suivons aujourd'hui, et il n'en est guère qui ne pût devenir, pour un artiste habile, la source d'heureuses inspirations et de mélodies nouvelles originales. Peut-être même serait-il vrai de dire qu'à ce point de vue la *chanson de filasse*, bien entendue et bien comprise, offre un intérêt plus grand encore au musicien qu'au littérateur. »

Madame Sand m'a envoyé sur ce sujet quelques notes utiles au point de vue musical :

« J'ai vu Chopin, un des plus grands musiciens de notre époque, et madame Pauline Viardot, la plus grande musicienne qui existe, passer des heures à transcrire quelques phrases mélodiques de nos chanteuses et de nos sonneurs de cornemuse.

» A bien prendre, l'œuvre est quasi impossible, et pour des chants très-anciens, où les versions varient à l'infini, il eût fallu qu'un homme comme Meyerbeer ou Rossini fût chargé, ou eût bien voulu se charger de suppléer par la logique de son génie (le seul juge sinon infaillible, du moins compétent en pareil cas) à des lacunes et à des incertitudes graves. Très-peu de chants ayant une valeur originale et une ancienneté établie, sont complets aujourd'hui, paroles et musique. Il s'agissait au moins, parmi ceux-là, de choisir des types, et en cela encore il fallait le sens du génie.

» Ce n'est pas seulement l'harmonie qui échappe aux lois de la musique moderne, c'est le plus souvent la tonalité. Je doute que la gamme chinoise, pas plus que la gamme hindoue, et la gamme ioway, procède par tons et demi-tons comme la nôtre.

» Mais sans aller plus loin, nous avons au cœur de la France, ici et en Bourbonnais, la tonalité des cornemuses qui est intraduisible. L'instrument est incomplet, et pourtant le sonneur sonne en majeure et en mineure sans s'embarrasser des impossibilités que lui présenterait *la loi*. Il en résulte des combinaisons mélodiques d'une étrangeté qui paraît atroce et est peut-être magnifique.

» Ainsi des laboureurs et des porchers de chez nous qui, lorsqu'ils ne répètent pas les chansons modernes, mais lorsqu'ils disent leurs chants primitifs, que je crois d'origine gauloise, procèdent par intervalles de tous beaucoup plus divisés que les nôtres. »

Madame B. de M..... écrivait à M. Wekerlin :

« Vous ne pouvez croire combien il m'a été difficile d'avoir du vieux et du naïf. Toute la jeunesse de H... (un village en Touraine) a été rassemblée par moi, hier, entre messe et vêpres. Voici le résultat de mon audition :

1° *Tu veux devenir ma compagne, jeune Albanaise* (Labarre);
2° *Exil et retour* (Monpou);
3° *Je te bénis* (Loïsa Puget), etc.

« Tout cela était chanté avec des variantes si singulières, qu'au premier abord je croyais entendre du nouveau [1]; mais il me vint l'idée de faire venir la vachère, la vieille cuisinière, la fille de basse-cour et deux ou trois voisins sexagénaires dont j'ai enfin tiré une vraie chanson populaire : *Su' l' pont du Nord*.

» Une autre chanson, selon l'observation de la vachère, se chante à l'*éplucherie*, en cassant des noix, avec une voix de *d'sur* et une voix de *d'sour*. J'ai cru comprendre qu'il s'agissait d'une chanson à deux voix; j'ai fait essayer l'air à deux voix, et il est réellement très-joli. »

Sans chercher à en donner une poétique inutile, Jean-Jacques disait admirablement de la musique des chansons populaires :

« Les airs ne sont pas piquants, mais ils ont je ne sais quoi d'antique et de doux qui touche à la longue.... Ils sont simples, naïfs, souvent tristes; ils plaisent pourtant. »

---

[1] Si on n'y prête la plus grande attention, si la mémoire musicale, déroutée par quelques modifications, n'est pas sans cesse aux aguets, il arrivera certainement aux chercheurs les plus consciencieux ce qui nous est arrivé dans la précédente publication. La livraison du Berry (page 54) contient la musique de la chanson : *J'ai demandé-z-à la vieille*, qui a une certaine parenté avec la célèbre mélodie de *Monsieur et Madame Denis*. Cependant elle nous a été communiquée par M. Maurice Sand, qui l'avait recueillie lui-même d'une paysanne du Berry; mais l'oreille n'est pas toujours en défiance. L'excellent collaborateur que j'ai choisi pour la partie musicale de ce livre, et dont la science en ces matières est connue, a pu, ainsi que moi, ne pas remarquer ces transformations berrichonnes de la musique de *Monsieur et Madame Denis*. Cette légère faute devra servir plus tard d'enseignement à ceux qui tenteront ce difficile travail.

PRÉFACE.

M. Wekerlin m'envoie à ce sujet une théorie plus scientifique :

« Les rhythmes brisés abondent dans la chanson populaire, soit qu'ils proviennent, ce qui arrive parfois, de la manière de chanter des personnes qui transmettent ces airs, et qui, n'ayant aucune idée de la mesure, les chantent avec des rhythmes intraduisibles; soit que ces chansons existent réellement sur des rhythmes différents, comme l'*alsa nigous* de Bretagne, et tant d'autres que nous pourrions citer, où le mélange des rhythmes différents tient incontestablement à la chanson même et qui, de plus, leur donne une allure très-originale. Les airs populaires anciens qui nous sont souvent transmis avec des paroles nouvelles, ont été la plupart du temps altérés comme rhythme et quelquefois comme mélodie.

» Les airs populaires étant composés en général par ce compositeur insaisissable qu'on appelle le peuple, offrent quelquefois de véritables difficultés d'harmonisation, étant faits complètement en dehors des vues d'un accompagnement, et contraires souvent à nos lois harmoniques sur les modulations.

» Quelques-unes de nos chansons populaires datent d'une époque assez reculée, cela est incontestable; plusieurs d'entre elles, celles où la note sensible n'existe pas, par exemple, remontent au moins à 1500, puisque ce n'est que tout au commencement de 1600 que Monteverde trouva l'accord de septième de dominante. Or cet accord de septième détermina réellement le sentiment de la note sensible, c'est-à-dire le demi-ton qui précède la tonique. Même sans ce trait caractéristique, beaucoup de chansons populaires font constater l'ancienneté de leur origine, rien que par leur allure méthodique, leur similitude avec le chant grégorien. »

V.

Avant tout le poëte populaire chante pour chanter; il obéit au besoin de sa nature qui, l'élevant au-dessus de ses compagnons, lui a donné le don de l'improvisation; mais peu à peu l'orgueil s'est emparé du poëte populaire. Chacun a applaudi à ses chansons; les filles l'écoutent complaisamment en souriant ou en baissant les yeux, suivant le ton de la chanson; si le régiment est en guerre, les soldats répètent ses refrains au bivouac ou par les routes, pour se délasser de la fatigue. A la veillée, en temps de paix, on attend impatiemment sa présence, on le prie de commencer, on le presse, l'auditoire est « suspendu à ses lèvres ». Pas de bonnes fêtes sans le chanteur. S'agit-il de se moquer d'un avare, d'un jaloux, d'un mari mené sur l'âne, la tête tournée du côté de la queue? c'est notre chanteur, toujours lui. Il est facile de comprendre l'importance de son rôle et les petites vanités qui enflent sa personne. Tous nous sommes un peu vains, et le paysan a sa dose d'amour-propre; s'il achète du bien, il aime qu'on discute au cabaret sur *ses terres*. Les *noms* inscrits par le *patouillot* au bas de ses assiettes de faïence, avec la date, ne prouvent-ils pas combien le paysan tient à son nom et le désir qu'il a de le transmettre de génération en génération? Et c'est l'assiette qu'il a chargée de transmettre ce nom : il croit plus à la durée de l'assiette sur le dressoir, qu'à la durée de son nom sur la croix de bois du cimetière.

C'est ce qui explique la signature ou l'à peu près de signature dans le dernier couplet de beaucoup de chansons, du xiv° au xviii° siècle, dont je vais donner quelques citations :

> Celuy qui fist
> Ceste jolye chanson,
> Ceste jolye chanson,
> Un cuisinier
> Qui estoit de Lyon,
> Cuisinier en gallere
> Et hallant l'aviron,
> Toujours en grand' misère,
> Hélas! toujours en grand' misère.

(*Chansons nouvel. compos. sur divers chants, tant de musique que de rustique*, 1548.)

> Qui a fait la chansonnette?
> Un bon drosle près Paris
> En promenant la fillette
> Dans un fourmant au Mesnil.

(*L'élite des chansons les plus belles*, M. DC. XXXI.)

PRÉFACE. XIII

Tinodi a écrit ceci fort triste, dans une chambre froide; souvent il soufflait dans ses ongles, car il n'y avait pas d'argent dans ses poches. (Tinodi, poëte hongrois du seizième siècle.)

Comme je ne sais point lire, dit un chanteur grec, pour ne point oublier cette histoire, j'en ai fait une chanson afin d'en conserver le souvenir. (Fauriel, *Chants populaires de la Grèce*.)

Celui qui vous chante cette chanson, dit l'auteur de la *Bataille de Morat*, peut maintenant se nommer; il a été lui-même témoin de ce qu'il raconte : il s'appelle Jean Ower.
(Mahmier, *Chants de guerre de la Suisse*.)

Dans la *Chanson des liqueurs*, dernier couplet :

Ce chant a été composé depuis que nous sommes en route; il a été composé en l'année mil cinq cent quatre-vingt-douze, par un jeune paysan, sur un air facile à chanter. Répétez-le, hommes de Cornouaille, pour réjouir le pays. (*Barzaz-Breiz*.)

Dans la chanson élégiaque de Monsieur de Nivet, où se voit M. de Carné, en « habit de velours d'un rouge de feu, galonné d'argent tout le long, » demandant : Pourquoi, messieurs, les Nivet ne sont-ils pas venus à la fête? On lui répond que M. de Nivet est mort. Dix mille personnes assistaient à ses funérailles, « et surtout les pauvres gens; »

C'est l'un d'eux, nommé Malgan, qui est l'auteur de ce chant de mort.

Le poëte a voulu signer la ballade de Jean Marck, mangé par les loups dans un bois pour avoir bu trop de potées de cidre doux :

Loéiz Guivar, surnommé le boiteux, a composé ce chant :
Ce chant, il l'a composé en bonne leçon pour chacun.
(Villemarqué, *Barzaz-Breiz*.)

Au manoir de Hénau, sur une petite table, a été faite cette ballade, au manoir de Hénau, près de Pontaven. Le barde du vieux seigneur l'a composée et une demoiselle l'a écrite.
(*Ballade bretonne d'Azénor la Pâle*.)

Celui qui vous chante cette petite chanson a fait maint long détour. Le bon vin est cher, et sa poche est en mauvais état. Voilà pourquoi il vous dit sa misère et vous prie de lui accorder votre tribut. (*La Bataille de Granson*, 1476.)

Celui qui a fait la chanson	Cette chanson fut faite
Est un soudard, je vous assure,	Au Palais, à Paris.
Étant à Metz en garnison,	Prinse sur la sonnette
Nuit et jour couché sur la dure,	D'un des joyeux devis
Endurant aux pieds grand' froidure,	Que racontoient les joueurs de bazoche,
Voyant les ennemis si près,	Lorsque chacun jettoit son lardon de reproche.
Lui souvenant de son amie,	(*Les suppôts de la Bazoche*, XVIe siècle. —
Pensant ne la revoir jamais.	Cité par M. Éd. Fournier, préface de Tabarin.)
(1553, *Siège de Metz*.)	

Cette formule s'est conservée de nos jours; on la retrouve même dans certaines chansons de soldats, qui manquent peut-être à notre collection; mais le soldat qui a parcouru tous les pays s'est fait un répertoire de caserne dont l'origine serait difficile à démêler. La chanson qu'il a recueillie en passant dans un village, courra plus tard dans toutes les provinces, et le galant tambour qui répète un couplet auprès d'une table, ne saurait dire d'où elle vient :

Qui a composé la chanson?
C'est trois tambours du bataillon.
C'était un soir qu'ils battaient la retraite
Sur le dos des genoux de la belle Jeannette.

On pourrait multiplier ces citations à foison. On en trouve de mélancoliques, de joyeuses, d'amoureuses, remplies de sentiment national; mais celles-ci ne suffisent-elles pas à montrer la pensée secrète des poëtes populaires qui n'ont pas voulu être oubliés, qui y ont réussi, et qui quelquefois se sont montrés modestes, témoin une complainte de 1590, *chanson nouvelle sur la désolation de la France*, où l'auteur termine par ce couplet :

Celui qu'entreprint composer
Cette chanson, je vous supplie,
Si n'est bien faicte, l'excuser :
Il n'entend rien à la poésie.

VI

Les librettistes d'opéras, les chansonniers, les vaudevillistes qui répètent deux ou trois fois un vers, seraient très-étonnés d'apprendre d'où provient la coutume peu poétique du *bis* et du *ter :*

> Il faut que dans une heure,
> Je me venge ou je meure ;
> Ici je vous attends,
> Songez à vos serments.

Ces quatre vers, tirés de tous les opéras-comiques, ne dérivent certainement pas de l'école ronsardienne, mais ils ont le précieux avantage de pouvoir se répéter vingt fois pendant cinq minutes, sauf à être enrichis d'une mélodie variée qui en détruit l'uniformité. Cette méthode de répéter plusieurs fois des vers sans motif apparent, provient des poètes populaires. Tous ceux qui ont traité de la poésie populaire sont d'accord sur ce point. M. de Beaurepaire en donne les raisons générales : « La longueur du refrain, et son retour continuel, que nous serions tenté de considérer comme un défaut, forment précisément un des plus sûrs moyens de succès de la chanson *de filasse*. Elle exige, en effet, peu d'efforts de mémoire ; elle permet à tous les laboureurs de prendre part fréquemment au chant ; et, avec son allure monotone, elle s'adapte merveilleusement à la marche lente et régulière des travaux de la campagne. Aussi croyons-nous que c'est en partie à la prédominance du refrain que la chanson *Cueillissoire*[1] doit sa vogue et sa popularité. »

Mais M. de la Villemarqué est celui qui a le mieux fait connaître la facture de la chanson populaire :

« Quelqu'un arrive à la veillée, dit-il, et raconte un fait qui vient de se passer : on en cause ; un second visiteur se présente avec de nouveaux détails, les esprits s'échauffent ; survient un troisième qui porte l'émotion à son comble, et tout le monde de s'écrier : « Faisons une chanson. » Le poëte en renom est naturellement engagé à donner le *ton* et à commencer ; il se fait d'abord prier (c'est l'usage), puis il entonne. Tous répètent après lui la strophe improvisée ; son voisin continue la chanson : on répète encore ; un troisième poursuit, avec répétition nouvelle de la part des auditeurs ; un quatrième se pique d'honneur ; chacun des veilleurs, à tour de rôle, fait sa strophe ; et la pièce, œuvre de tous, répétée par tous, et aussitôt retenue que composée, vole, dès le lendemain, de paroisse en paroisse, sur l'aile du refrain, de veillée en veillée. La plupart des ballades se composent ainsi en collaboration ; souvent elle est excitée par la danse. »

Voilà pour la généralité ; l'auteur des *Barzaz-Breiz* a poussé plus loin encore et a donné des détails plus curieux.

« Un maître meunier, qu'on m'a dit être le plus célèbre chanteur de noces des montagnes, menait le branle et la chanson ; pour collaborateurs, il avait son garçon meunier, sept laboureurs et trois chiffonniers ambulants. Sa méthode de composition me donna une idée exacte de celle des compositeurs bretons. Le premier vers de chaque distique de la ballade une fois trouvé, il le répétait à plusieurs reprises ; ses compagnons le répétant de même, lui laissaient le temps de trouver le second, qu'ils reprenaient pareillement après lui. Quand un distique était achevé, il commençait généralement le suivant par les derniers mots, souvent par le dernier vers de ce distique, de manière que les couplets s'engrenaient les uns dans les autres. La voix ou l'inspiration venant à manquer au chanteur, son voisin de droite poursuivait ; à celui-ci succédait le troisième ; puis le quatrième continuait, et tous les autres, ainsi de suite, à tour de rôle, jusqu'au premier, à qui la chaîne recommençait. »

Ainsi :

> Bretons, faisons une chanson sur les hommes de la basse Bretagne,
> — Venez entendre, entendre, ô peuple, venez entendre, entendre la chanson.
> Les hommes de la basse Bretagne ont fait un joli berceau.

---

[1] Par chanson *de filasse* et chanson *cueillissoire*, on désigne en Normandie la saison où sont composées habituellement ces chansons : à la cueille des pommes, à la veillée, quand on file.

PRÉFACE.

Et pour laisser le temps à l'improvisation de sortir, il reprend le second vers :

Venez entendre, entendre, ô peuple, venez entendre, entendre la chanson.

Et ainsi de suite.

Ainsi par ces citations on a l'explication du rhythme de la chanson populaire, plus lente que vive. La chanson du laboureur pour exciter les animaux, les chevaux, les bœufs, devait être naturellement monotone et rapprochée du caractère de l'animal. Les hommes dont l'invention faisait défaut, se sont servis du refrain pour permettre à l'inspiration de prendre du repos. Le refrain est la béquille de l'homme fatigué ; mais il faut essayer de trouver l'explication de ce refrain singulier qu'on pourrait appeler *refrain par onomatopées* qui enlève les plus francs rires de l'assemblée par son assemblage étrange de syllabes imprévues. Personne, je crois, n'a cherché à se rendre compte des

Ton relonton, ton tontaine, latontaine,

non plus que des

Lon la landerirette,
Lon la landeriron.

Il ne faudrait rien moins qu'une académie d'humoristes, présidée par un Grosley, des membres comme la Monnoye, le président de Brosses, Charles Nodier, Gérard de Nerval et des philologues gais, pour expliquer la naissance de ces refrains, leur formation et leur fortune à travers les siècles. Quelle variété dans ces refrains baroques et merveilleusement appropriés au caractère particulier de chaque chanson ! *Ton relon ton ton, tontaine*, qu'on a appliqué à presque toutes les chansons de chasseurs, n'a-t-il pas la sonorité du cor ? *J'aime ton la landerirette* a une certaine mélancolie qui peut s'appliquer à des amours nuancés de mélancolie. Et celui-ci :

Tout doux et iou!

Voici encore une chanson de pays dont le refrain placé au second vers indique tout de suite le côté joyeux :

En revenant des montagnes,
Ricoco déri tra la la.

Dès le début l'auditoire est prévenu que le chanteur va conter quelque gaillardise ; un simple *ricoco* déride les figures. Les intérêts matériels, les difficultés de la vie sont oubliés ; chacun sourit d'avance, la joie entre dans le cœur. Et maintenant, cuistres et pédants, trouvez mieux que ce gai *riroco déri!*

Ils sont là à table une dizaine de paysans que les procès ont peut-être divisés, qui se jalousent entre eux, qui convoitent un héritage trop longtemps attendu ; ils ont les vices et les passions de l'humanité. Le chanteur entonne de sa grosse voix joyeuse son *ricoco*, et à la place des tristes passions vient s'épanouir une douce gaieté.

On ne chantera jamais assez la chanson. Nous ne chantons plus guère, c'est un grand levier enlevé à l'homme. Un honnête philosophe du XVIIIe siècle, Meister, qui fut longtemps le secrétaire de Diderot, dans son livre : *Études sur l'homme*, raconte l'anecdote suivante :

« Un bon curé de village allant visiter un serrurier de sa paroisse qui chantait toujours en travaillant, mais, au grand scandale de tout le voisinage, des chansons très-profanes, se crut obligé de lui représenter, le plus charitablement du monde, qu'il ferait bien mieux de chanter des psaumes ou des cantiques. — Je le voudrais bien, notre pasteur, lui répondit l'honnête serrurier, mais ma pauvre femme et mes enfants y perdraient trop.... Voyez comme en psalmodiant la lime se traîne ou s'endort sur mon ouvrage, au lieu qu'en fredonnant ces couplets si gais.... jugez-en vous-même : comme l'air, la besogne aussi va quatre fois plus vite ! »

Qui n'a écouté dans un port de mer les refrains des matelots anglais et américains, tournant le cabestan et supportant les manœuvres d'ensemble les plus dures par des refrains cadencés régulièrement et composés d'onomatopées pures? Le couplet suivant, tiré d'une chanson de baleiniers, a certainement fait oublier plus d'une fatigue de cette nature :

> Quand la boiteuse s'en va-t-au marché,
> Elle n'y va jamais sans son panier,
> Elle n'y va jamais sans son panier,
> Hioup, ioup-è-nip, è-nip, è-nap.
> Elle n'y va jamais sans son panier.
> Lir lou fa, ma lura dondè.

Dans le Bazadais, qui forme maintenant une partie du département de la Gironde, quand on venait de procéder au baptême d'un enfant, les parents chantaient :

> Nous l'ais baillat coumo un gigiou;
> Bous lou tournen chrétien de Diou.

Traduction : Vous nous l'avez donné comme un *gigiou*; — Nous vous le rendons chrétien de Dieu.

Un archéologue de la Gironde, M. Lamarque de Plaisance, inquiet de ne pas comprendre le sens de ce mot *gigiou*, inconnu même dans le patois bazadais, en demanda l'explication à la vieille qui lui chantait ces couplets de baptême. — Je n'en sais rien, dit-elle, il a sans doute été mis pour le *retruc*.

En un mot, voilà l'explication de plus d'une poésie ambitieuse des villes où le sens est sacrifié trop souvent à la rime. Le *retruc* désigne la rime ou la répétition des sons. *Gigiou* est venu à l'idée du chanteur parce qu'il lui fallait une rime à *Diou*. Ah! que les frères Grimm avaient raison de dire qu'ils n'avaient pu découvrir un seul mensonge dans les poésies populaires! Quel est le poëte qui aurait la sincérité de déclarer comme la vieille qu'un mot insignifiant est venu à la fin de son vers, dans le seul but d'une harmonieuse assonance?

Chaque province de France a son école de refrains qu'il faudrait expliquer par les patois. M. Wekerlin a donné dans ses *Échos du temps passé* une très-grotesque chanson qu'il a entendu chanter à un paysan des environs de Caen :

> La bell', si nous étions dedans su haut bois,
> La bell', si nous étions dedans su haut bois,
> On s'y mangerions fort bien des noix,
> On s'y mangerions fort bien des noix.
> On s'en mangerions à note loisir.
> Nique nac no muse!

Je m'arrête à ce singulier *nique nac no muse*, et je regrette mon ignorance en philologie. Il faudrait connaître tous les patois et leurs nombreux dialectes, car chaque village a souvent le sien.

Tout est important dans l'art, et certainement l'Académie des Inscriptions et Belles-Lettres n'aurait pas perdu son temps le jour où elle pourrait expliquer le sens de *Mystico dar, dar, tire lire* — et de *Cli, clo, cla, la lirette, la liron*, — et de *Mirliton, mirlitaine*, — et de *Tire lire lire lire lire ton fa* — et de *Ran plan plan tire lire ran plan* — et de *La faridondaine, gai, la faridondaine* — et de *Tur tutu tu rengaine* — et de *Tron, tron tron tire liti taine* — et de *Tan ti tan ture lure lure*.

Malgré d'énormes recherches à ce sujet, je n'ai trouvé que quelques mots dans Dubois, un grammairien du seizième siècle, qui classe ces refrains au chapitre des *interjections*. « Enfin, dit-il, nous avons un nombre infini d'interjections qui se trouvent dans les chansons populaires, comme *lirompha, dada*, etc. » Explication qui ne peut servir que de maigre jalon pour un dictionnaire futur.

Dans une chanson que j'ai reçue du Limousin, les couplets se terminent par :

> Et youp la verdi, la verdon.

C'est une formule très-connue; combien de chansons renferment des *la verdi, la verdon*, d'autres *la verdurette*, d'autres *la verdurinette!* Et cependant dans la province d'où vient cette chanson *verder* signifie *se dépêcher*. Voilà donc un refrain dont le sens est clair :

Et youp (et vite), *la verdi, la verdon* (dépêchons-nous).

Un de mes amis du Dauphiné m'a envoyé avec la chanson suivante une des plus probables explications du refrain par onomatopées. Voici d'abord la chanson :

Mon père me marie,
Petite Jeanneton, glin-glon,
Et n'en savait rien faire
Qu'à garder la maison,
Au son de la bigournoise,
Son des noises, des pommes,
Des figues, des fraises et bon,
Y-a t'y pas de la glin glon glon,
Gloria de la digue don don,
Gloria de la caderata,
De la bigournoise, ô gai,
L'espoir, c'est de la bigournoise.

Et n'en savait rien faire
Qu'à garder la maison, glin-glon;
On l'a-t-envoyé aux herbes,
Aux herbes, au cresson,
Au son de la bigournoise, *etc.*

On l'a-t-envoyé aux herbes, *etc.*
Le jonc était si faible
Qu'ell' a coulé à fond.

Y passe trois militaires
Et trois jolis garçons.

Que nous donnerez-vous, la belle,
Si nous vous retirons?

J'ai cent écus en gage,
Cela n'est-il pas bon?

Ce n'est point ça, la belle,
Que nous vous demandons.

C'est votre cœur volage,
Savoir si nous l'aurons.

Mais de mon cœur volage,
Je l'ai mis aux poissons.

Qui a fait la chansonnette
Sont trois jolis garçons.

L'ont faite et composée
En parlant de la Jeanneton,
Au son de la bigournoise;
Son des noises, des pommes,
Des figues, des fraises et bon,
Y-a t'y pas de la glin glon glon,
Gloria de la digue don don,
Gloria de la caderata,
De la bigournoise, ô gai,
L'espoir, c'est de la bigournoise.

« Cette chanson est fort connue ici, m'écrit mon ami. Je la tiens d'un de nos ouvriers du Péage, qui l'a apprise de son père. Son père la chantait avec orgueil parce que le refrain est difficile à retenir et que ceux qui essayaient de l'apprendre n'y parvenaient pas. On avait surnommé ce chanteur : le père Labigournoise. » Ainsi l'amour-propre du chanteur à langue bien déliée, lui avait fait composer ce refrain difficile par sa bizarrerie, que les autres chanteurs ne pouvaient répéter aussi vivement que lui. Mais quel triomphe! Le nom lui est resté, et ce n'est pas un médiocre succès que de s'appeler à l'avenir le père *Labigournoise* et de devoir son nom à une chanson.

C'est à la même famille qu'appartiennent les chansons d'enfants qui ont occupé de grands esprits, jusqu'à Platon lui-même. N'ordonne-t-il pas aux nourrices de chanter beaucoup de chansons aux enfants qu'elles soignent? « *Etiam nutricum, quæ adhibetur infantibus allectationi, suum quoddam carmen assignat.* » Ici nous rentrons dans la théorie des sensations. Platon voulait que l'oreille fût bercée de sons rhythmés, moins durs que la parole ordinaire, et de même plus tard le savant italien Porta recommandait aux nouveaux mariés de n'entourer leurs murailles que de tableaux gais, pour satisfaire les premiers regards des enfants. Platon et Porta se montraient grands physiologistes, et Jérôme Cardan, dans le *De vita propria*, confirme les idées du philosophe grec, en contant que jamais dans la vie il n'éprouva d'aussi vives jouissances que lorsque sa nourrice chantait auprès de son berceau. Les souvenirs de l'alchimiste remontent peut-être bien loin, mais l'idée est juste.

Tous les peuples ont eu des chansons de nourrice, des mélodies particulières charmantes qui ont été notées. Les anciens Grecs avaient le *Katabaucalisis*, les Grecs modernes ont le *Nannarisma*, les Italiens le *Nanna*, les Anglais le *Nursery rhymes* ou mieux le *Lullaby*. Dans l'ancienne Grèce on sait que la chanson des petits enfants s'appelait *la la*. Il ne faut pas demander aux nourrices qui composent ces chansons autre chose que ce qu'elles peuvent donner; mais dans l'amour qu'elles portent aux enfants, elles trouvent de singulières associations de mots, d'images, sans lien apparent, qui frappent le nouveau-né et savent endormir ses premières souffrances.

> J'ai vu une anguille
> Qui coiffait sa fille;
> J'ai vu un gros rat
> Le chapeau sous le bras,

est une chanson de nourrice du Berry qui peut servir de type à tous les refrains bons à pénétrer le tendre cerveau des enfants. Une *berceuse* alsacienne que je citerai est déjà plus raisonnable dans sa gaieté :

> Une poule et un coq,
> Le sermon commence ;
> Une vache et un veau,
> Le sermon est à moitié.
> Un chat et une souris,
>
> Le sermon est fini.
> Voilà une souris qui se sauve !
> Celui qui l'attrapera
> N'a qu'à se faire un grand
> Grand bonnet de fourrure.

Les six premiers vers remplissent la tête de l'enfant de choses animées qu'il préfère à l'homme : la poule, le coq, la vache, le veau, le chat et la souris. Les fabricants de joujoux sont plus occupés à fabriquer des animaux que des polichinelles. L'enfant, presque animal par l'intelligence, comprend l'animal. A ces animaux, la nourrice alsacienne a mélangé un peu de religion; mais je trouve le *sermon* trop abstrait pour l'enfant. Et je préfère le *grand grand bonnet de fourrure* qu'on promet à celui qui attrapera la *souris qui se sauve*.

Une berceuse du Berry montre la nourrice semant dans la tête de l'enfant l'idée compliquée du mariage :

> Dodo, *berline*[1],
> Sainte Catherine,
> Endormez ma p'tite enfant
> Jusqu'à l'âge de quinze ans!
> Quand quinze ans seront sonnés,
> Il faudra la marier.

Petit à petit les mots entrent dans la tête de l'enfant, il en comprend le sens, ses idées se forment, et le temps n'est pas éloigné où il ira chanter dans les rues de Bourges, avec les polissons du quartier qui saluent l'arrivée du printemps :

> Ah! l'aronde, vole, vole, vole,
> Ah! l'aronde, vole, vole donc.

A-t-on déjà fait remarquer la propension qu'ont les enfants à la rime en y joignant une certaine mélopée musicale? Leur esprit porté au grotesque se plaît également aux surnoms dont plus d'un écolier et d'un maître d'étude seront victimes. La chanson suivante d'enfants du Berry, qui ont dénaturé le nom de *Charles*, montrera leur nature d'esprit vers l'âge de sept ans :

> C'est monsieur *Charligodet*
> Qu'a des poux dans son bonnet;
> Il les tourne, il les vire,
> Il les fait crever de rire, *etc.*

Dans son précieux *Glossaire du centre de la France*, M. le comte Jaubert a montré ce que la science philologique pouvait trouver dans ces naïfs couplets : « Le *Tribonot*, dit-il, est un jeu d'enfants dans lequel on prend plusieurs cerises dont les queues sont soudées par trois ou par deux à leur point d'insertion sur le rameau de l'arbre, après quoi on fait

---

[1] Il faut savoir, m'écrit M. Ribault de Laugardière, que les mères et nourrices du Berry disent d'un enfant rebelle au sommeil : « il *s'araille* comme un *berlin*. » Le berlin est celui qui a des idées singulières, qui n'est pas fou, mais un peu dérangé, et par suite ouvre les yeux d'une façon démesurée. *Berline* est le féminin de *berlin*. »

tourner entre les doigts deux des cerises, de manière que la troisième, ou la soudure seulement, quand il n'y a que deux cerises, fasse la culbute sous cette espèce d'arcade. On chante alors :

> Passe, passe, Tribonot,
> Par la porte de Saint-Jacques,
> Passe, passe, Tribonot,
> Par la porte de Saint-Jacquot.

« On appelle en gallois *tribanau*, ce qui est la même chose que *tribonot*, certaines poésies morales ou *tercets* dont l'origine remonte aux époques des druides. »

VII.

Avant d'arriver aux chansons de mariage et aux plus nombreuses encore qui ont trait à l'amour, il est bon de commencer par celles qui se rapportent à différents usages de pays et aux mœurs des habitants. En Flandre, du côté de Dunkerque, les enfants, le jour de la Saint-Martin, portant une lanterne de couleur au bout d'un bâton et soufflant dans des cornes de bœuf, chantent la *chanson de la Saint-Martin* :

Le petit oiseau de Saint-Martin
Au rouge corsage s'est arrêté
Précipitamment au delà du Rhin,
    Où sont des porcs gras.
Bonne femme, donne-nous quelque chose,
Toutes les poules pondent.

  Ici demeure un homme riche,
Qui peut bien nous donner quelque chose.
Il donnera beaucoup, il vivra longtemps;
Il mourra saintement, il obtiendra le ciel.

  La servante monte l'escalier;
Elle met la main dans le sac aux noix;

Elle ne la met pas à côté;
Elle nous en donnera un peu.
Donne un peu, garde un peu;
Qu'il y ait quelque chose pour l'an prochain.

  Là-haut, dans les combles,
Pendent de longs saucissons.
Donne-nous les plus longs, laisse les plus courts.
Ne nous fais pas attendre longtemps.
Nous devons aller une maison plus loin.
Donne un peu, garde un peu,
Qu'il y ait quelque chose pour l'an prochain.

Dans beaucoup de provinces, on retrouve ce genre de demandes rhythmées, très-fréquentes en Normandie surtout de la part des mendiants, et qu'on connaît sous le nom de chansons de *part à Dieu*.

Les domestiques qui se louent pour un an ont voulu avoir également leur couplet. En voici un du Berry :

> A la Saint-Jean, je m'accueillis,
> Je m'*accueillis* six francs tout rond,
>   La vesi, la veson,
>   La veson, don don.
>   En dansant la vesi,
>   Hi!
>   En sautant la veson.
>   Hon!

Les Basques, grands joueurs de paume, l'ont consacrée en ces vers :

> Les gens de Hasparian sont allés à Bayonne,
> A une partie de paume, les quatre meilleurs,
> Contre les Bayonnais sur une place ici connue.
>   Ils n'avaient point peur.
> Ils ont gagné de l'argent et de la renommée.
>   Tout s'est parfaitement passé.

Les Picards ont célébré leurs fêtes cantonales :

Où t'en vas-tu, Jean-Jacques,
Avec ton biau capieu?
  Qu' t'es bieu!
Et pis et bell' casaque,
De l' poudre ed'sus tes qu'veux.
En vérité qu' t'es bieu!

Je m'en veu à l' ducasse;
Veux-tu venir avec mi,
  Marie?
Os y mangerons de l' tarte,
De l' tarte à la bouillie;
Os aurons du plaisir.

Les Flamands montrent leur commisération pour les animaux :

> Voyez les pauvres chevaux
> Se traîner le long de la route ;
> Ils n'ont presque pas de pavé
> Pour aller jusqu'à Cassel.
> Douce Mariton, Mariton, Maritaine,
> Douce Mariton, ton, ton.

Les danses du Périgord, la périgourdine était si répandue qu'on en fit une chanson dans le Berry :

> Pour danser la paligourdine,
> Faut avoir le pied dégagé,
> Pied dégagé, pass', passe !
> Pied dégagé passé.

Les ivrognes berrichons ont leur petit couplet à boire :

> Arrosons-nous
> La *noque*,
> La *noque* ;
> Arrosons-nous
> La *noque* du cou.

Ils ont aussi la *chanson de la rinçonnette* :

> A ta santé, mon compagnon,
> La verdurette, la verduron, *etc.*
> Encore un petit *goupillon, etc.*
> Et puis après *rasette*,
> La verduron, durette, *etc.*
> Et puis la *rinçonnette, etc.*

Dans chacun de ces couplets, on peut retrouver un trait de mœurs, une coutume. A Bourges, les enfants, portant à la main des tiges sèches de faguettes trempées dans l'huile, chantent dans les rues :

> *Brandelons !* femelles,
> Les vignes sont belles,
> Les bouquets sont pas cheux nous,
> Ils sont cheux les moines,
> Fricassés dans la poêle.

Il y a là une petite malice contre les moines ; mais il faut y chercher surtout l'ancienne coutume, commune à beaucoup de provinces, d'allumer des feux sur les montagnes, et qui s'appelait les *brandons* dans l'Ile-de-France, le *Bourdir* à Douai, le *Behours* ou *Bouhours* en Picardie, le dimanche des *bourres* dans les Ardennes, *et fureu* (le feu heureux) dans le canton de Maubeuge, à Epinal les *champs golots*, toutes fêtes qui enterraient les jours gras et célébraient les approches du printemps.

Dans les campagnes aux environs de Bourges, le soir des *brandons*, un *brandonneux* et une *brandonneuse* (ordinairement berger et bergère) courent les champs, quelques branchages à la main, et chantent :

> *Brandelons !* femelles,
> Les vignes sont belles ;
> La vieille remue les tisons
> Pour faire cuire les beugnons.

Le mois de mai a été chanté par toutes les provinces. En Bresse, le mois de mai est fêté plus que le jour de l'an ailleurs.

Il y a trois chansons de mai sur le même air. Voici le premier couplet de la première :

> Le voilà venu le joli mois,
> Laissez bourgeonner le bois ;
> Le voilà venu le joli mois ;
> Le joli bois bourgeonne.
> Il faut laisser bourgeonner le bois,
> Le bois du gentilhomme.

De grand matin je me lèverai ; un beau bouquet j'amasserai. Pour le lier je prendrai un ruban noir, si j'en ai un ; autrement je l'achèterai, ou bien je l'emprunterai.

C'est ici la fin de celle-là. Ainsi termine le poëte.

On trouvera dans la fin de cette étude d'autres chansons de *Mai* qui se confondent avec les chansons de mariage ; mais il est des rondes d'enfants qu'on pourrait appeler historiques, et qui ont conservé le souvenir des chevaliers de la Table-Ronde mieux que les romans de chevalerie et les grands poëmes de geste. La Franche-Comté est pleine de la mémoire de Charlemagne et de Roland. Le *Mont-Roland,* dans le Jura, n'indique-t-il pas quel souvenir y a laissé le chevalier? Dans un village de la Franche-Comté, rapporte un archéologue, des jeunes filles de six à douze ans sont réunies. Il en est une qui s'accroupit ; toutes les autres forment autour d'elle un rempart, relèvent les bords de sa robe au-dessus de sa tête, de manière à figurer un donjon dans lequel la princesse est cachée.

D'un autre côté, il se présente un héros, à la tête d'une cohorte guerrière, qui parcourt trois fois les glacis de cette forteresse en chantant : *Qu'y a-t-il dans cette tour?*

Les jeunes filles, qui reconnaissent le cavalier, s'écrient à sa vue : *Oger! Oger!*

Qu'y a-t-il dans cette tour? reprend le paladin.

La châtelaine, qui, de l'intérieur, a reconnu aussi la voix de son amant, s'écrie : *Franc chevalier!* et le chœur des dames répond au chercheur d'aventures :

> Il y a la belle qui dort,
> Oger! Oger!
> Il y a la belle qui dort,
> Franc chevalier!

Après ces mots, le courtois chevalier manifeste un vif désir de voir cette beauté endormie ; de son côté la garnison se met en état de défense ; mais le chevalier menace d'arracher une pierre du rempart. Il l'enlève, en effet, car il entraîne hors du cercle une des jeunes filles qu'il conduit et qu'il mène au rondeau des garçons.

> Une pierre, ce n'est guère,
> Oger! Oger!
> Une pierre, ce n'est guère,
> Franc chevalier!

Mais il revient à la charge à plusieurs reprises, enlevant successivement toutes les pierres avec lesquelles il complète son rondeau, jusqu'à ce qu'il ne reste plus personne pour lui soustraire la fée qui dort. Alors la tour s'écroule, la belle paraît. Le vainqueur reçoit naturellement un baiser pour prix de sa vaillance, le tout au milieu d'un brouhaha de cris et de désordre qui se fait parmi les jeunes assiégées, à l'imitation de ceux qui règnent à la prise d'un château rempli de femmes et de soldats.

Il existe encore peut-être dans les montagnes des Hautes-Alpes un singulier usage, qu'on appelait le *bacchuber*. Au pont de Cervières, hameau de Briançon, le 16 août de chaque année, les jeunes gens, au nombre de neuf, onze ou treize, exécutent, pendant que les femmes chantent, une espèce de danse guerrière fort singulière ; ils sont armés d'épées courtes, larges et sans pointe, et forment un rond en tenant leur épée de la main droite, et le bout de celle de leur voisin de la main gauche ; ils décrivent en dansant douze figures différentes, forment avec leurs épées des carrés, des losanges, des triangles, etc. avec une lenteur et une gravité particulières.

Les mœurs, les coutumes, les légendes, les chansons mieux étudiées, rendront de grands services plus tard aux historiens. Pour moi, je préfère rester sur le terrain de l'amour, de la femme et du mariage.

Dans les *vogues* (fêtes) du Charolais, on danse des bourrées qui se rapprochent de la famille des bourrées du Nivernais, du Berry et de l'Auvergne. Les danseurs sautent sur chaque pied pendant des heures entières, en poussant des *iou!* suivis d'un gros baiser. La chanson sur l'air de cette bourrée se continue toujours sur les mêmes paroles.

> Ol est amoureux,
> Le petiot gueux,
> Le petiot drôle!
> Ol est amoureux,
> Le petiot drôle,
> Le petiot gueux.

Dans ce couplet on voit le jeune garçon qui commence à sentir ses quinze ans. Les yeux baissés, tremblant, rouge, il serre la main de sa *bonne amie*, et les garçons du village se moquent de lui.

Ici, par ces trois simples vers, je vois le compagnon qui part ou le soldat quittant sa chère Bourgogne :

> Adieu le faubourg de la Barre,
> Adieu la ville de Mâcon,
> Et la beauté que mon cœur aime.

Voici un amoureux berrichon qui aime à la fois la fille et la bouteille :

> Aux quat' quarts du lit
> Y a quat' poum' d'orange,
> Au bian mitan du lit
> Le rossignol y chante;
> Le bon vin m'endeurt,
> Et l'amour my draveille.

J'ai quelquefois été profondément touché de la délicatesse de l'amour dans les Flandres. Il y a dans certains tableaux de Téniers, d'Ostade et de Brawer des buveurs et des pipeurs au nez rouge qui serrent la main de leurs compagnes avec un regard plein de tendres affections. Le comique particulier de ces grossières figures n'en fait ressortir que plus vivement le sentiment amoureux. Il n'y a pas de ballade allemande plus délicate que cette chanson de Dunkerque :

» Sous un vert tilleul je cherchais ma mie; vainement je la cherchais, ma mie n'était pas là.
» Oui, je cherchais en vain! — puisse ce tilleul se dessécher! Nous nous promènerons le soir et nous trouverons une couronne, oui, une couronne de roses.
» Une couronne de fleurs, liée de rubans. — Que m'envoya ma mie de Paris, par delà la mer? Que m'envoya ma mie? — Un petit billet. — Que contient ce billet?
» Que contient-il? — Jeune fille, lisez-le : « Quoique les jeunes gens disent de belles paroles, ne les écoutez pas.
» Malgré leur beau langage, ils ont l'esprit trompeur. Ainsi la pomme du verger renferme des vers.
» Le verger est fermé, personne n'y entre, sinon le petit rossignol qui vole par-dessus l'enclos. »

Avec quel sentiment délicat une pauvre fille de la basse Navarre exprime-t-elle sa séduction et sa faute :

> Un bouquet de roses en février éclos
> J'ai envoyé à ce monsieur en compliment,
> L'assurant que j'en avais eu le plant de son jardin,
> Et le priant de garder le bouquet en souvenir de moi.

> Ce monsieur que j'aurais cru devoir être heureux
> D'avoir de son plant un bouquet,
> L'a renvoyé disant qu'il n'en veut point.
> Que d'avoir donné un plant aucun souvenir ne lui reste.

> Bouquet charmant, soyez le bien revenu!
> Moi je ne vous repousserai pas comme ce monsieur.
> Fraîchement je vous nourrirai de mon sein,
> Tout en vous dotant du nom de ce monsieur.

> Vous, mes jeunes compagnes, livrez-vous à vos jeux;
> Quant à moi depuis longtemps je suis dans la tristesse.
> Des jeunes messieurs qui portent des chapeaux fuyez l'approche,
> Ce sont mes relations avec eux qui ont causé ma perte.

Mais cette traduction, due à M. Fr. Michel, ne peut rendre le charme du dialecte bas-navarrais.

M. le comte Jaubert a recueilli à Henrichemont un joli couplet :

> Que les étoiles sont brillantes !
> Que la lune *rait* clairement !
> Mais les beaux yeux de ma maîtresse
> Ils le sont bien cent fois autant.

Moins joli que celui du Berry :

> Au bout du bras il m'a tendu la main,
> En me parlant des amours les plus tendres.
> Je l'aimais tant, j'ai ben su m'en défendre,
> Ah ! j'ai ben su élonger mon chemin,
> Tel beau plaisir que j'avais de l'entendre.

Voici un pauvre amoureux qui se vante :

> L'auteur de ces chansons
> N'avait pas de chagrin ;
> Il est assis sur sa chaise,
> Certes bien joyeux,
> Oh !
> Sans chagrin d'avoir perdu une amie.

Le *oh!* seul ne suffit-il pas à montrer le chagrin du pauvre délaissé ? Mais vingt pages ne suffiraient pas pour citer ces cris d'amour, toujours éloquents dans leur vérité, et qui prennent un accent particulier de détresse du cœur, recouverts par une mélodie plaintive.

Les chansons de noces sont toutes curieuses, en les rapprochant des usages symboliques dont il existe des variations dans chaque province.

Il y a quelques années, en Lorraine, le premier dimanche de mai, les jeunes filles des environs de Remiremont (Lorraine), parées de leurs habits de fête, parcouraient les chemins qui mènent à l'église de Dommartin, et à chaque garçon qu'elles rencontraient, elles attachaient à son chapeau une petite branche de laurier ou de romarin en chantant les couplets suivants :

> Un beau monsieur nous avons trouvé,
> Dieu lui donne joie et santé.
> Ayez le mai, le joli mai !
>
> Que Dieu lui donne joie et santé
> Et une amie à son gré.
> Ayez le mai, le joli mai !

> Donnez-nous votre chapeau,
> Un petit bouquet nous y mettrons.
> Ayez le mai, le joli mai !
>
> Mon beau monsieur, à votre gré,
> Aujourd'hui vous nous donnerez.
> Ayez le mai, le joli mai !

> Ce sera pour la Vierge Marie,
> Si bonne et si chérie.
> Ayez le mai, le joli mai !

Dans le canton de Saint-Dié, près de Remiremont, au jour des noces, il était d'usage qu'une amie de la mariée lui chantât au dessert une complainte sur le mariage :

> Adieu fleur de jeunesse,
> Je vais t'abandonner ;
> La noble qualité de fille,
> Aujourd'hui la faut quitter.

Mais les chansons de mariés de la Bretagne et du Poitou sont bien plus remarquables.

Dans le Bourbonnais, dès la veille du jour des noces, les jeunes gens, le cornemusier en tête (à Montluçon les noces se font au bruit du tambour), conduisent le futur porter ses cadeaux et chercher la chemise que doit lui donner la fiancée. Arrivés à la maison, ils trouvent la porte fermée; on frappe avec le bourdon de la musette, en chantant en chœur :

> Ouvrez, ouvrez la porte,
> Françoise, ma mignonne :
> De beaux cadeaux à vous présenter,
> Hélas! ma mie, laissez-nous entrer.

Les filles enfermées en dedans répondent :

> Moi, vous laisser entrer,
> Je ne saurais le faire;
> Mon père est en colère,
> Ma mère est en tristesse;
> Une fille d'aussi grand prix
> N'ouvre pas la porte à ces heures-ci.

Les garçons répètent leur couplet en détaillant chaque objet du présent : *des rubans, un mouchoir, une bague, un tablier*, etc. *à vous présenter*. La fille est inflexible jusqu'à ce qu'ils viennent à chanter : *un beau garçon à vous présenter ;* alors la porte s'ouvre.

Le lendemain des noces, il faut *planter le chou*. Pendant ces bruyants ébats, dont la joie est entretenue par ce qui reste de vin au fond des tonneaux, une scène non moins bruyante, mais plus triste, se passe dans l'intérieur de la maison. Ce sont les adieux de la mariée aux parents dont elle se sépare; les pleurs et les cris dans cette circonstance sont prodigués.... Tous les adieux ne sont pas si tristes. Les invités sont toujours à la place où ils se sont assis la veille; quelques-uns ont couché sur le champ de bataille, au milieu des débris de dindes et de gâteaux. Ce sont eux qui chantent :

> Nos chevaux sont à la porte,
> Tout sellés, tout bridés.
> Que le diable les emporte!
> Je ne veux point m'en aller.

Cependant il faut partir; mais on ne se quitte qu'à plus d'une demi-lieue de la maison, verres et bouteilles en mains, et non sans faire mainte halte et mainte libation. La musette alors joue le vieux refrain :

> Allez-vous-en, gens de la noce,
> Allez-vous-en chacun chez vous;
> Si la mariée est malade,
> Nous la guérirons sans vous.

« Il est à propos de citer une chanson que j'ai entendue bien souvent à Bourbon, dit Achille Allier dans son beau livre de *l'Ancien Bourbonnais*. Elle donnera on ne peut mieux l'idée d'un mariage entre les gens de la campagne :

> Bon jou don, mère Catherine,
> V'allons don, père Nicoulas!
> Voulez-vous marier Cathrinette
> A noute garçon que vela?
> Ol entend bien le coumarce,
> Ouest stil que vend nos naviaux (navets);
> O s'exerce à tirer les vaches,
> Et baye du foin aux viaux.

Dans les villages de Saint-Omer, quand une cadette se marie avant son aînée, le jour de la noce de la cadette, les garçons du village s'emparent de la pauvre aînée, et la huchent bon gré mal gré sur la voûte du four, afin, disent-ils, qu'elle s'échauffe, puisqu'elle est restée insensible à l'amour.

Il existe aussi une danse appelée la *danse du regret*. Une fille a d'ordinaire plusieurs galants, toujours un, au moins deux. Quand elle se marie, l'infortuné galant qui n'a pu réussir à obtenir sa main est obligé de danser séparément avec elle un quadrille sur une couverture qu'on a étendue sur le carreau dans un coin.

PRÉFACE.

A Lons-le-Saulnier et à Château-Châlon (Jura), le premier jour de mai, les jeunes filles portent en triomphe un enfant couronné de fleurs et chantent :

> Etrennez notre épousée,
> Voici le mois, le joli mois de mai;
> Etrennez notre épousée,
> La bonne étrenne,
> Voici le mois, le joli mois de mai
> Qu'on vous amène.

« Il ne faut pas croire que le spectacle fâcheux des rixes domestiques attriste le chansonnier, dit M. de Beaurepaire dans son excellente *Etude sur la poésie populaire en Normandie*. Dans cette littérature, empreinte de l'esprit gaulois, la femme ne se désole jamais; elle prend facilement son parti de la mauvaise humeur du mari, et elle s'en va gaiement chercher fortune et consolation ailleurs. C'est là, il faut en convenir, une morale assez équivoque; mais la ronde participe un peu de la nature insouciante du vaudeville; elle prend les choses par le côté plaisant ou grotesque, et jamais elle ne s'est donné pour mission d'enseigner aux hommes les obligations sérieuses de la vie. »

Dans la ronde suivante, une femme parle d'un homme

> Qui n'a ni maille ni denier,
> Fors un bâton de vert pommier,
> De quoi il me bat les costez.
> S'il me bat je m'en irai
> Avec les vaillants.
> Ils m'apprendront le jeu de dez,
> Le jeu de cartes après souper.

M. Ribault de Laugardière, substitut du procureur impérial à Clamecy, m'a envoyé une chanson très-curieuse :

« J'ai pu me procurer, dit-il, des détails fort curieux sur nos coutumes nuptiales rustiques, des chansons nouvelles, des variantes précieuses, et parmi celles-ci le texte, que je crois définitif, de la seconde chanson de la Charrette, dont je n'avais reproduit jadis qu'un fragment tronqué.

> Tout en partant de vès cheux nous,
> Pleurant torjous,
> J'ai pas guée d'ergret de la ville,
> Ni des marchands,
> Héla! j'ai d'ergret qu'à ma mie
> Que y a dedans!...
>
> Ma mie, fasez-moué un bouquet
> Qui soye bin fait,
> Qui soye lié d'une soie varte,
> Bin properment;
> Mes amourett' aussit' les voutres
> Soyaient dedans.
>
> La belle, en liant le bouquet,
> A sopirait.
> — Qu'a'-vous, qu'a'-vous, ma mie Nannette,
> A tant pleûrer?
> Argrettez-vous nos amourettes
> Du temps passé?
>
> — Ah! c'est ben à moué de pleûrer,
> De sopirer!
> Vous m'y laissez embarrassée
> D'un bel enfant;
> Taut qu' c'est qu' v' arvinrez de la guée,
> I sera grand.
>
> Que ferons-nous de cet enfant
> Tant qu'i s'ra grand?...
> Je li ferons une cocarde
> De riban blanc,
> Je l'envoirrons arjoind' son pée
> Au régiment.
>
> — Quoué qu'is diront au régiment
> En le voyant?
> Is diront tous : Par la morguenne?
> V'la un cadet;
> Fasons-n'-en nouter capitaine,
> A lui l' bouquet!
>
> — Ma mie, j'ai de l'argent à nous;
> Le voilez-vous?
> — Oh! non, non, non, ce lui dit-elle,
> Je n'en veux point;
> Tous garçons qui vont à la guée
> N'en ont d' besoin.
>
> — Allons, mignonne, au cabaret
> Bonère et chanter.
> A ta santé, ma mie Nannette,
> Pus de cent foués!
> Sans oblier nout' capitaine....
> Vive le Roué!

Mais la plus singulière, en ce sens qu'elle mélange la mort et le mariage, alliance que je n'ai jamais trouvée dans les chansons où la jouissance de la vie prédomine, est

xxvi PRÉFACE.

évidemment une chanson de l'arrondissement d'Amiens que m'a envoyée M. Ernest Prarond.

Je voudrais me marié,
  Monsieur le curé,   } (bis.)
— Un mari faudra chercher,
  Julie, ma Julie,
Un mari faudra chercher,
  Ma petite Julie.

— Ça sera-t-il un grand péché,
  Monsieur le curé?   } (bis.)
— Oui, ce sera un grand péché,
  Julie, ma Julie,
Oui, ce sera un grand péché,
  Ma petite Julie.

— S'il vient à me quitter,
  Je mourrai,   } (bis.)
  Monsieur le curé.
— Si tu meurs, on t'enterrera,
  Julie, ma Julie,
Si tu meurs, on t'enterrera,
  Ma petite Julie.

— Pleurerez-vous à mon enterrement,
  Monsieur le curé?   } (bis.)
— Non, je ne pleurerai pas, car il faut que je chante,
  Julie, ma Julie,
Non, je ne pleurerai pas, car il faut que je chante,
  Ma petite Julie.

Quelle chanson chanterez-vous,
  Monsieur le curé?   } (bis.)
— Requiescat in pace,
  Julie, ma Julie,
Requiescat in pace,
  Ma petite Julie.

VIII.

Arrivé au bout de l'énorme tâche qui a demandé deux ans de recherches et de travaux, je sens combien le présent volume laisse encore à désirer; mais le public verra par nos efforts combien était difficile une première récolte de chansons populaires des provinces de la France. Pour la première fois un pareil travail était tenté; il fallait une grande diversité pour ne pas fatiguer l'attention des curieux. On trouve dans ce recueil les *chansons d'amour* mêlées aux *noëls*, les *chansons des métiers* jointes aux *rondes*, les *chansons de mai* à côté des *ballades*, les *chansons de mariage* en regard des *chansons morales*, toutes les différentes manifestations de la joie, de la tristesse, de l'amour du vin, de la jalousie, de l'ambition des filles et des garçons; comme aussi mille usages locaux sont étudiés dans chacune des notices et surtout ceux qui ont rapport aux fêtes, aux divertissements et aux danses.

J'ai essayé de mettre vivement en lumière les personnes qui nous ont aidés dans cette publication; il me reste à donner une petite bibliographie des trop rares travaux qui m'ont servi de base.

Barzaz-Breiz, chants populaires de la Bretagne, par Hersart de la Villemarqué; 1re édition. Paris, 1839. — *Elsässisches Volksbüchlein* (Petit livre populaire alsacien), par Auguste Stöber. Strasbourg, 1842. — *Chansons et airs populaires du Béarn*, recueillis par Frédéric Rivarez; 1 vol. grand in-8°. Pau, 1844. — *Noëls bressans*, par Philibert le Duc; 1 vol. in-18. Bourg, 1845. — *Usages et chansons populaires de l'ancien Bazadais*, par Lamarque, de Plaisance; 1 vol. in-8°, Bordeaux, 1845. — *Album auvergnat*, par J. B. Bouillet; grand in-8°. Moulins, 1848. — *Recueil de noëls anciens au patois de Besançon*; 1 vol. in-8°. 1852. — *Des Spinola de Gênes et de la complainte depuis les temps reculés jusqu'à nos jours*, par Kühnholtz; 1 vol. in-4°. Montpellier, 1852. — *Instructions relatives aux poésies populaires de la France*. Décret du 13 septembre, publié par le ministère de l'instruction publique et des cultes; in-8°. Paris, 1853. — *Poésies populaires de la Lorraine*; 1 vol. in-8°. Nancy, 1855. — *Chants populaires des Flamands de France*, recueillis et publiés avec les mélodies originales, par M. de Coussemaker; grand in-8°. Gand, 1856. — *Six chansons populaires de l'Angoumois*, recueillies et annotées par Eusèbe Castaigne; in-8°. Angoulême, 1856. — *Etude sur la poésie populaire en Normandie et spécialement dans l'Avranchin*, par Eugène de Beaurepaire; 1 vol. in-8°. Avranches, 1856. — *Lettres à M. le rédacteur du Daort commun, sur quelques poésies populaires du Berri*, par Ch. Ribault de Laugardière; in-8°. Bourges, 1856. — *Echos du temps passé, recueil de chansons, noëls, madrigaux, brunettes, etc.*, du douzième au treizième siècle, suivis de chansons populaires, transcrites avec accompagnement de piano, par J. B. Wekerlin; 2 vol. grand in-8°. Paris, 1856-57. — *Noels nouviaux, sus des vieux airs*, par Ch. Ribault de Laugardière; 1 vol. in-18. Bourges, 1857. — *Les noces de campagne en Berri*, par le même; in-8°. 1857. — *Le pays basque*, par Fr. Michel; 1 vol. in-8°. 1857.

Telle est, sauf quelques omissions, la liste des écrivains qui ont tracé les premiers sillons. Les véritables auteurs de ces poésies, on ne peut les remercier.

Qui a fait cette chanson? Le compagnon partant pour le tour de France et charmant sa route par d'interminables couplets.

Qui a fait cette chanson? La bergère de village, « *là-haut, sur la montagne* », pensant au conscrit qui reviendra plus tard.

Qui a fait cette chanson? Le paysan pour préparer sa ménagère à la vie de travail qui l'attend après la noce.

Qui a fait cette chanson? Les gens d'un village pour se gausser de ceux du village voisin.

Qui a fait cette chanson? Le matelot partant pour les îles, sur son *vaisseau d'argent*.

Qui a fait cette chanson? La mère prudente montrant à sa fille pauvre le jeune « *roi qui épouse des bergères.* »

Qui a fait cette chanson? Les buveurs de tous les pays, plus amoureux de la bouteille que de l'amour.

Qui a fait cette chanson? Les amoureux trompés, se consolant de l'ingratitude de leurs belles et assoupissant leurs chagrins dans de mélancoliques refrains.

Qui a fait cette chanson contre les femmes? Les hommes.

Qui a fait cette chanson contre les hommes? Les femmes.

La province n'a pas encore recueilli la chanson populaire, qui est une des importantes branches de l'arbre de l'archéologie; sur ces branches pousseront plus tard de nombreux fruits qu'il faudra recueillir non pas dans les bibliothèques, mais en pleine campagne. Le célèbre Haüy écrivait à Geoffroy Saint-Hilaire malade : « Laissez là les problèmes sur les cristaux et tous ces rhomboïdes et dodécaèdres hérissés d'angles et de formules algébriques. Un cours de botanique est de l'hygiène toute pure; on n'a pas besoin de prendre les plantes en décoction, il suffit d'aller les cueillir pour les trouver salutaires. »

La récolte de chansons populaires est une sorte de botanique dans la vaste science archéologique; plus de vieux parchemins à déchiffrer qui fatiguent la vue, plus de ces noires poussières à respirer dans de poudreuses archives; mais des courses dans les villages, de vieilles gens à interroger, souvent la misère à soulager en pénétrant dans de pauvres cabanes, une mission utile dans l'intérêt de la langue et de l'histoire, une tendance à la musique qui élève l'âme, des traits comiques et joyeux à recueillir qui détendent l'esprit, de douces tristesses émouvantes enchâssées dans une versification naïve, le rappel au sentiment de la nature, à la bonhomie s'échappant souvent des paroles et de la musique, le retour à la simplicité que font naître mélodie et vers, qui offrent souvent plus de raison que de rime, de gais sourires provoqués par une voix sans prétention qui répète au piano ces airs de l'enfance : telles sont les jouissances qui attendent ceux qui, en parcourant des collections de chansons populaires, connaîtront mieux que par d'ambitieuses histoires, le peuple de France, avec les différences qui séparent le Midi du Nord, une province de l'Est d'une province de l'Ouest, un département d'un autre département, une ville d'une autre ville, un bourg d'un village, un village d'un hameau. De ces chansons jaillit un sentiment particulier, plein de charme, provenant de l'*innocence* des esprits qui ont improvisé ces vers et ces mélodies naïves. On dirait que l'absence de toute éducation n'a servi qu'à rendre plus vives les sensations. La joie, la tristesse, l'amour y sont dépeints plus fortement, n'étant bridés par aucune rhétorique.

CHAMPFLEURY.

PICARDIE.

LA BELLE EST AU JARDIN D'AMOUR. — LA BALLADE DE JÉSUS-CHRIST.
LE BOUQUET DE MA MIE.

Au mois d'août 1858, il se tint à Laon un grand congrès des antiquaires de la Picardie : les sociétés savantes de Saint-Quentin, de Soissons, de Reims, d'Amiens et même de Flandre, avaient envoyé des délégués. J'y allai, sans m'inquiéter du programme, comptant qu'on y discuterait quelque point relatif à la poésie populaire en Picardie, et je fus déçu dans mon attente. Sans doute on y parla de mille choses fort curieuses, du *diluvium*, du droit de jambage, de Bibrax, et aussi des fameuses haches en silex antédiluviennes qui pourraient bien n'être que des cailloux ; mais de poésie il n'en fut question. J'interrogeai quelques membres de divers points de la Picardie, qui me répondirent qu'ils n'avaient nulle connaissance de poésies populaires particulières à la contrée.

La question n'est pas mûre encore, mais elle donnera plus tard d'abondantes récoltes. Il y a vingt ans que les intelligences provinciales ont été poussées vers l'archéologie par des instructions officielles parties de Paris. Des guides et des manuels archéologiques, édités par le ministère de l'intérieur, et confiés à des esprits pratiques, conduisaient immédiatement à la connaissance des monuments par un texte clair et des dessins curieux. Tout le monde à peu près se porta vers les monuments ; les manuscrits poudreux furent secoués, la vie des grands hommes du pays fut éclaircie. Et un jour, de cette masse considérable de travaux purement provinciaux, sortiront des renseignements utiles à l'histoire : mais l'art populaire proprement dit n'a pas été étudié dans toutes les provinces avec le soin qu'il mérite. La chanson, entre autres, malgré les instructions ministérielles, n'est pas sortie de tous les gosiers, où elle court grand risque d'être enterrée, car ce sont de vieux gosiers et de vieilles langues qui seuls peuvent chanter ces mélodies naïves du temps passé.

« Vous êtes Picard vous-même, m'écrivait un poëte plein de patriotisme pour sa ville, M. Ernest Prarond, et savez combien la Picardie est pauvre en poésies populaires. Les habitants d'Abbeville ont été, de père en fils, des gens attachés trop court au râtelier de la grosse raison pour oublier leurs foins au profit de la musique et des assonances, simples occupations de l'esprit, creuse pâture aux besoins intimes. Les pauvres mêmes sont aussi pauvres que les riches en ce point. Leur gaieté comme leur tristesse n'a rien d'ailé. »

Le poëte qui m'écrivait ces lignes est évidemment un de ceux qui dans les histoires locales qu'ils étudient jusque dans les plus infimes détails, aurait donné une large place à l'art populaire. « Je n'ai rien trouvé de naïf sorti des entrailles du peuple, rien de ce qui aurait prouvé le sentiment musical ou poétique de notre vieille bourgeoisie tripotière ou des pauvres pousseurs de charrue, rudoyés par toutes les misères de la taille, de la grêle et des guerres, » dit encore M. Ernest Prarond.

Cependant il existe une littérature picarde. Les campagnes ont tellement conservé l'amour du patois, qu'on imprime exprès pour les paysans des almanachs picards. Les journaux de Saint-Quentin contiennent aussi des feuilletons en patois picard ; mais c'est de l'esprit des villes enveloppé dans une vieille langue : on y sent la pointe de vaudeville, un placage de mots des rues sur des pensées plus bourgeoises que populaires, et l'art n'a rien à voir là dedans.

Il semble étonnant que l'esprit picard, gausseur, railleur, critique, plein de bon sens, n'ait rien produit. L'épitaphe suivante, copiée dans un cimetière de village, ne donne-t-elle pas l'idée d'un peuple satirique et chanteur :

> L'an mil cinq cent un quarteron,
> Ici fut planté maître Jean Quignon ;
> Quand le jugement de Dieu viendra,
> S'il plaît à Dieu reverdira.

Un de mes correspondants m'envoie la chanson de nourrice suivante :

> Dodo Ninette,
> L'enfant Perette ;
> Maman est allée au bois ;
> Elle rapportera un fagot
> Pour chauffer le cul du piot ¹.

M. l'abbé Corblet a donné dans son *Glossaire du patois picard* la *Chanson du Bouhourdis*, du dix-septième siècle, qui se chantait en dansant dans les vergers autour d'un feu de joie. Je la traduis littéralement :

> Au jour de Bouhourdis des prés,
> Autour des arbres j'ai tant ballé
> Que j'ai mon soulier déchiré.
>   Trou la lirette,
>   Trou la liré.
>
> Par les ornières l'ai ramassé ;
> Au cordonnier m'en suis allé,
> Un pied déchaux, l'autre chaussé.
>   Trou la lirette,
>   Trou la liré.

> Dedans sa maison l'ai trouvé.
> — Johannet le beau cordonnier,
> Ressemelleras-tu mon soulier ?
>   Trou la lirette,
>   Trou la liré.
>
> La révérence il m'a tirée :
> — Oui-da, mon petit cœur, ma Babet,
> Votre soulier je recoudrai,
>   Trou la lirette,
>   Trou la liré.

> — Et pour ça quand je vous le rendrai,
> Sur votre visage mignolet
> Je me paierai d'un doux baiser.
>   Trou la lirette,
>   Trou la liré.

Il n'est pas possible que la chanson se fige tout à coup dans l'esprit de Picards si gaillards ; mais, ainsi que je le crois, le peu d'attention des intelligences vers ce coin de l'art a produit cette apparente disette. Et pour preuve, nous donnons aujourd'hui deux chansons, l'une qui est un chef-d'œuvre, l'autre gracieuse et touchante. Seulement ces deux chansons ont été retrouvées à Paris.

Sans vouloir rabaisser la province, il est démontré par nombre de preuves que le mouvement social, politique, littéraire, artistique et scientifique vient toujours de Paris. N'est-ce pas surtout dans une capitale blasée par le joli, le recherché, l'élégant, qu'on devait à un certain moment se retourner vers le *naturel?* Les peintures de Courbet ne pouvaient être tentées qu'à Paris, et le succès des *Paysans* de Pierre Dupont était impossible ailleurs. En province, on aurait méconnu le sentiment du poëte-musicien, quand les *Bœufs* furent publiés pour la première fois.

Jésus-Christ s'habille en pauvre, et *La belle est au jardin d'amour*, furent chantées souvent en petit comité par madame Pierre Dupont, Picarde d'origine, qui avait retrouvé dans son souvenir ces poëmes de son enfance.

Il arrivera certainement pour la poésie populaire ce qui arrive pour les objets d'art. Du Nivernais on vient au quai Voltaire pour acheter de l'ancienne faïence de Nevers. Celui qui voudrait écrire une bonne histoire des traditions populaires de la province devrait habiter Paris depuis trente ans : à Paris, l'esprit est plus disposé à se ressouvenir ; le sentiment s'affine, se creuse et devient plus chercheur. Madame Pierre Dupont bourgeoise d'Amiens ou d'Abbeville ne se fût jamais rappelé la ballade de Jésus-Christ. A Paris, au milieu des discussions esthétiques, saisissant ce renouveau qui s'attache tout à coup à un art oublié, se rendant compte des succès de l'auteur de la *Vigne*, tout à coup sa mémoire se réveille : elle se dit que dans sa jeunesse elle a entendu des chansons qui avaient de secrètes analogies avec les tentatives de son mari, et vers par vers, couplet par couplet, se déroule cette imposante ballade de Jésus-Christ, étrange et lumineuse comme une eau-forte biblique de Rembrandt.

CHAMPFLEURY.

¹ *Piot*, petit.

LA BELLE EST AU JARDIN D'AMOUR.

La belle est au jardin d'amour,
Voilà un mois ou six semaines;
Son père la cherche partout,
Et son amant est bien en peine.

Elle est vêtue en satin blanc,
Et dans ses mains blanches mitaines;
Ses cheveux, qui flottent au vent,
Ont une odeur de marjolaine.

Berger, berger, n'as-tu pas vu,
N'as-tu pas vu la beauté même?
« Comment est-elle donc vêtu'?
Est-elle en soie, est-elle en laine? »

Elle est là-bas, dans ces vallons,
Assise au bord d'une fontaine;
Dans ses mains se tient un oiseau,
A qui la bell' conte ses peines.

Petit oiseau, qu' tu es heureux
D'être ainsi auprès de ma belle!
Et moi qui suis son amoureux,
Je ne puis pas m'approcher d'elle!

Peut-on être auprès du rosier
Sans en pouvoir cueillir la rose?
— Cueillissez-la si vous voulez,
Car c'est pour vous qu'elle est déclose.

LA BALLADE DE JÉSUS-CHRIST.

Jésus-Christ s'habille en pauvre :
« Faites-moi la charité. »
Jésus-Christ s'habille en pauvre :
« Faites-moi la charité.
Des miettes de votre table
Je ferai bien mon dîner. »

LA BALLADE DE JÉSUS-CHRIST.

MUSIQUE RECUEILLIE ET TRANSCRITE AVEC PIANO PAR J. B. WEKERLIN.

— Les miettes de notre table,
Les chiens les mangeront bien.
Les miettes de notre table,
Les chiens les mangeront bien.
Ils nous rapportent des lièvres,
Et toi ne rapportes rien.

« Madame, qu' èt's en fenêtre,
Faites-moi la charité.
Madame, qu' èt's en fenêtre,
Faites-moi la charité. »
— Ah ! montez, montez, bon pauvre,
Un bon souper trouverez.

Après qu'ils eurent soupé,
Il demande à se coucher.
Après qu'ils eurent soupé,
Il demande à se coucher.
— Ah ! montez, montez, bon pauvre,
Un bon lit frais trouverez.

Comme ils montaient les degrés,
Trois beaux anges les éclairaient.
Comme ils montaient les degrés,
Trois beaux anges les éclairaient.
« Ah ! ne craignez rien, Madame,
C'est la lune qui paraît.

Dans trois jours vous mourerez,
En paradis vous irez ;
Dans trois jours vous mourerez,
En paradis vous irez ;
Et votre mari, Madame,
En enfer ira brûler. »

LE BOUQUET DE MA MIE.

MUSIQUE RECUEILLIE ET TRANSCRITE AVEC PIANO PAR J. B. WEKERLIN.

Beau berger, ne te fâche pas
Si j'embrasse ta mie ;
Elle est passé' par devant moi,
Je l'ai trouvé' jolie ;

Pour ne pas fair' de jaloux,
Embrasse-la à ton tour :
Embrasse, embrasse, embrasse !

Paris. Typographie Henri Plon, rue Garancière, 8.

FLANDRE.

LA FÊTE DE SAINTE ANNE. — LE HARENG SAUR. — LE MESSAGER D'AMOUR.

Qui ne se rappelle ces anciennes estampes flamandes où sont représentées les joies du carnaval? Les déguisements ne brillent ni par l'esprit ni par la distinction; la batterie de cuisine en fait les principaux frais. Une marmite sur la tête, une cuiller à pot en guise de plumet, des bassines de cuivre sur lesquelles on frappe: voilà pour la musique et l'habit; d'autres entrent dans de larges paniers qui servent aux marchés et se barbouillent la figure de suie ou de farine. Telles sont les mascarades flamandes. En voyant ces tableaux, on pourrait les prendre pour une image d'un carnaval groënlandais. Et cependant, les mêmes fêtes se passent dans les villages de France, non loin de Dunkerque.

A Bailleul, à la Noël, des enfants, des femmes et des vieillards vont chanter par groupes de trois ou quatre, de maison en maison: les uns portent une étoile de carton au bout d'un bâton; les autres, un arc tendu et une vessie dont ils jouent avec un archet. On leur donne des gauffres et des pâtisseries. Quelquefois les chanteurs, habillés en bergers et bergères, courent les rues en chantant la *Chanson du Rommelpot:*

Donnez pour le rommelpot, — donnez pour remplir la gamelle. — Van de liere, liere om la. — Bonne femme, donnez-nous la part de Dieu.
(Dieu vous assiste.)
— Dieu m'a si longtemps assisté, — que j'ai pu traire mes vaches et tondre mes brebis. — Van de liere, etc. — Bonne femme, etc.
(Dieu vous garde.)
— Dieu m'a si longtemps conservé, — que je porte une barbe grise. — Van de liere, etc. — Bonne femme, etc.

Cet instrument, appelé *rommelpot*, est resté populaire. C'est un pot de terre recouvert d'une peau de vessie tendue au milieu de laquelle on introduit un tuyan de paille ou de jonc. On en joue comme du tambour de basque, en mouillant les doigts ou en frottant le tuyau qui rend un son semblable à celui des toupies d'Allemagne.

« Pendant presque tout l'été, dit M. de Coussemaker, mais principalement à certaines fêtes, comme celles de saint Jean, saint Pierre et saint Paul, les enfants flamands ont coutume de chanter en dansant des rondes. Ces danses se pratiquent le soir, vers le coucher du soleil. Elles sont connues à Dunkerque sous le nom de *Roozenkoëd*, ou danses du Chapeau de roses, parce qu'elles ont lieu sous une couronne et des guirlandes de fleurs suspendues au milieu des rues: ces sortes de danses sont accompagnées de jeux et même de pantomimes qui leur donnent un aspect et un caractère particuliers. »

Voici la ronde du *Ruban:*

« Jeune fille, conserve ce ruban de pourpre; il doit être porté par toi dans la danse des jeunes vierges, dans la danse si belle que vous dansez à la viole, d'une façon gentille! Jeune fille, conserve ta couronne, c'est par toi qu'elle doit être portée. »

A la fin, une jeune fille est choisie pour être couronnée et parée de rubans.

La poésie populaire dans la Flandre française est plus matérielle qu'ailleurs, quand elle est matérielle. Je veux citer deux chansons de buveurs, une d'hommes et une de femmes.

La première est *la Pinte:*

Si je bois une pinte, — Je bois comme un petit porc. — Si je bois une cannette, — Je bois comme un homme. — Si je bois un pot, je m'affaisse. — Jamais de la vie — Je ne boirai plus de genièvre!

Celle des femmes a pour titre: *Lire boulire:*

Jacqueline, Catherine, Isabelle et Martine, — Cata et Sara, — Buvaient ensemble de l'eau-de-vie. — Lire boulire, lire boula! — Ensemble elles dansaient une ronde: — Lire boulire, lire boula! — Et Thérèse disait: « Versez encore — Et crions: Le roi boit: — Et là-dessus elle avala son verre. — Lire boulire! lire boula!

Est-ce que ce refrain de *Lire boulire! lire boula!* ne ressemble pas aux refrains des négresses ivres de tafia? Mais toutes ne sont pas aussi *flamandes* dans le sentiment de Brawer, et je donne la chanson de *la Fête de Sainte Anne* comme un modèle de passion et d'emportement tout espagnols. Cette pauvre fille qui veut épouser son amant pauvre et qui s'excite en répétant : *Hé! courage! vivat!* sa sa! m'a fait penser aux fiévreuses mélodies des danses espagnoles, accompagnées de cris des danseurs, de castagnettes et de tambours de basque sonores. La passion enflamme les gens du Nord comme ceux du Midi, et je ne sais trop si les gens du Nord ne sont pas plus convaincus en amour. Un esprit froid qui s'emporte tout à coup dépasse en indignation et en colère profonde le Méridional qui joue sans cesse avec de faux cris. Quelle différence de sentiment sépare ce joli morceau de poésie *la Fête de Sainte Anne* de la *Ronde des Filles de Quimperlé!* Deux amoureux se présentent, l'un riche et l'autre pauvre, comme dans la chanson bretonne; un jeune et un vieux. La pauvre ouvrière dentellière comprend bien l'utilité de la richesse, sa mère elle-même la lui fait entrevoir; mais, à ce riche *aux grandes oreilles* de Quimperlé, elle préfère le pauvre ouvrier de Bailleul. *Hé! courage! vivat!* Elle l'aime, et quand viendront les jours de revers, elle répétera : *Hé! courage! vivat!* N'y a-t-il pas quelque chose de touchant dans ce refrain qui se met à travers des misères et des peines de cette vie?

Tout n'est pas aussi poétique dans cette partie de la France; on l'a vu par les chansons de buveurs. Il y a quelquefois dans l'esprit flamand un côté singulier, insaisissable, et qui ne manque pas cependant d'un certain charme. Telle est, par exemple, la *Chanson du Hibou* :

Le hibou était assis sur un poirier; au-dessus de lui se trouvait un chat. Vive le hibou!
Ce fut là qu'il se cassa la patte ; on l'entortilla dans un sac. Vive le hibou!
On le transporta chez le médecin; madame vint ouvrir elle-même. Vive le hibou!
On lui tira à peu près six onces de sang ; c'est dommage qu'il doive mourir. Vive le hibou!

Mais le *Hibou* est un modèle de raison et de bon sens, à côté des paroles suivantes du fameux *Carillon de Dunkerque*, qu'on pourrait croire composées par un horloger détraqué :

> Un jupon de calemande
> Et par-dessus un mantelot blanc...
> Sais-tu où je demeure?
> Dans le quartier Saint-Gilles.
> Une casaque de toile,
> Un jupon de nattes,
> Qui ne rirait aux éclats?
> Il est coiffé d'une poêle à frire!

On me dirait que ce petit *morceau de poésie* est le fruit des réflexions du carillon lui-même, que je n'en serais pas étonné.

Avec la ballade de *la Fête de Sainte Anne*, nous donnons, comme chanson caractéristique, les couplets sur le *Hareng saur*, dans lesquels le poète s'est appliqué complaisamment à chanter la tête, l'œil, le ventre et la queue du poisson qui est le gagne-pain des marins. Ces sortes de chansons, où chaque détail d'une chose importante est analysé, sont communes par toute la France. Ici, c'est le hareng saur; là, c'est la femme; ailleurs, c'est le vin. Je me souviens d'avoir entendu chanter par un ouvrier parisien des couplets où il était question des cheveux, des dents, de la gorge, des bras, des jambes, etc., de la femme. C'était interminable. « Il y en a, me disait le chanteur, pour *toutes* les compartiments de la femme. »

CHAMPFLEURY.

LA FÊTE DE SAINTE ANNE.

MUSIQUE RECUEILLIE ET TRANSCRITE AVEC PIANO PAR J. B. WEKERLIN.

LA FÊTE DE SAINTE ANNE.

Voici la fête à sainte Anne,
Eh! courage, vivat!
Au bal déjà l'on se pavane,
Eh! courage, vivat! — sa, sa,
Eh! courage, vivat!

T'as pas d'amoureux, ma fille?
Eh! courage, vivat!
Ma mère, j'en ai deux en ville,
Eh! courage, vivat! — sa, sa,
Eh! courage, vivat!

Mon enfant, choisis le riche,
Eh! courage, vivat!
Et laisse là le pauvre en friche,
Eh! courage, vivat! — sa, sa,
Eh! courage, vivat!

Le rich' n'est que le deuxième,
Eh! courage, vivat!
Ma mèr', c'est le premier que j'aime,
Eh! courage, vivat! — sa, sa,
Eh! courage, vivat!

Le rich' montre son oreille,
Eh! courage, vivat!
Le pauvre m'embrasse à merveille,
Eh! courage, vivat! — sa, sa,
Eh! courage, vivat!

Le riche a des souliers rose,
Eh! courage, vivat!
Mais le pauvre a bien autre chose,
Eh! courage, vivat! — sa, sa,
Eh! courage, vivat!

Pour une enfant si habile,
Eh! courage, vivat!
Conseil de mère est inutile,
Eh! courage, vivat! — sa, sa,
Eh! courage, vivat!

(FLANDRE.)

C'est en l'honneur du hareng saur que l'on chante,
Et sa tête d'abord il faut que l'on vante;
Prenez l'essor,
Dansez encor,
C'est pour la tête du hareng saur.

LE HARENG SAUR.

MUSIQUE RECUEILLIE ET TRANSCRITE AVEC PIANO PAR J. B. WEKERLIN.

C'est en l'honneur du ha-reng-saur que l'on chan - te, Et

sa tê - te d'a - bord il faut que l'on van - - te: Pre-

-nez l'es-sor, Dan - sez en-cor, C'est pour la têt' du ha-reng-saur!

C'est en l'honneur du hareng saur que l'on saûte,
Il a l'œil plus voyant que le garde-côte :
   Prenez l'essor,
   Sautez encor,
C'est pour l'œile du hareng saur.

Jeunes fillett's, trémoussez-vous à la danse,
Du hareng saur la mer réfléchit la panse ;
   Prenez l'essor,
   Dansez encor,
C'est pour la pans' du hareng saur.

C'est par la queu' du hareng que j'termine,
Elle est plus blanch' que celle de la Dauphine ;
   Prenez l'essor,
   Sautez encor,
C'est pour la queu' du hareng saur.

ALSACE.

LE JARDIN. — LE DIABLOTIN. — LA CHANSON DU HANNETON.

Quoique l'Alsace soit *française* (on l'a vu par le rôle que ses fils vaillants ont joué dans nos guerres de la République et de l'Empire), il restera longtemps au fond de son essence deux éléments bien distincts : l'élément suisse et l'élément allemand ; Bâle d'un côté, Bade de l'autre. Les chansons de Hebel se chantent encore partout, c'est l'influence bâloise. Qui ne connaît maintenant les poésies domestiques du doux ministre protestant que la traduction s'est efforcée de rendre, malgré les difficultés du patois allémanique? Depuis dix ans, Hebel et Burns ont eu une certaine influence sur la poésie française, et n'ont pas peu contribué à rappeler les poëtes au culte de la nature dans sa simplicité. Un peuple qui aime Hebel est un peuple gai, souriant, heureux. Toujours j'ai été saisi par cette idée en traversant la pittoresque ville de Strasbourg. Chacun me semblait mener une vie facile ; cela se voyait au calme des physionomies. Pour l'influence badoise, ce sont des valses qui arrivent de l'autre côté du Rhin avec leur rhythme délicat et amoureux. Une clarinette et un trombone en petite casquette verte, il y a là une heure poétique à passer, malgré la pauvreté de l'orchestre.

Qui n'a rencontré, en province, un petit groupe de musiciens, les yeux bleus, le teint rose, les cheveux jaunes, quelquefois accompagnés de femmes à grosse taille courte, soufflant bravement dans un cor, et accompagnant la clarinette ou la trompette à pistons? Cinq musiciens forment un orchestre complet où, à travers les mélodies faciles de ces valses naïves, on retrouve un souvenir des poétiques inspirations de Lanner et de Johann Strauss. Ce sont de simples paysans de la campagne qui avoisine le Rhin allemand.

M. Wekerlin, Alsacien d'origine, me confirme dans ces idées sur l'influence allemande, qui ne permet guère à nos sautillants et spirituels airs d'opéra-comique de pénétrer dans les cabarets de chanteurs.

Le dialecte du Bas-Rhin est moins dur que celui du Haut-Rhin ; tous deux sont des patois allemands si corrompus, que les Allemands de l'Allemagne ne les comprennent pas toujours.

Les chansons de Hebel s'adaptent presque toutes sur trois ou quatre mélodies langoureuses ; on les chante plus particulièrement dans la partie du Haut-Rhin avoisinant Bâle, appelée *Sundgau*. L'une des plus célèbres, le *Veilleur de nuit*, est un récit qui se termine par une phrase assez mélodique.

Quoique les romances françaises soient facilement retenues par l'organisation musicale des Alsaciens, les chansons allemandes y jouissent d'une plus grande popularité.

La poésie populaire devait fleurir sur un terrain si voisin du pays des *lieds*. En effet, elle existe nombreuse et elle a tenté déjà plus d'un bon esprit ; témoin Auguste Stöber, qui a publié une excellente brochure sur la poésie populaire en Alsace, dont je veux traduire quelques couplets pour montrer comment le *réalisme* se mêle par là, ainsi qu'au delà du Rhin, aux objets les plus poétiques.

Une *berceuse* devrait toujours être en tête d'un travail sur les poésies populaires : c'est le premier chant qui frappe les oreilles de l'homme. Voilà une berceuse alsacienne :

Une poule et un coq, — Le sermon commence ; Une vache et un veau, — Le sermon est à moitié ; — Un chat et une souris, — Le sermon est fini. — Voilà une souris qui se sauve, — Celui qui l'attrapera — N'a qu'à s'en faire un grand, — Grand bonnet de fourrure.

Une chanson à danser est aussi simple que cette berceuse

Saute, Marinette, saute, Marinette, — Viens, nous allons danser ; — Prends un petit morceau de pain et de fromage, — Fourre-le dans ta panse, — De la panse dans le sac, — Donne-moi une prise de tabac.

La *chanson des beignets* a le charme, qui n'a pas besoin d'être défini, de mélanger les fleurs et la cuisine; mais elle perd à ne pas être chantée :

Des violettes, des roses, des fleurs, — Nous chantons pour les beignets. — Les beignets sont frits. — Nous entendons craquer la poêle. — Le maître a une belle fille, — Elle a les cheveux bien tressés. — Nous entendons remuer les plats. — La dame va nous apporter des beignets, — Donnez-nous des beignets, — Donnez-nous des beignets. — Bonheur et bénédiction pour la maison du maître.

C'est une sorte de chanson de la *part à Dieu*, telle qu'il s'en chante dans diverses provinces; mais il ne faudrait pas croire que cette réalité, farcie d'idéalité, se rencontre toujours dans la même casserole.

Autant d'étoiles au ciel,
Autant de gouttes d'eau dans la rivière,
Autant de chagrins
Me cause celle que j'aime,

est un petit morceau de poésie dont la tristesse est encore affaiblie par la traduction. Et celle-ci :

Tu m'aimais,
Je sais cela.
Tu ne m'aimes plus,
Je sais cela.
Mais l'oubli, l'oubli,
Je ne sais pas encore cela !

C'est une plainte sans recherche, sans effort poétique, en quelques mots. Et cependant la plainte est touchante.

Jadis le peuple exerçait sa malice contre les différents métiers. Les tribunaux de police correctionnelle n'enregistraient pas de nombreuses condamnations inutiles contre les marchands de vin, les laitiers, les épiciers, les bouchers, les falsificateurs de toute sorte et les vendeurs à faux poids. Le peuple les chansonnait; ils n'en devenaient pas plus honnêtes, et c'était plus gai.

Comment s'y prennent les bouchers? demande un poëte populaire :

Comment s'y prennent les bouchers?
Ils s'y prennent ainsi :
Le soir ils tuent une vieille chèvre,
Le matin ils la vendent pour du mouton;
C'est ainsi qu'ils s'y prennent.

Chaque corps d'état subit la même question, et la ruse est dévoilée; pendant que le moulin fait tic-tac, le meunier fourre la meilleure farine dans son sac. Les aubergistes profitent de l'ivresse des buveurs pour ajouter une croix de plus sur l'ardoise de la boisson; les brasseurs mettent de l'eau dans leur bière.

Comment s'y prennent les tailleurs?
Ils s'y prennent ainsi :
Une pièce par-ci, une pièce par-là,
Ça finit par faire une veste à leur garçon;
C'est ainsi qu'ils s'y prennent.

Une certaine philosophie, un peu d'épicurisme, l'amour de la bière souvent, l'amour de l'amour quelquefois, voilà le fond des poésies du peuple alsacien, dont un franc proverbe résume le caractère :

« Il ne fait pas bon manger des cerises avec de grands seigneurs, ils vous jettent les noyaux à la figure. »

La chanson du *Jardin*, que nous publions, est plus particulièrement répandue dans le *Bas-Rhin*. Le *Diablotin*, mélodie très-connue dans ce département et celui du Haut-Rhin, pourrait bien, d'après son allure mélodique, tirer son origine du Tyrol.

CHAMPFLEURY.

LE JARDIN.

I

Quand je vais au jardin, jardin d'amour,
La tourterelle gémit,
En son langage me dit :
Voici la fin du jour...
Et le loup vous guette,
Ma jeune fillette,
En ce séjour...
Quand je vais au jardin, jardin d'amour.

II

Quand je vais au jardin, jardin d'amour,
Les fleurs se penchent vers moi,
Me dis'nt : N'ayez pas d'effroi,
Voici la fin du jour...
Et celui qu'on aime
Va venir de même
En ce séjour...
Quand je vais au jardin, jardin d'amour.

III

Quand je vais au jardin, jardin d'amour,
   Je crois entendre des pas,
   Je veux fuir, et n'ose pas.
    Voici la fin du jour...
    Je crains et j'hésite,
    Mon cœur bat plus vite
     En ce séjour...
Quand je vais au jardin, jardin d'amour.

LE DIABLOTIN.

MUSIQUE RECUEILLIE ET TRANSCRITE AVEC PIANO PAR J. B. WEKERLIN.

LE DIABLOTIN.

Je sais aux bords du Rhin,
Faleri deri dira la la la la,
Un tout petit moulin,
Faleri deri dira.

J'étais encor bambin,
Faleri deri dira la la la la,
Quand j'allais au moulin,
Faleri deri dira.

On dit qu'un diablotin,
Faleri deri dira la la la la,
Habite le moulin,
Faleri deri dira.

Avais-je du chagrin,
Faleri deri dira la la la la,
M'en allais au moulin,
Faleri deri dira.

Voilà qu'un beau matin,
Faleri deri dira la la la la,
Je devins fantassin,
Faleri deri dira.

Tout service a sa fin,
Faleri deri dira la la la la,
Je revins au moulin,
Faleri deri dira.

Voilà qu'en mon chemin,
Faleri deri dira la la la la,
Trouvai le diablotin,
Faleri deri dira.

J'embrass' le diablotin,
Faleri deri dira la la la la,
Sur ses jou's de carmin,
Faleri deri dira.

J'épousai le lutin,
Faleri deri dira la la la la,
Avec lui le moulin,
Faleri deri dira.

LA CHANSON DU HANNETON.

MUSIQUE RECUEILLIE ET TRANSCRITE AVEC PIANO PAR J. B. WEKERLIN.

LANGUEDOC.

ROMANCE DE CLOTILDE. — JOLI DRAGON.
DANS UN JARDIN COUVERT DE FLEURS.

L'esprit poétique est si spontané dans tout le Midi, qu'un écrivain de Montpellier a pu dire qu'un Provençal ou un Languedocien de nos jours menacent un ennemi d'une *chanson*, d'un *charivari*, ou d'une *complainte*, comme un Corse menacerait le sien de sa *vendetta*. C'est une singulière vengeance, mais désormais le nom de l'ennemi, cloué dans un vers sonore et satirique, reste en butte aux railleries de la foule. La chanson se trouve un peu détournée de son but, qui est de ragaillardir l'esprit, de faire oublier les tempêtes de l'amour; mais ce n'en est pas moins une forme qu'il faut accuser.

Je prendrai spécialement Montpellier comme assise de ma notice, Montpellier la ville de la science, des divertissements, des processions, le dernier asile du jeu de mail. Les voix de femmes que j'ai entendues dans un court séjour y sont bien timbrées, justes, et se prêtent à l'exécution de mélodies que je n'oserais pas appeler populaires, car la plupart sentent leur opéra d'une lieue; d'autres sont empruntées à des ponts-neufs connus et font saisir le chant national. Il faut entendre les chants des troubadours à l'époque du carnaval, des processions à la Fête-Dieu et des sérénades. J'ai vu les processions avec leurs nombreuses corporations de pénitents de toute nature, et je n'ai remarqué aucune trace de chants originaux : ce sont des chœurs d'église arrangés par un maître de chapelle de l'endroit. Tout est disposé pour frapper les yeux plutôt que les oreilles. Mais M. B. Soulas, de Montpellier, m'envoie quelques détails sur ce carnaval, où se rendent des jugements populaires du haut de chars entourés d'hommes à cheval. Des jeunes gens, costumés en *troubadours*, « chantent en chœur des romances sur un ton langoureux et ne manquant pas d'afféterie, ce qui est assez commun aux gens du pays, où on rencontre peu l'homme, mais toujours le poseur, le comédien. Le char des troubadours est très-suivi, et parfois il constitue un chœur qui, son genre accepté, ne manque pas de qualités. Comme les romances chantées sont la plupart connues du public, la foule se mêle souvent au chœur. Après le char des troubadours, nouvelle suite d'hommes à cheval; enfin, le grand char en amphithéâtre, avec de grandes décorations, draperies, est bien supérieur à celui du bœuf gras à Paris. Il y a des femmes, des enfants; tout à fait en haut, c'est-à-dire à douze ou quinze mètres d'élévation, le roi et la reine en grand costume; puis, derrière la reine et leur tournant le dos, à la même hauteur, le Roquelaure, lançant ses lazzis à la foule qui suit. Voilà pour le carnaval.

« La plupart des sérénades se donnent le 15 août, car la plupart des filles à Montpellier s'appellent Marie. Il y a deux sortes de sérénade : les plus rares sont celles où l'amoureux seul, muni d'une guitare, chante toujours les romances que vous connaissez, quand ce ne sont pas les romances parisiennes, sous les croisées de son amoureuse. Les plus nombreuses, ce sont celles qui, munies d'une autorisation du commissaire de police, se composent de cinq ou six musiciens, plus un chanteur, parfois deux pour le duo. Vers minuit, on apporte les pupitres, que l'on place sous la croisée de la bonne amie; on allume les chandelles; le quatuor ou le quintetti commence, puis les chanteurs. Le même orchestre va ainsi de rue en rue, suivi d'un grand nombre de promeneurs oisifs, donner des sérénades. Il en donne huit, dix, douze; puis suit une collation; on se sépare vers deux ou trois heures du matin. Les demoiselles, objets de ces manifestations nocturnes et compromettantes, s'en montrent assez désireuses. Elles ont entendu la sérénade derrière leurs contrevents; il n'y a pas de persiennes à Montpellier. Le lendemain, elles sont intriguées par tous les voisins; elles s'en défendent verbalement, mais intérieurement elles en sont satisfaites. »

Tout est prétexte à chansons, même l'homme blessé dans les courses de taureaux qui font les délices des paysans de Marsillargues, village près de Montpellier. Un maladroit a été foulé aux pieds par le taureau, on l'emmène blessé chez lui, et les galopins le suivent en chantant :

Il l'a ballotté, il l'a ballotté !
S'il était resté à sa maison
La corne du bœuf
Ne lui aurait pas fait de mal.
Il l'a ballotté, il l'a ballotté !
S'il n'y était pas allé,
On ne l'aurait pas touché.

Il n'y a pas de cruauté là dedans. C'est un peuple souple, adroit, qui se moque d'un *amateur* qui ne devait pas aller se frotter aux cornes du taureau.

Les trois chansons que nous donnons comme type du Languedoc ont un caractère bien différent ; la romance de *Clotilde* se chante encore dans les montagnes de la Lozère. On y trouvera une certaine ressemblance avec le conte de *Barbe Bleue*, qui n'a été définitivement fixé à jamais par Perrault dans ses contes immortels qu'après avoir subi des transformations sans nombre. Il en est de ces traditions populaires comme des types comiques de la comédie italienne : leur origine se perd dans la nuit des temps. Un savant membre de l'Académie des inscriptions et belles-lettres a cherché à démontrer que la généalogie de Polichinelle remontait aux Étrusques, et tout récemment on a découvert que le conte de *Cendrillon* se trouvait presque identiquement dans le dix-septième livre de la Géographie de Strabon. Cendrillon s'appelle la courtisane Rhodope, mais le petit soulier de la courtisane est le père de la pantoufle de notre Cendrillon. C'est ce qui démontre la vanité de *l'invention*. Que le vieux conteur Belleforêt réclame la priorité de son *Amlet*, Shakspeare n'en reste pas moins un immense génie pour le développement du caractère du jeune Hamlet et la puissance souveraine de son drame.

Les chansons subissent la même loi ; elles peuvent s'inspirer des traditions ou en inspirer à leur tour. Dans la circonstance actuelle, la romance de *Clotilde*, quoique ancienne, n'est certainement qu'une variante de la tradition de *Barbe Bleue*, qui a une supériorité sur la ballade des montagnes de la Lozère, c'est le fameux cabinet où sont pendues les femmes victimes de leur curiosité. La romance de *Clotilde*, plus naïvement conçue, montre simplement une femme mariée à un seigneur brutal, puni tout à coup par l'arrivée des éternels « *trois beaux cavaliers* ».

Joli dragon est encore une de ces légendes où la rencontre d'un soldat avec la fille d'un roi amène quelques intrigues plus compliquées que dans ces sortes d'antithèses chères au peuple. Combien de ces amours brisées par un roi puissant qui craint pour sa fille les suites, au point de l'enfermer habituellement dans la tour, avec un morceau de pain sec et une cruche d'eau ! Quelquefois l'amoureux est victime, quelquefois l'amoureuse. Ici le *joli dragon* est un mécréant qui m'a tout l'air de se moquer du père et de la fille. Il faut remarquer combien de sentiments contraires se passent dans des couplets d'un seul vers. Treize vers suffisent pour montrer la passion subite de la fille du roi ; sa déclaration subite ; la réponse du joli dragon, engagé dans d'autres amours ; la poursuite de la fille, qui ne veut pas lâcher son galant ; le refus du roi, qui ne voit dans le prétendu qu'un simple dragon, quand la fille le trouve un *joli* dragon ; l'étalage des trésors du soldat, qu'on ne soupçonnait pas posséder tant de richesses ; l'acceptation du roi, séduit par l'étalage de ce butin ; et, enfin, le dur refus du dragon, qui s'en va retrouver de plus jolies filles dans son pays.

J'ai certainement employé pour analyser cette chanson trois fois plus d'écriture que le poëte, qui n'a peut-être pas trempé sa plume dans l'encrier ; mais je voulais montrer la rapidité de quelques-unes de ces chansons, comment le poëte se passe de l'art de la transition, et l'effet qu'il en obtient.

Dans un jardin couvert de fleurs est une complainte qu'une dame a entendu chanter à un pauvre, dans les environs de Montpellier. C'est la complainte dans toute sa naïveté, avec ses mots touchants, avec sa musique douce et plaintive, avec ses puérilités, avec ses beaux vers quelquefois, avec sa poésie, quoi qu'en disent les poëtes.

CHAMPFLEURY.

ROMANCE DE CLOTILDE.

MUSIQUE RECUEILLIE ET TRANSCRITE AVEC PIANO PAR J. B. WEKERLIN.

ROMANCE DE CLOTILDE.

C'étaient trois frères,
C'étaient trois frères,
N'ont qu'une sœur à marier ;
C'étaient trois frères,
N'ont qu'une sœur à marier.

L'ont mariée,
L'ont mariée
Au plus méchant de ce pays ;
L'ont mariée
Au plus méchant de ce pays.

L'a tant battue,
L'a tant battue
De son bâton de vert pommier ;
L'a tant battue
De son bâton de vert pommier.

Le sang lui coule,
Le sang lui coule
Depuis la têt' jusques aux pieds ;
Le sang lui coule
Depuis la têt' jusques aux pieds.

Le lui ramasse,
Le lui ramasse
Dans une tasse d'argent fin ;
Le lui ramasse
Dans une tasse d'argent fin.

« Voilà, vilaine,
Voilà, vilaine,
Voilà le vin que tu boiras ;
Voilà, vilaine,
Voilà le vin que tu boiras. »

Sa chemisette,
Sa chemisette
Ressemble à la peau d'un mouton ;
Sa chemisette
Ressemble à la peau d'un mouton.

A la rivière,
A la rivière
Va sa chemisette laver ;
A la rivière
Va sa chemisette laver.

Vers la rivière,
Vers la rivière
Voit venir trois beaux cavaliers ;
Vers la rivière
Voit venir trois beaux cavaliers.

« Holà ! servante,
Holà ! servante ;
Où qu'est la dame du castel ?
Holà ! servante,
Où qu'est la dame du castel ? »

— Suis pas servante,
Suis pas servante ;
Je suis la dame du castel ;
Suis pas servante,
Je suis la dame du castel.

— Ah ! ma sœurette,
Ah ! ma sœurette,
Qu'est-c' qui vous a fait tant de mal ?
Ah ! ma sœurette,
Qu'est-c' qui vous a fait tant de mal ?

— C'est, mon cher frère,
C'est, mon cher frère,
Le mari que m'avez baillé ;
C'est, mon cher frère,
Le mari que m'avez baillé. »

Alors le frère,
Alors le frère
Galope en bât' vers le château ;
Alors le frère
Galope en bât' vers le château.

De chambre en chambre,
De chambre en chambre,
Jusqu'à ce qu'il l'y ait trouvé ;
De chambre en chambre,
Jusqu'à ce qu'il l'y ait trouvé.

A coups d'épée,
A coups d'épée
Il lui a la tête coupé' ;
A coups d'épée
Il lui a la tête coupé'.

JOLI DRAGON.

Joli dragon revenait de la guerre,
Joli dragon, ran pata pata plan,
Joli dragon revenait de la guerre.

JOLI DRAGON.

MUSIQUE RECUEILLIE ET TRANSCRITE AVEC PIANO PAR J. B. WEKERLIN.

La fill' du roi était à sa fenêtre,
La fill' du roi, ran pata pata plan,
La fill' du roi était à sa fenêtre.

« Joli dragon, donnez-moi votre rose ;
Joli dragon, ran pata pata plan,
Joli dragon, donnez-moi votre rose.

— Fille du roi, elle est pour ma fiancée,
Fille du roi, ran pata pata plan,
Fille du roi, elle est pour ma fiancée.

— Joli dragon, demand'-moi à mon père,
Joli dragon, ran pata pata plan,
Joli dragon, demand'-moi à mon père.

— Sire, mon roi, donnez-moi votre fille,
Sire, mon roi, ran pata pata plan,
Sire, mon roi, donnez-moi votre fille ?

— Joli dragon, tu n'es pas assez riche,
Joli dragon, ran pata pata plan,
Joli dragon, tu n'es pas assez riche.

— J'ai trois vaisseaux dessus la mer qui brille,
J'ai trois vaisseaux, ran pata pata plan,
J'ai trois vaisseaux dessus la mer qui brille.

L'un est couvert d'or et d'argenterie,
L'un est couvert, ran pata pata plan,
L'un est couvert d'or et d'argenterie ;

L'autre sera pour embarquer ma mie,
L'autre sera, ran pata pata plan,
L'autre sera pour embarquer ma mie.

— Joli dragon, je te donne ma fille,
Joli dragon, ran pata pata plan,
Joli dragon, je te donne ma fille.

— Sire, mon roi, je vous en remercie,
Sire, mon roi, ran pata pata plan,
Sire, mon roi, je vous en remercie.

— Dans mon pays y'en a de plus jolies,
Dans mon pays, ran pata pata plan,
Dans mon pays y'en a de plus jolies. »

DANS UN JARDIN COUVERT DE FLEURS.

MUSIQUE RECUEILLIE ET TRANSCRITE AVEC PIANO PAR J. B. WEKERLIN.

Dans un jardin couvert de fleurs, Lieu de douceurs, Dieu créa l'homme à son image, Dans ce séjour; Il lui donna le premier gage de son amour.

Adam était assis tout seul
Sous un tilleul,
Étant couché sur l'herbe tendre,
Tranquillement,
Un doux sommeil vint le surprendre,
Dans ce moment.

Pendant qu'il dort, son créateur
Et son auteur
Lui tire doucement un' côte
De son côté;
Il en créa un' jeune femme,
Fleur de beauté.

Adam s'éveille et s'écria :
« Ah! la voilà,
Ah! la voilà, celle que j'aime;
Os de mes os!
Donnez-la-moi, bonté suprême,
Pour mon repos. »

Paris. Typographie Henri Plon, rue Garancière, 8.

NORMANDIE.

EN REVENANT DES NOCES. — LE MOULIN. — RONDE DU PAYS DE CAUX.

En Normandie, on pourrait compter presque autant de chansons que de pommes. Si on en juge par la quantité de chansons que nous avons pu recueillir, la Normandie serait, avec la Bretagne, la province où on aurait le plus chanté en France. Bien que pour les travaux des champs, les savants ont été obligés déjà d'établir des classifications; la récolte des pommes n'amène pas les mêmes chansons que la moisson et les veillées d'hiver. Lorsque les femmes filent le chanvre, il existe encore des modifications poétiques et musicales : d'où les titres de chansons *moissonneuses*, chansons *cueillissoires*, chansons *de filasse*, trois mots frappés au coin populaire. « Dans les campagnes de l'Avranchin, dit M. Eugène de Beaurepaire, elles accompagnent les travaux de la moisson et surtout la cueillette du chanvre. L'influence des idées modernes ne s'y est point encore fait sentir; et, en écoutant le soir ces poésies singulières, empreintes souvent d'un vif sentiment religieux, on se croirait volontiers reporté à des époques fort anciennes. Deux lignes au plus composent le couplet. Le refrain est vraiment la partie la plus importante; il supplée à la pauvreté ou à l'absence de la rime, et c'est lui qui donne toujours lieu aux fantaisies vocales les plus compliquées. »

Rien que par ces mots de *chansons de filasse*, on sent que le peuple des campagnes a voulu montrer qu'elles sortaient directement de son cerveau, qu'elles avaient trait à des travaux manuels et qu'elles ne pouvaient guère servir à d'autres usages; mais ce titre vulgaire, chanson de filasse, est porté avec la tranquillité d'une jolie Normande qui, le bonnet de coton sur la tête, regarde passer le voyageur, et ne se doute pas, dans son innocence, que le civilisé sourit de cette étrange coiffure.

J'ai hâte de dire que j'ai vu de jolies filles en bonnet de coton et que j'ai entendu de charmantes chansons de filasse. La Normandie est grande, les limites de la chanson sont étendues : de même que les Normands ont appliqué leur intelligence à l'industrie, au commerce, à la navigation, à la science, aux arts et aux lettres, les poètes populaires ont tout essayé, depuis le Noël jusqu'à la gaudriole, depuis la chanson de chevalerie jusqu'aux rondes moissonneuses. En pareil cas, les citations valent mieux que les discussions, et j'ai pour système que les plus belles théories ne valent pas le plus petit couplet.

Rien de plus difficile que d'éveiller le cerveau de l'enfant : j'ai lu des *Traités des sensations* par de célèbres médecins qui certainement n'en savaient pas autant que les nourrices. Voici un *Noël* que je donne comme un modèle de faits destinés à impressionner vivement les cerveaux encore tendres des jeunes enfants :

Adieu Noël,
Il est passé.
Noël s'en va,
Il reviendra.

Le petit Colin
Qui porte le vin,
La petite Colinette
Qui porte la galette.

Sa femme à cheval,
Ses petits enfants
Qui s'en vont
En pleurant.

Adieu les Rois
Jusqu'à douze mois;
Douze mois passés,
Rois, revenez.

Les deux premiers couplets sont ravissants de simplicité, de clarté et de gaieté. Une petite fille n'oubliera jamais « *la petite Colinette qui porte la galette.* » Elle a entendu ces couplets à quatre ans; ils se sont fixés dans son cerveau avec l'étiquette de *Noël* au-dessus. Voilà une fête gravée dans son esprit jusqu'à sa mort. C'est là le secret de la force des œuvres populaires, qui résistent, quand les travaux d'hommes qui ont pâli à la recherche de la forme sont oubliés depuis longtemps.

Un couplet sur le Mardi Gras est encore de la famille des objets visibles comme s'ils étaient dessinés :

> Mardi Gras est mort,
> Sa femme en hérite
> D'une cuiller à pot
> Et d'une vieille marmite.
> Chantons haut, chantons bas,
> Mardi Gras n'entendra pas.

La charité me paraît être une des vertus particulières à la Normandie, car le mendiant s'y montre sous beaucoup de formes. Un précieux échantillon d'une chanson de mendiants dans le pays Bessin est une sorte de complainte lyrique d'une mélodie remarquable, et dont le dernier couplet, qui va jusqu'à la menace, fait penser à ces fées qui, lorsqu'on leur refusait un service, se vengeaient cruellement. Dans presque toutes les chansons de mendiants, le châtiment attend ceux qui ferment les portes de leurs armoires aux pauvres gens :

> Bonne femme, bonne femme, tâtez au nid,
> Ne nous donnez pas des œufs pourris ;
> Car le bon Dieu vous f'rait mourir.
> Alleluia.

Mais je préfère un autre mendiant plus gaillard, qui expose sa demande dans un couplet dont la fin est si galante qu'on ne saurait s'en formaliser :

Entre vous, jeunes filles,	Si vous n'ais rien à nous donner,
Qu'avez de la volaille,	Donnez-nous la servante :
Mettez la main au nid,	Le porteur de panier
N'apportez pas de la pad'e ;	Est tout prêt à la prendre.
Apportez-en dix-huit ou vingt,	Il n'en a pas, il en voudrait pourtant
Et n'apportez pas les couvains.	A l'arrivée du doux printemps.

L'amour, tel qu'on l'entendait autrefois, joue un grand rôle dans ces chansons : j'entends par *amour* une chose gaie, facile, qui ne mettait pas l'esprit à l'envers, cet amour que nos grands-pères chantaient à table avec de gros rires, pendant que les demoiselles rougissaient. La fin de la chanson suivante est bien de ces amourettes où les filles se moquaient les premières des amoureux trop timides :

Quand elle eut passé le bois	— Je ris de toi et non de moi,
Elle se mit à sourire.	Et de ta lourderie,
« Belle, qui menez tel émoi,	Qui m'a laissé passer le bois,
Ah ! qu'avez-vous à rire ?	Sans un mot à me dire. »

Pour la chanson du *Moulin*, elle appartient à l'immense variété de chansons de moulin comme il en existe dans tous les pays, et qui ont conquis leur droit de cité par les opéras-comiques. Tout le monde a été séduit par le rhythme du moulin, jusqu'à Hérold, dont la chanson de moulin, dans *Marie*, a charmé la Restauration ; mais tous les moulins n'ont pas été des moulins de vertu, à commencer par celui au-dessus duquel les femmes allaient jeter leurs bonnets. Le *tic-tac* a trop souvent servi à couvrir le bruit qui se faisait dans la chambre de la meunière.

Il fallait, à titre d'archéologie joyeuse, donner une dernière chanson de moulin, maintenant qu'il n'y a plus de moulins.

CHAMPFLEURY.

EN REVENANT DES NOCES.

MUSIQUE RECUEILLIE ET TRANSCRITE AVEC PIANO PAR J. B. WEKERLIN.

EN REVENANT DES NOCES.

En revenant des noces,
J'étais bien fatigué ;
Au bord d'une fontaine,
Je m'y suis reposé.
    La, la, la,
    Tra, la, la,
      Déri,
    Tra, la, la,
      La.

Au bord d'une fontaine,
Je m'y suis reposé,
Et l'eau était si claire
Que je m'y suis baigné.
    La, la, la, etc.

Et l'eau était si claire,
Que je m'y suis baigné.
A la feuille du chêne
Je m'y suis-t-essuyé.
    La, la, la, etc.

A la feuille du chêne,
Je m'y suis-t-essuyé.
Caché dans le feuillage,
Un rossignol chantait.
    La, la, la, etc.

Caché dans le feuillage,
Un rossignol chantait ;
Chante, beau rossignol,
Toi qui as l' cœur tant gai ;
    La, la, la, etc.

Chante, beau rossignol,
Toi qui as l' cœur tant gai ;
Je ne suis pas de même,
Je suis bien affligé.
    La, la, la, etc.

Je ne suis pas de même,
Je suis bien affligé,
Pour un bouton de rose
Que trop tôt j'ai donné.
    La, la, la, etc.

Pour un bouton de rose
Que trop tôt j'ai donné,
Je voudrais que la rose
Fût encore au rosier.
    La, la, la, etc.

Je voudrais que la rose
Fût encore au rosier,
Et que mon ami Pierre
Fût encore à m'aimer.
    La, la, la, etc.

Et que mon ami Pierre
Fût encore à m'aimer ;
Que le roi qui l'appelle
Fût mort et enterré.
    La, la, la, etc.

Que le roi qui l'appelle
Fût mort et enterré ;
Car bientôt par la reine
Il sera-t-appelé.
    La, la, la, etc.

Car bientôt par la reine
Il sera-t-appelé.
Dans sa chambre de marbre
On le fera monter.
    La, la, la, etc.

Dans sa chambre de marbre
On le fera monter,
Et dans son beau lit d'ore,
Ell' me f'ra-t-oublier.
    La, la, la, etc.

Et dans son beau lit d'ore,
Ell' me f'ra-t-oublier ;
Puis on le fera pendre
Pour l'avoir trop aimé.
    La, la, la,
    Tra, la, la,
      Déri,
    Tra, la, la,
      La.

LE MOULIN.

C'est la servante à Nicolet (bis.)
Qu'est à cousir son bavolet
 Sure l'âne et le bât
 Et le saque de blé,
  Sur le rin, trin, trin,
De la jant' du moulin.

Mais v'là que survient le valet   (bis.)
Qui lui pinçait dans le mollet...
  Sure l'âne et le bât,
  Et le saque de blé,
    Sur le rin, trin, trin,
  De la jant' du moulin.

Et le maître, qui les voyait,   (bis.)
Lui dit : « Valet, que fais-tu là ?...
  Sure l'âne et le bât,
  Et le saque de blé,
    Sur le rin, trin, trin,
  De la jant' du moulin.

— Je me promèn', car je suis las. (bis.)
— Puisque t'es las, tu t'en iras...
  Sure l'âne et le bât,
  Et le saque de blé,
    Sur le rin, trin, trin,
  De la jant' du moulin.

— Mon maître, tu me le payeras.   (bis.)
— Valet, valet, combien qu'j' te dois ?...
  Sure l'âne et le bât,
  Et le saque de blé,
    Sur le rin, trin, trin,
  De la jant' du moulin.

— Vous me devez cent sous par mois, (bis.)
Une chemise et deux collets...
  Sure l'âne et le bât,
  Et le saque de blé,
    Sur le rin, trin, trin,
  De la jant' du moulin.

Une douzaine de bonnets,   (bis.)
Et puis encore un gros fouet...
  Sure l'âne et le bât,
  Et le saque de blé,
    Sur le rin, trin, trin
  De la jant' du moulin.

— Valet, valet, tu resteras,   (bis.)
Et au grand lit tu coucheras...
  Sure l'âne et le bât,
  Et le saque de blé,
    Sur le rin, trin, trin
  De la jant' du moulin. »

RONDE DU PAYS DE CAUX.

MUSIQUE RECUEILLIE ET TRANSCRITE AVEC PIANO PAR J. B. WEKERLIN.

BOURGOGNE.

J'AVAIS UN' ROS' NOUVELLE. — ÉHO! ÉHO! ÉHO!
VOICI VENU LE MOIS DES FLEURS.

Si certaines chansons de la Bresse sont poétiques, je n'en pourrais dire autant des Noëls; rarement j'ai vu un pareil étalage de victuailles. Ce sont des chansons *pieuses* faites exprès pour Sancho; il sort de chaque vers un parfum de carbonnade comme des soupiraux des cuisines. Il est vrai que par là, le pays est bien fourni : Bourg nourrit de belles poulardes, Belley fabrique des saucissons aussi bons que ceux de Lyon, Nantua ne se contente pas de ses écrevisses et de ses truites. Qui ne connaît pas les rissoles de Nantua ne saurait parler des rissoles; et pour dessert, Gex fournit un fromage fort renommé. L'Enfant Jésus, en passant par la Bresse, devait goûter à toutes ces bonnes choses. En effet, tous les bourgeois de Bourg s'empressent à l'envi de lui porter à manger, à boire; les aubergistes y courent, les paysans arrivent avec leur lait. Il y a de quoi donner une forte indigestion à toute la sainte Famille.

Jadis, les habitants de chaque ville avaient un surnom caractéristique, qui se piquait de rendre l'esprit général du pays. Je crois bien que c'étaient les gens de Laon qu'on appelait les *glorieux* de Laon, sans doute à cause de l'importance qu'ils cherchaient à se donner; mais c'est aux Bressans qu'il faudrait appliquer ce vieux mot de *glorieux*, aujourd'hui détourné de son sens. Ils apportent d'immenses provisions à l'Enfant Jésus, mais ils veulent qu'on le sache : leur nom doit rester. Combien ont-ils dû tracasser l'auteur des Noëls bressans pour obtenir une mention dans ses couplets! Quoique le Noël suivant soit un peu long, à titre d'échantillon de poésie religioso-culinaire, j'ai cru qu'il fallait le citer presque en son entier.

Noël étant arrivé assez pauvre, s'en va commander un *balandran*, qui n'est autre qu'une sorte de manteau, chez *Lataille*, le fameux tailleur d'alors, pour aller offrir à l'Enfant Jésus du petit vin ou *guinguet*, des rissoles et du pain blanc, et il arrive à la crèche en même temps que quatre bergers et quatre jolies bergères, qui apportent des paniers pleins de fruits. De leur côté, les Mâconnais se présentent avec une vingtaine de bouteilles de vin blanc, et trois gros marchands de Lyon entrent avec des étoffes et des rubans pour orner l'Enfant. Tel est en abrégé le début du Noël; le reste ne peut qu'être cité littéralement :

Dès que la ville de Bourg — en apprit la nouvelle, — on fit battre le tambour — pour mettre tout par écuelles. — Les bécasses, les levrauts, — les cailles, les chapons gras — furent pris chez *Curnillon* — pour faire la bourdifaille, — furent pris chez *Curnillon* — pour faire le réveillon.

Gog porta trois dindonneaux, — et farcit une belle oie, — et d'une longe de veau — il fit un bon ragoût. — Sa femme fit du boudin, — et prit chez monsieur de *Choin* — une grande bassine d'argent, — pour y, pour y, pour y mettre — une grande bassine d'argent — pour y mettre son présent.

On alla vite appeler — l'hôte de la *Bonne-École* — qui porta des godiveaux — et prit une belle andouille. — Il mêla des fricandeaux — avec des oreilles de veau — et porta trois barillets — de mou, de mou, de moutarde, — et porta trois barillets, — de moutarde de Dijon.

Quand l'hôte de *Saint-François* — entendit qu'on faisait bruire — les poêles et les lèchefrites, — dans le quartier de Tesnière, — il fit faire à son valet, une *potringue* de poulet — (si bonne) qu'on s'en léchait tout droit, — les ba, les ba, les babines, — qu'on s'en léchait tout droit, — les babines et les cinq doigts.

Dès que l'hôte de l'*Écu* — vit qu'on partait au clair de lune, — il mit pour quatre écus — de sucre dans de la farine — pour lui faire des gâteaux (à l'Enfant) — qui semblèrent des châteaux; — ils sont meilleurs que le pain — pour les, pour les, pour les dames, — ils sont meilleurs que le pain — pour les dames des enfants.

Ce n'était pas quasi jour — qu'on vit l'hôte de la *Pomme* — qui mettait dans son four — deux tartes à la grande forme. — Il mit tant de *cunar* — qui se trouva bien si clair — que les valets en chemin — le li, le li, le lichèrent, — lichèrent tant par chemin — que de tartes il n'y en eut point.

Nereu mit dessus une planche — du boudin blanc comme neige, — et douze langues de bœuf — qui étaient noires comme poix; — et puis de son bon vin vieux — que j'ai souvent bu, — et boirai, s'il plaît à Dieu, — jusqu'à, jusqu'à, jusqu'à Pâques, — et boirai, s'il plaît à Dieu, — plus qu'il ne veut m'en donner.

On dit que maître *Vavri* — avait mis sous la crèche — une chaudronnée de riz — qu'on dressait avec une *poche*; — il n'était pas refroidi — que quatre ou cinq dégourdis — se donnèrent par le museau — de la, de la, de la, de la poche, — se donnèrent par le museau — de la poche et du chaudron.

L'hôtesse de l'*Olivier*, — quand elle fait des *buguettes* (pâte frite), on peut dire sans faillir — qu'elles sont des bouillies (c'est-à-dire que la pâte en est délicate); — quand elle a suffisamment mêlé — de farine tamisée, — elle en met dans un embouchoir (espèce d'entonnoir), — et puis tourne, tourne, tourne, — tourne dans le poêlon, — des buguettes à l'embouchoir.

Maître *André*, pour le premier — des bouchers qui fait la fête, — se leva près de midi — pour chercher une jeune vache, — pour en avoir la téline — qu'il donnait tout de bon ; — mais le chien de maître *Anis* — la grip, la grip, la grippa, — mais le chien de maître *Anis* — la grippa et la mangea.

C'est l'hôtesse du *Char* — (on dit que ce n'est pas de la plaisanterie), — elle a une pièce de lard, — encore du moins *sade* (agréable) ; — elle en a fait une omelette — qui sentait le brûlé, — et cinq ou six *mate-faim* (crêpes, pâte frite), — farcis, farcis de fromage, — et cinq ou six mate-faim — farcis de fromage blanc.

Il y a un nommé *Gagnon*, — qui a Saint-Claude pour enseigne, — qui, quand il fait des *pognons* (gâteaux frits d'une poignée de pâte), — autour de son four trépigne. — Il fait des casse-museaux (pâtisserie très-délicate), — des pâtés qui sont si beaux — qu'on s'en bourre l'estomac — tous, tous les dimanches, — qu'on s'en bourre l'estomac, — les dimanches, de pâté.

Celui qu'il ne faut pas oublier, — c'est l'hôte de la *Navette* — qui a porté son grand chapeau, — voulant être de la fête. — Il a bien voulu fournir — du vrai fromage pourri, — qui était si bon que les chiens — le sui, le sui, le suivirent, — qui était si bon que les chiens — le suivirent par chemin.

Je passe deux couplets sans importance que M. Philibert-le-Duc a donnés dans ses curieux *Noëls bressans*.

A nous deux, père *Alexis*, — il nous faut faire une offrande — et nous joindre cinq ou six — pour toucher une sarabande ; — avec notre gros bourdon, — nous chanterons tout de bon : — Noël, Noël est venu, — nous ferons la *bourdifaille* ; — Noël, Noël est venu, — nous ferons du brouet moulu (bouillon d'œufs, de lait et de sucre battus ensemble).

Le père *Bistat* sait bien — aussi jouer de la flûte ; — *Merle* fredonnera bien ; — *Servot* conduira la fête ; — je porterai le Roi-boit — pour donner à chacun son droit ; — nous chanterons joliment : — Le Roi tette, le Roi tette ; — nous chanterons joliment : — Le Roi tette sur le foin.

Dans un autre Noël, le comte de Montbel d'Autremont, lieutenant de roi, de Bourg, va offrir sa croix à l'Enfant Jésus. Son secrétaire, monseigneur Barbotto, fait apprêter de la venaison. Madame de Châtenay porte son beau collier et madame de Veillère son brocart. Madame de Griffon, femme de M. Griffon, conseiller au présidial, mènera la Jeanne et la Louison. — « Vous n'avez jamais rien vu de joli comme ces trois petits morceaux, s'écrie le poëte. » Les dames de Bourginager ont commandé une belle armoire de noyer pour serrer le beurre. Les dames de Crèvecœur achètent du brocart à la veuve Cholard pour faire une robe à la Vierge. La Colin sera chargée des manchettes et des petits béguins. Josserand, le marguillier, sonnera la grosse cloche, et le père Alexis ira jouer du serpent pour amuser l'Enfant Jésus.

Ces noëls me font penser à cet admirable *enterrement d'Ornans*, du peintre Courbet, où toute la ville était peinte en pied, depuis les fameux bedeaux jusqu'au fossoyeur, et chacun avec son nom.

En Bresse, le mois de mai est fêté plus que le jour de l'an ailleurs. Nous publions une des chansons que chantent les jeunes filles et les jeunes garçons le premier dimanche du mois de mai, lorsqu'ils vont, se tenant sous le bras, dans les maisons des habitants de l'endroit, demander à boire, quelquefois des œufs ou de l'argent « pour faire le petit goûté ». Une des jeunes filles va devant les autres avec un jeune homme ; elle est tout enrubanée : on l'appelle la *reine* ou bien la *mariée* ; un jeune garçon marche à la tête de la troupe, portant un mai auquel sont attachés aussi des rubans avec des fleurs.

CHAMPFLEURY.

J'AVAIS UN' ROS' NOUVELLE.

CHANSON MORVANDELLE.

J'avais un' ros' nouvelle,
Rin, din, di, di, di, di, diou,
Ha, ha, ha, ha, ha,
Rin, din, di, di, di, di, diou,
J'avais un' ros' nouvelle,
Galant, tu m' l'as volé';
Galant, tu m' l'as volé'.

Ne pleurez pas, la belle,
Rin, din, di, di, di, di, diou,
Ha, ha, ha, ha, ha,
Rin, din, di, di, di, di, diou,
Ne pleurez pas, la belle,
Car on vous y rendra;
Car on vous y rendra.

C'est pas des chos' qui s' rendent,
Rin, din, di, di, di, di, diou,
Ha, ha, ha, ha, ha,
Rin, din, di, di, di, di, diou,
C'est pas des chos' qui s' rendent,
Comme d' l'argent prunté;
Comme d' l'argent prunté.

ÉHO! ÉHO! ÉHO!

Ého! ého! ého!
Les agneaux vont aux plaines,
Ého! ého! ého!
Et les loups sont aux bos.
Tand' qu'aux bords des fontaines,
Ou dans les frais ruisseaux,
Les moutons baign'nt leurs laines,
Y dansont au préau.

Ého! ého! ého!
Les agneaux vont aux plaines,
Ého! ého! ého!
Et les loups sont aux bos.

Tand' qu'aux bords des fontaines,
Ou dans les frais ruisseaux,
Les moutons baign'nt leurs laines,
Y dansont au préau.
Ého! ého! ého!
Les agneaux vont aux plaines,
Ého! ého! ého!
Et les loups sont aux bos.

Mais queuq'fois par vingtaines,
Y s'éloign'nt des troupeaux,
Pour aller sous les chênes
Qu'ri des herbag's nouviaux.
Ého! ého! ého!
Les agneaux vont aux plaines,
Ého! ého! ého!
Et les loups sont aux bos.

Et en ombres lointaines,
Leurs y cach'nt leurs bourreaux,
Malgré leurs plaintes vaines,
Les loups croqu'nt les agneaux.
Ého! ého! ého!
Les agneaux vont aux plaines,
Ého! ého! ého!
Et les loups sont aux bos.

T'es mon agneau, ma reine :
Les grand's vill's c'est les bos ;
Par ainsi donc, Mad'leine,
N' t'en vas pas au hameau.
Ého! ého! ého!
Les agneaux vont aux plaines,
Ého! ého! ého!
Et les loups sont aux bos.

VOICI VENU LE MOIS DES FLEURS.

Voici venu le mois des fleurs,
  Des chansons et des senteurs,
    Le mois qui tout enchante,
    Le mois de douce attente ;
Le buisson reprend ses couleurs,
  Au vert bois l'oiseau chante.

Il est venu sans mes amours,
  Que j'attends, hélas ! toujours ;
    Tandis que l'oiseau chante,
    Et que le mai l'on plante,
Seule, en ces bois que je parcours,
  Seule je me lamente.

VOICI VENU LE MOIS DES FLEURS.

MUSIQUE RECUEILLIE ET TRANSCRITE AVEC PIANO PAR J. B. WEKERLIN.

Paris. Typographie Henri Plon, rue Garancière, 8.

BERRY.

LA VOILA, LA JOLI' COUPE. — J'AI DEMANDÉ-Z-A LA VIEILLE.
PETIT SOLDAT DE GUERRE.

Le Berry, perdu il y a une douzaine d'années au milieu des autres provinces de France, a été révélé par une femme au style éloquent, qui, soucieuse d'appeler l'attention sur ses compatriotes, les a mis en lumière par ses livres et ses pièces de théâtre. Pour la première fois peut-être, le patois fut introduit sur la scène; *François le Champy* et *la Mare au Diable* furent les premières bases d'une littérature de village dont le mouvement parallèle se faisait sentir en Allemagne. Si la passion des gens de ville se trouva greffée sur le sauvageon des gens de campagne, il n'en resta pas moins des études locales intéressantes. Le pays était riche et fécond en légendes, en traditions, en coutumes, en poésie et en musique. Madame Sand creusa la mine et sut l'abandonner avant que la curiosité publique, qui se blase si facilement, manifestât quelque fatigue du genre berrichon.

D'autres, après elle, se sont emparés du Berry, en laissant de côté l'élément romanesque et en précisant avec plus d'allure les mœurs des paysans. Il faut citer surtout M. Charles Ribault de Laugardière, substitut du procureur impérial à Clamecy, dont les études positives sont très-remarquables. Après le chasseur qui, levé de bon matin, va étudier des pistes dans les forêts, on citera maintenant le chercheur de chansons populaires. C'est comme un métier de juge d'instruction, et je ne connais rien de plus intéressant que la seconde lettre à M. le Rédacteur du *Droit commun* sur quelques prières populaires du Berry. Presque aussi paysagiste que madame Sand, un jeune substitut, poussé par un réel amour de la littérature populaire, a écrit un chapitre que je voudrais pouvoir donner tout entier, tant la franchise du récit s'y mêle au sentiment de la nature.

« C'était par un de ces jours d'automne vers le milieu desquels, après s'être longtemps traîné sur la campagne, le brouillard commence enfin à s'élever. Le vent soufflait de bise, et de loin en loin un rayon lumineux jaillissait à travers les *nuages de béronées* qui couraient amoncelés dans le ciel. Ces lueurs obliques qui traversent ainsi les nuages, on les appelle, dans le pays, *les jambes du soleil*. La clarté augmentait; et tout en marchant, je comparais la lumière qui se faisait dans la nature à celle que j'espérais voir se faire bientôt dans certaines idées qui m'occupaient. »

M. de Laugardière cherchait à compléter certaines strophes de prières populaires dont il ne possédait que quelques vers. — *Pour acis*, lui avait dit un paysan, *si entremi* les huit ou dix femmes qui lavent à c'tte heure à la Prée-des-Marais, y en aurait pas qui en sauraient de ces prières? Arrivé au lavoir. — Eh ben, monsieur, et ces vieilles prières, vous les cherchez-t-y toujours? dit une des lessiveuses. — Certainement, je les cherche. — Peut-être ben. — Et je ne les trouve pas partout. En savez-vous quelques-unes? — *Té!* que je sais le *Pater*, l'*Ave*, le *Credo*, le *Confiteor* et les Actes. — Aga donc, t'en sais ben long, fit la voisine de droite. — Tu les dis-t-y tous les jours? ajouta la voisine de gauche. — Soir et matin, d'afilée, et *ranchément* (rapidement), encore. — On dit que ça compte double, dit une femme. — *Bé dame!* tant mieux. — Celles-là sont connues. Mais des anciennes, demandait M. de Laugardière, n'en savez-vous pas? — *Nenni*. Mais v'là ici la Cariotte qui doit ben en avoir appris, pas vrai? Si alle 'tait pas tant *peuraude*... — Moi, dit la mère Daise en manière d'encouragement adressé à la laveuse mise en cause, j'y ai, *ma dine*, ben raconté tout ce que je savais, à ce monsieur. — Tu sais ben à te *débaillonner*, toi. — J'y dirai aussi la mienne, fit enfin la Cariotte. (Et elle répéta la prière de l'ange Gabriel.) — Acoutez donc, monsieur, v'là c'tte ch'tite mée Bouette qui veut parler, s'écria une commère facétieuse. — T'*appaisseras-tu*, vieille loup-garou! Veux-tu te *taiser*! — Laquelle que tu y as dite, mée Daise? — La *Diction de Dieu*, répondit l'interrogée. — Comment qu'a va? dit la Cloute. — A va comme ça, dit une autre laveuse qui répéta la prière l'*Élertion d' Dieu*.

Par ce dialogue précis comme la réalité, on peut s'imaginer les difficultés du chercheur de poésies populaires que les paysans ont conservées précieusement dans leur cerveau, mais qu'ils ne livrent qu'avec peine, croyant qu'on se moque d'eux.

Il est impossible, dans une notice si courte, de donner une idée de la poésie populaire dans le Berry; les citations rempliraient un volume, et l'analyse ne vaut pas la citation. Aussi me tiendrai-je sur le chapitre des noces, qui fournirait un livre curieux d'essais de morale comparée, si on mettait en regard la façon diverse dont le mariage est envisagé dans les provinces de France. Quand les garçons assiègent la porte de la mariée enfermée en compagnie des filles ses amies :

> Ovrez, ovrez la porte et laissez-nous entrer,

s'écrient les garçons ; à quoi la fiancée répond :

> Moi, je suis une fille d'un assez haut prix,
> Je n'ovre pas ma porte à ces heures ici.

Tout le Berry et le Bourbonnais ont reproduit cette réponse avec des variantes; la fille a le sentiment de sa chasteté. — J'suis une fille d'*un trop grand prix*, dit-elle dans quelques villages. Dans le Bourbonnais, c'est presque le même vers : « Une fille d'*aussi grand prix*. » Les portes ne s'ouvrent qu'au couplet suivant, où le galant fait connaître définitivement ses intentions :

> Ouvrez la porte, ouvrez,
> Marie, ma mignonne ;
> C'est un beau mari qui vient vous chercher,
> Allons, ma mie, laissons-le entrer.

Madame Sand a dit de l'air de cette chanson : « Solennel comme un chant d'église. » Et cela se comprend. Peut-être le poëte qui l'a composé avait-il souffert du mariage. Dans toutes les chansons de noces faites par le peuple il y a un fonds de gravité :

> *Héla! la poure fille*
> *Qu'alle a donc de chagrin!*

Tel est souvent le refrain obligé. Les nombreuses chansons de mariée du Poitou, de la Vendée, de la Bretagne, sont graves, sévères et inflexibles. Aussitôt les cérémonies de l'église terminées, le mari parle déjà en maître. La même chanson se retrouve dans le Berry avec un seul couplet demi-badin :

> Vous serez pas ce soir
> C'que vous étiez la veille ;
> Seulette en *voutre* lit
> Où vous étiez vermeille!
> Madam', faut vous gêner
> Pour un époux placer.

Le père présente des fleurs à la mariée, afin de lui apprendre,

> « Madam', que vos couleurs
> Pass'ront comme ces fleurs. »

Après les fleurs, c'est un morceau de gâteau qui indique

> « Que pour le pain gagner,
> Madam', faut travailler. »

Travail, peines, soucis, beauté qui passe, misère et labeur, sont le refrain obligé de cette poésie morale comme un proverbe de Salomon. Et cependant, malgré ces rudes enseignements qui n'enveloppent pas de miel leur rude sincérité, le mariage semble plus sérieux au village qu'à la ville. La sincérité qui y a présidé ne le consolide-t-elle pas? A la ville, la femme, en se mariant, aspire à la liberté, quand elle devrait se contenter de l'*union*, qu'un poëte populaire du Berry a chantée en un couplet dont le dernier vers est admirable de sentiment et de simplicité :

> Ah! mon vrai Dieu! je ses au lit,
> Je ses au lit couchée
> Inter les bras de mon mari
> Qui m'y dit ses pensées.

CHAMPFLEURY.

LA VOILA, LA JOLI' COUPE.

MUSIQUE RECUEILLIE ET TRANSCRITE AVEC PIANO PAR J. B. WEKERLIN.

LA VOILA, LA JOLI' COUPE.

La voilà, la joli' coupe,
Coupi, coupons, coupons le vin,
La voilà, la joli' coup' la la,
La voilà, la joli' coupe au vin.

Et de coupe en pagne, pagne,
Pagni, pagnons, pagnons le vin;
La voilà, la joli' pagn' la la,
La voilà, la joli' pagne au vin.

Et de pagne en hotte, en hotte,
Hotti, hottons, hottons le vin;
La voilà, la joli' hott' la la,
La voilà, la joli' hotte au vin.

Et de hotte en cube, en cube,
Cubi, cubons, cubons le vin;
La voilà, la joli' cub' la la,
La voilà, la joli' cube au vin.

Et de cube en foule, en foule,
Fouli, foulons, foulons le vin;
La voilà, la joli' foul' la la,
La voilà, la joli' foule au vin.

Et de foule en presse, en presse,
Pressi, pressons, pressons le vin;
La voilà, la joli' press' la la,
La voilà, la joli' presse au vin.

Et de presse en tonne, en tonne,
Tonni, tonnons, tonnons le vin;
La voilà, la joli' tonn' la la,
La voilà, la joli' tonne au vin.

Et de tonne en tire, en tire,
Tiri, tirons, tirons le vin;
La voilà, la joli' tir' la la,
La voilà, la joli' tire au vin.

Et de tire en verse, en verse,
Versi, versons, versons le vin;
La voilà, la joli' vers' la la,
La voilà, la joli' verse au vin.

Et de verse en boisse, en boisse,
Boissi, boissons, buvons le vin,
La voilà, la joli' boiss' la la,
La voilà, la joli' boisse au vin.

J'AI DEMANDÉ-Z-A LA VIEILLE.

I

J'ai demandé-z-à la vieille
S'elle aimait bien le bon pain :
« Par ma foi, mon fils, dit-elle,
Pour du ch'ti ne m'en faut point,
Mais d'la miche au grand benguet.
Hé! hé! hé! aïe, mon âne,
Mais d'la miche au grand benguet,
Me faut-z-un mari pour mai. »

J'AI DEMANDÉ-Z-A LA VIEILLE.

MUSIQUE RECUEILLIE ET TRANSCRITE AVEC PIANO PAR J. B. WEKERLIN.

J'ai de - mandé-z-à la vieil-le S'elle ai-mait bien le bon pain: Par ma foi, mon fils, dit - el - le, Pour du (*) ch'ti ne m'en faut point, Mais d'la miche au grand beugnet, Hé hé hé! aïe mon â - ne, Mais d'la miche au grand beu-guet, Me faut z-un ma-ri pour moé.

(*) Chétif.

II

J'ai demandé-z-à la vieille
S'elle aimait bien le bon vin :
« Par ma foi, mon fils, dit-elle,
Pour du ch'ti ne m'en faut point,
Mais du clair à plein goblet,
  Hé! hé! hé! aïe, mon âne,
Mais du clair à plein goblet,
Me faut-z-un mari pour mai. »

III

J'ai demandé-z-à la vieille
S'elle avait encor des dents :
« Par ma foi, mon fils, dit-elle,
J'en encor' un' par devant,
Avec deux dans les côtés,
  Hé! hé, hé, aïe, mon âne,
Avec deux dans les côtés,
Me faut-z-un mari pour mai. »

IV

J'ai demandé-z-à la vieille
S'elle voulait s'y marier :
« Par ma foi, mon fils, dit-elle,
Tout de suite si vous voulez;
Voilà l'hiver qu'est bien frais,
  Hé! hé! hé! aïe, mon âne,
Voilà l'hiver qu'est bien frais,
Me faut-z-un mari pour mai. »

PETIT SOLDAT DE GUERRE.

MUSIQUE RECUEILLIE ET TRANSCRITE AVEC PIANO PAR J. B. WEKERLIN.

Pe - tit sol - dat de guer - re, A la guerr' tu l'l'en vas, Et lon lon la, A la guerr' tu l'l'en vas, Et lon lon la, A la guerr' tu l'l'en vas.

Je m'en vais à la guerre,
Au service du roi,
Et lon lon la, *(bis.)*
Au service du roi.

Si tu vois ma maîtresse,
Je t'en pri', salu'-la,
Et lon lon la, *(bis.)*
Je t'en pri', salu'-la.

Comment la saluerai-je,
Si je n'la connais pas,
Et lon lon la, *(bis.)*
Si je n'la connais pas?

Est facile à connaître;
Sa pareille y est pas,
Et lon lon la, *(bis.)*
Sa pareille y est pas.

Ell' porte la croix d'ore,
La fleur de lis au bas,
Et lon lon la, *(bis.)*
La fleur de lis au bas.

Paris, Typographie Henri Plon, rue Garancière, 8

GUYENNE ET GASCOGNE.

MICHAUT VEILLAIT. — LA FILLE DU PRÉSIDENT. — DÈS LE MATIN.

Il est difficile, en quelques pages, de donner une idée de la poésie populaire dans une province qui ne renferme pas moins de neuf départements, vingt-cinq villes importantes et d'immenses différences dans les mœurs, les usages et la langue. Chaque département devrait avoir son historien, rien que pour ce qui touche à la littérature populaire, et cependant il n'en est rien. Le midi de la France est en retard pour ces sortes d'études, en retard de vingt ans relativement au nord. La première édition des *Barzas-Breis*, de M. de la Villemarqué, date déjà de près de vingt années; la Provence, le Languedoc, la Gascogne, n'ont encore rien fourni. Et cependant la matière ne manque pas. Tout le monde a chanté dans ces provinces, jusqu'aux pâtres du Quercy, qui, pour se faire entendre à de grandes distances, entonnent un chant dit *de la Vallière*. Il est à remarquer que les campagnes conservent plus que les villes le souvenir des personnages historiques. Le nom *de la Vallière*, qui sert de ralliement aux pâtres, me fait penser aux villages du centre de la France, où les paysans appellent encore leurs bœufs *Mazarin*, comme nos cochers de fiacre traitaient leurs chevaux de *Polignac*. N'est-ce pas dans les chaumières que s'est conservé pur le souvenir de Napoléon? Le département du Gers a été un des plus féconds en pèlerinages, fêtes patronales, cérémonies champêtres de la Gerbe et du Roitelet, qui attendent leurs historiens. Aux environs de Bordeaux se célébrait une fête dont on ignore l'origine. C'est là que prit naissance la fameuse chanson de *Jean de la Réoule*, qui se chante le jour de l'Ascension, après la grand'messe, dans une promenade sur l'eau que font le clergé et les autorités. Le bateau, orné de drapeaux et de guirlandes, fait neuf tours dans la Garonne, conduit par vingt rameurs en grand costume. Pendant cette promenade, le fifre et le tambour jouent l'air de *Jean de la Réoule*.

Dans la Gascogne et l'Agenais, la veille du jour de l'an, se célébrait la *Guillonnée*, corruption du fameux cri : *Au Gui l'an neuf*. Les enfants vont demander leurs étrennes en chantant aux portes des riches :

> Le bon Dieu vous baille tant de bœufs
> Comme les poules auront d'œufs!
>   Gentil seigneur,
> Ah! donnez-leur la guillonnée!
>
> Le bon Dieu vous baille tant de poulets
> Que les moissons ont de bouquets!
>   Gentil seigneur,
> Ah! donnez-leur la guillonnée!
>
> Le bon Dieu vous baille tant de garçons
> Qu'il est de plis aux cotillons!
>   Gentil seigneur,
> Ah! donnez-leur la guillonnée!

C'est la même idée qui pousse les mendiants à chanter *la Part à Dieu*, qui se retrouve d'ailleurs dans d'autres provinces.

Les noces de l'ancien Bazadais amènent avec elles nombre de chansons dont je détache un couplet que chante une jeune fille qui plaide pour la jeune mariée :

> Mets, notaire, sur le papier bleu,
> Qu'il ne la batte pas à coup sûr.
> Mets, notaire, sur le papier,
> Qu'il ne la batte jamais.

On ne nous accusera certainement pas, dans cette publication, d'avoir été hostile au clergé,

8

et cependant les chansons ne manquent pas contre les prêtres. A la sortie de l'église, quand on signe sur le registre de la sacristie, les invités, qui attendent sous le porche, chantent ce couplet à tue-tête :

> Je vous remercie, monsieur le curé,
> Qui n'avez rien fait pour moi ;
> Monsieur le curé, à la barbe rousse,
> A dit peu de messe aux époux.
> Monsieur le curé, à la barbe blanche,
> Si peu de messe nous a dit.
> Monsieur le curé n'est pas content,
> Il voudrait l'épouse et l'argent ;
> Monsieur le curé n'est pas sot,
> Il voudrait l'épouse et l'écu.

Dans ce couplet, on retrouve l'historique du fameux droit du seigneur, qui n'appartenait pas, suivant les historiens du Midi, exclusivement aux seigneurs ; en même temps ne semblerait-il pas que les paysans regrettent le temps où ils payaient une dîme aux curés, pour échapper à tous les frais des cérémonies du culte ?

Avant le mariage j'aurais dû parler de l'amour.

Dans le département du Lot avait lieu comme partout la plantation du *mai* par les galants des filles. Ils sont peut-être moins aimables et plus satiriques qu'ailleurs. Quand un garçon avait à se plaindre d'une fille qui se montrait trop coquette, autour du mai étaient accrochés des ossements d'animaux, des têtes de chevaux et de bœufs tirés de la voirie ; images grossières qui contrastaient avec les feuillages, les fleurs et les couronnes des *mai* voisins.

Les quelques chansons qui vont suivre ont été écrites dans un village par M. d'Araquy, sous la dictée d'un petit berger. Elles étaient en patois, sauf une fort curieuse, que j'avais notée à Besançon il y a quelques années. La première est une chanson contre les servantes : elle n'a que le seul mérite d'avoir été retrouvée dans toute sa pureté :

> J'ai une servante :
> Elle est fort diligente ;
> Elle se lève le matin
> Quand elle est lasse de dormir.
> Elle trouve le dîner cuit[1],
> Le mange et rentre au lit.

> Elle n'est pas friande ;
> Elle mange de toute viande,
> Soit bouillie, soit rôtie :
> Elle prend tout ce qu'elle trouve.

> De la paille d'avoine,
> Elle ne s'en soucie guère ;
> Mais celle de froment
> Y passe bravement.

La gaillardise se mêle fréquemment à ces couplets, et c'est ce qui en rend difficile la publication ; cependant il en est quelques-uns qui laissent percer un petit rayon de sentiment, témoin la chanson de *la Justine* :

> J'ai fait une maîtresse
> Trois jours, n'y a pas longtemps ;
> Mais quand je la vais voir
> Elle me fait boire,
> Le soir et le matin,
> Le meilleur de son vin.

> Justine, ma Justine,
> Allons-nous promener ;
> Là-bas dans ces campagnes
> Il n'y a point de montagnes.
> Nous entendrons chanter
> La voix de nos bergers.

> Justine, ma Justine,
> Prête-moi tes ciseaux
> Pour couper l'alliance
> Que nous avons ensemble,
> L'alliance de l'amour.
> Adieu, belle pour toujours.

> Justine, ma Justine,
> Prête-moi ton mouchoir
> Pour essuyer les larmes
> Qui coulent sur mon visage,
> Les larmes de mes yeux,
> C'est pour te dire adieu.

CHAMPFLEURY.

[1] Huit heures du matin, premier repas.

MICHAUT VEILLAIT.

(NOEL.)

Michaut veillait
Le soir dans sa chaumière ;
Près du hameau
Il gardait son troupeau.
Le ciel brillait
D'une vive lumière,
Il se mit à chanter :
Je vois, je vois l'étoile du berger,
Je vois, je vois l'étoile du berger.

Au bruit qu'il fit,
Le pasteur de Judée
Tout en sursaut
S'en va trouver Michaut :
Ah ! qu'il lui dit,
La Vierge est accouchée
A l'heure de minuit.
Voilà, voilà ce que l'Ange a prédit,
Voilà, voilà ce que l'Ange a prédit.

La Vierge était
Assise auprès la crèche,
L'âne mangeait
Et le bœuf la chauffait ;
Joseph priait :
Sans chandelle ni mèche,
Dans son simple appareil,
Jésus, Jésus brillait comme un soleil,
Jésus, Jésus brillait comme un soleil.

LA FILLE DU PRÉSIDENT.

Là-bas dans la prairie,
Tout en me promenant,
J'ai rencontré Sylvie,
Fille d'un président :
Faut-il souffrir tant de peine
Pour aimer tendrement ?

J'ai rencontré Sylvie,
Fille d'un président ;
Elle était endormie
Au pied d'un rosier blanc :
Faut-il souffrir tant de peine,
Pour aimer tendrement ?

Elle était endormie
Au pied d'un rosier blanc ;
Le vent leva sa jupe,
Je vis son genou blanc :
Faut-il souffrir tant de peine,
Pour aimer tendrement?

Le vent leva sa jupe,
Je vis son genou blanc,
Ses bas couleur de rose,
Ah! qu'ils étaient charmants!
Faut-il souffrir tant de peine,
Pour aimer tendrement?

Ses bas couleur de rose,
Ah! qu'ils étaient charmants!
Et encore autre chose,
Ah! qui me plaisait tant!
Faut-il souffrir tant de peine,
Pour aimer tendrement?

Et encore autre chose,
Ah! qui me plaisait tant!
Oserai-je, Mesdames,
Vous le dire en chantant?
Faut-il souffrir tant de peine,
Pour aimer tendrement?

Oserai-je, Mesdames,
Vous le dire en chantant?
C'était sa jarretière,
Faite d'un ruban blanc.
Faut-il souffrir tant de peine,
Pour aimer tendrement?

DÈS LE MATIN.

Dès le matin je m'éveill', je me lève ; *(bis.)*
Vite à la chasse m'en suis en allé :
    C'est à la chasse
    De la bécasse,
    Le long d'un bois...
J'ai rencontré une bergère
    Qui dormait.

« Réveillez-vous, mon aimable bergère, *(bis.)*
Avez-vous donc pas besoin d'un berger ?
    — Retirez-vous
    De la prairie,
    Grand badineur,
Vous n'êtes qu'un trompeur de filles,
    Un menteur.

— Moi un trompeur ! mon aimable bergère, *(bis.)*
Je ne le suis, ne l'ai jamais été.
    J'ai fait l'amour à d'autres filles
    Avant qu'à vous.
    Je n'ai point fait de tromperies
    A l'Amour. »

DÈS LE MATIN.

MUSIQUE RECUEILLIE ET TRANSCRITE AVEC PIANO PAR J. B. WEKERLIN.

Paris. Typographie Henri Plon, rue Garancière, 8

AUVERGNE.

BOURRÉE DE CHAPDES-BEAUFORT. — QUAND MARION S'EN VA-T-A L'OU. BOURRÉE D'AMBERT.

De tous les provinciaux qui viennent demeurer à Paris pour y exercer un métier, le plus caractéristique c'est l'Auvergnat. Il ne perd dans la capitale ni son allure de montagnard, ni son costume, ni le goût de ses plaisirs. Paris n'est pour lui qu'une station où il faut s'arrêter dix ans, vingt ans pour faire fortune. Aussi ne sacrifie-t-il rien à Paris, qu'il étonne toujours par son accent et son caractère particuliers.

Pour étudier l'Auvergnat, il ne faut que passer les barrières. Sur les boulevards extérieurs, au bas de Montmartre, écoutez, en passant, le son d'une musette lointaine : il sort d'un petit cabaret borgne, au premier étage, ou d'une salle du fond où sont réunis les Auvergnats des environs. C'est un dimanche; ils viennent se reposer de leurs travaux de la semaine, et ils se réunissent entre eux pour danser la bourrée des campagnes. Jamais un étranger ne se mêle à leurs danses, d'ailleurs assez difficiles à saisir. Au fond d'une petite chambre dont on a enlevé les meubles pour ce jour-là, hommes et femmes se réunissent surtout à la Villette, ou à la barrière de Fontainebleau, pour danser ces bourrées qui leur tiennent au cœur, et qu'ils ne pourraient exécuter au son d'un violon. Il leur faut le son de la *chabre* (chèvre), qui est le véritable nom de la musette.

J'ai vu danser la bourrée en Auvergne et dans le Velay : elle est peut-être moins significative qu'à Paris, hors barrière. C'est aux champs qu'on comprend les charmes de la ville, et c'est à la ville que le paysan regrette le plus ses montagnes. Dans ces bourrées, prolongées de six heures à onze heures du soir, au fond d'un taudis de marchand de vin, sans doute l'Auvergnat est pris d'illusions, d'une sorte de mirage qui font que le souvenir du *pays* se retrace plus nettement. Le garçon se souvient de sa promise qui l'attend jusqu'à ce qu'il ait amassé une dot; le marchand de charbon et sa femme, qui se sont décrassés à grand'peine, rêvent l'air vif de la montagne, au lieu de ces petits trous dans lesquels ils passent les plus belles années de leur vie; mais ils se consolent avec la bourrée, dont on ne saurait comprendre la passion tant qu'on ne l'a pas vu danser dans les campagnes en plein hiver, sur la neige durcie, par un froid vif et piquant qui descend jusque dans les entrailles.

Près de Riom, dans un hameau dont je ne me rappelle plus le nom, j'ai été témoin de cette danse de paysans en sabots, les hommes enveloppés dans leurs manteaux de serge, les femmes dans leurs capes. Une vieille mendiante, de sa voix cassée, leur servait d'orchestre. Ce n'étaient ni le fifre, ni le tambour, ni la *chabre*, c'était une vieille en guenilles qui chantait une *montagnarde*, variété de danse plus lourde que la bourrée. J'ai longtemps retenu la mélodie de cette montagnarde, mais elle s'est perdue depuis surtout que j'ai pu lire la grande quantité de variétés qu'en a données M. Bouillet, dans l'*Album auvergnat*.

Quoique toutes ces musiques de danse appartiennent à la même famille, et qu'il soit difficile de prendre une bourrée de l'Auvergne pour une ronde d'une autre province, il en existe une grande variété. Chaque village en a de différentes, qui ne ressemblent pas à celles du village voisin. La mélodie des bourrées ou montagnardes et l'imagination dans les coiffures de femmes, voilà ce qui m'a le plus frappé en Auvergne après un assez long séjour; mais la coquetterie des femmes l'a emporté sur les auteurs anonymes de ces mélodies. Les chapeaux, les bonnets, les coiffures offrent des variations profondes plus encore peut-être qu'en Normandie.

Le sentiment poétique est grand chez ce peuple, sans cesse vis-à-vis de la nature, et qui, dans certaines parties de montagnes élevées, reste enfermé pendant six mois, sans pouvoir sortir de sa hutte couverte de neige. J'en citerai une des plus connues, remarquable par sa hardiesse d'images et la mélancolie profonde qui sert de dénoûment.

Le cœur de ma mie
Lui fait tant de mal ;
Quand je vais la voir,
Je la soulage un peu.

Baissez-vous, montagnes,
Levez-vous, vallons,
(Vous) M'empêchez de voir
Ma mie Jeanneton.

Jeanneton trompe le pauvre amoureux ; elle se marie avec un autre :

Si elle est mariée,
Je sais bien ce que je ferai ;
Je m'en irai à la guerre
Et j'en mourrai.

L'auteur de l'*Histoire des ducs de Bourgogne*, M. de Barante, a traduit en vers français la fameuse chanson du *Vieillard d'amour*. C'est une des rares, d'un ton satirique et peut-être un peu égrillarde, mais qui ne va pas jusqu'à la licence.

L'idée de la *P'tite Rosette*, fort populaire dans l'Angoumois, aura été jetée en Auvergne, recueillie et comprise tout à coup par un esprit subtil, qui l'a accommodée au patois de son pays. Dans cette chanson, qui a pour titre *La première nuit des noces d'une jouvencelle*, il s'agit d'un vieillard qui a épousé une jeune fille :

Le premier soir de ma nocette,
Quand vint me retrouver seulette,
Toussa bien fort, et puis me dit :
Jeannette,
Me voudrais-tu voir dans ton lit
Petit ?

Monsieur, dit Jeannette confuse,
Couchez-vous si ça vous amuse ;
Car, m'ont bien dit mes deux mamans,
Refuse,
Et puis après petits moments
Consens.

Le vieillard commence une interminable généalogie de ses aïeux. Le coq chante, l'alouette se réveille, et toujours le vieillard parle. Tout s'est passé en conversation.

Mais on ne se rendrait pas compte de la nature d'esprit des gens de l'Auvergne par le *Vieillard d'amour*. Un fonds religieux et moral a produit d'autres sentiments dans certains villages où un jeune homme qui aurait trompé une jeune fille serait forcé de quitter le pays, s'il ne consentait à épouser la jeune fille qui, elle-même, porterait le châtiment de sa faute, et dont les parents eux-mêmes ne seraient pas lavés facilement.

Dans cet ordre d'idées, la *Bergère de Compière* est une des plus jolies chansons auvergnates. La bergère raconte que, quand elle était petite à garder les moutons, aucun galant ne venait la voir ; maintenant les garçons lui prennent la main, lui demandent un baiser. A chaque couplet reparaît le joli refrain :

Pauvrette, pauvrette,
Entendez la raison.

La pauvre fille ne sait comment faire : faut-il dire oui ou non au galant ? — Si je dis que je l'aime, s'écrie-t-elle naïvement, je l'aurai ici tous les jours. Si je le rebute, je « perdrai mon serviteur ». Que me conseillez-vous ? demande-t-elle à ses amies.

C'est le refrain qui répond :

Pauvrette, pauvrette,
Entendez la raison.

La conclusion est d'un sentiment vague, assez rare dans les chansons populaires. La chanson ne dit pas si la bergère accepte les hommages du galant ; mais cependant le cœur me semble bien pris dans ce couplet final :

Vous autres jeunes filles,
Que me conseillez-vous ?
Les bons enfants sont rares,
Il ne s'en trouve pas partout.
Pauvrette, pauvrette,
Entendez la raison.

CHAMPFLEURY.

BOURRÉE DE CHAPDES-BEAUFORT.

MUSIQUE RECUEILLIE ET TRANSCRITE AVEC PIANO PAR J. B. WEKERLIN.

BOURRÉE DE CHAPDES-BEAUFORT.

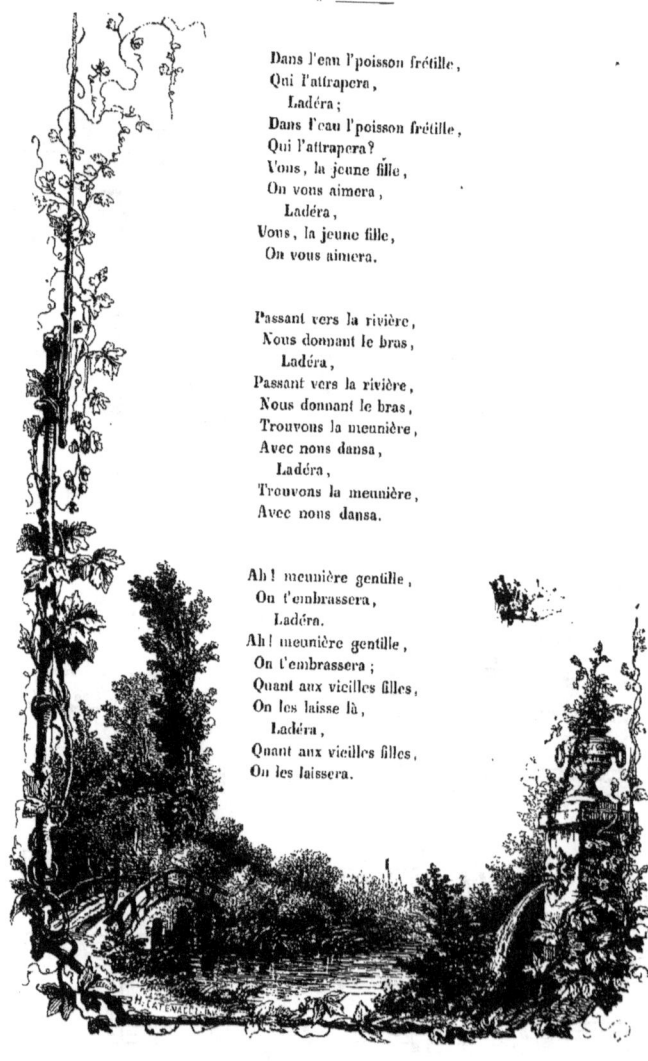

Dans l'eau l'poisson frétille,
Qui l'attrapera,
　Ladéra;
Dans l'eau l'poisson frétille,
Qui l'attrapera?
Vous, la jeune fille,
On vous aimera,
　Ladéra,
Vous, la jeune fille,
On vous aimera.

Passant vers la rivière,
Nous donnant le bras,
　Ladéra,
Passant vers la rivière,
Nous donnant le bras,
Trouvons la meunière,
Avec nous dansa,
　Ladéra,
Trouvons la meunière,
Avec nous dansa.

Ah! meunière gentille,
On t'embrassera,
　Ladéra.
Ah! meunière gentille,
On t'embrassera;
Quant aux vieilles filles,
On les laisse là,
　Ladéra,
Quant aux vieilles filles,
On les laissera.

QUAND MARION S'EN VA-T-A L'OU.

QUAND MARION S'EN VA-T-A L'OU.

MUSIQUE RECUEILLIE ET TRANSCRITE AVEC PIANO PAR J. B. WEKERLIN.

Quand Marion s'en va-t-à l'ou',
Quand Marion s'en va-t-à l'ou',
Ne marche pas, mais court toujou' :
Dérirou, bah, bah, bah dérirette,
    Gai, gai, oh gai, gai,
      Dérirette.

Ne marche pas, mais court toujou' :
Ne marche pas, mais court toujou' :
Dans son chemin trouve l'amou',
Dérirou, bah, bah, bah dérirette,
    Gai, gai, oh gai, gai,
      Dérirette.

Dans son chemin trouve l'amou',
Dans son chemin trouve l'amou'.
« Amou-s-amou, embrassons-nous. »
Dérirou, bah, bah, bah dérirette,
    Gai, gai, oh gai, gai,
      Dérirette.

Amou-s-amou, embrassons-nous,
Amou-s-amou, embrassons-nous,
Faisons vite et dépêchons-nous :
Dérirou, bah, bah, bah dérirette,
    Gai, gai, oh gai, gai,
      Dérirette.

Faisons vite et dépêchons-nous :
Faisons vite et dépêchons-nous :
J'ai tant d'ouvrage à la maison' :
Dérirou, bah, bah, bah dérirette,
    Gai, gai, oh gai, gai,
      Dérirette.

J'ai tant d'ouvrage à la maison' :
J'ai tant d'ouvrage à la maison' :
La pâte est prêt', le feu au fou' ;
Dérirou, bah, bah, bah dérirette,
    Gai, gai, oh gai, gai,
      Dérirette.

La pâte est prêt', le feu au fou',
La pâte est prêt', le feu au fou',
Et mon mari qu'est un jalou'.
Dérirou, bah, bah, bah dérirette,
    Gai, gai, oh gai, gai,
      Dérirette.

Et mon mari qu'est un jalou' :
Et mon mari qu'est un jalou' :
Que les jaloux fuss'nt des moutons :
Dérirou, bah, bah, bah dérirette,
    Gai, gai, oh gai, gai,
      Dérirette.

Que les jaloux fuss'nt des moutons :
Que les jaloux fuss'nt des moutons :
Et moi la bergère de tous :
Dérirou, bah, bah, bah dérirette,
    Gai, gai, oh gai, gai,
      Dérirette.

Et moi la bergère de tous,
Et moi la bergère de tous,
Je les ferais manger au loup.
Dérirou, bah, bah, bah dérirette,
    Gai, gai, oh gai, gai,
      Dérirette.

BOURRÉE D'AMBERT.

MUSIQUE RECUEILLIE ET TRANSCRITE AVEC PIANO PAR J. B. WEKERLIN.

Tu ne l'auras pas,
Ne l'auras pas,
Jeanne ma mie,

Tu ne l'auras pas,
Ne l'auras pas,
L'est aux lilas.

Paris, Typographie Henri Plon, rue Garancière, 8.

SAINTONGE, ANGOUMOIS,

ET PAYS D'AUNIS.

LA FEMME DU ROULIER.
LA P'TITE ROSETTE. — LA MAÎTRESS' DU ROI CÉANS.

La *P'tite Rosette* et la *Femme du roulier* feront les frais de cette livraison, deux chansons importantes qui ne demandent pas à être expliquées (elles sont assez claires dans leur allure), mais qui, éclairées par des commentaires, démontreront par quelles singulières greffes une chanson peut s'acclimater dans un pays.

La *P'tite Rosette*, publiée en 1856 par M. Castaigne, me valut d'entrer en correspondance avec le bibliothécaire de la ville d'Angoulême, de même que la chanson de la *Femme du roulier* nécessita quelques notes de madame Sand.

La *P'tite Rosette* est l'histoire de ces jeunes filles qui se marient ou qu'on marie à des vieillards tout à fait décrépits, dont le médecin de l'Empereur disait, en un mot piquant :
— Sire, à soixante ans, on n'a plus d'enfants, à quatre-vingts ans, on en a toujours. Le troisième et le quatrième couplet montrent un poëte plein d'observation. Le soir, à la danse :
— « Ménage bien tes pas, ma p'tite Rosette, dit le vieillard, ne te fatigue pas. » A table, les mêmes avis prudents recommencent : — « Mange doucement, ma p'tite Rosette, n'ébrèche pas les dents. »

Les jarrets du pauvre homme manquent de souplesse ; pour digérer, son médecin lui a conseillé de manger lentement et à petits morceaux, il croit qu'il a perdu ses dents pour avoir mangé trop vite dans sa jeunesse. Et voilà la p'tite Rosette condamnée à des prudences et des pratiques de vieillard.

Entre le quatrième et le sixième couplet, l'éditeur de la chanson avait jeté une ligne de points significatifs pour indiquer qu'il passait un couplet de *mauvais goût*. — Encore une concession à l'hypocrisie moderne ! m'écriais-je un peu trop vivement, dans une « Lettre à M. Ampère touchant la poésie populaire » publiée par la *Revue de Paris* (oct. 1853). Et j'ajoutai : « Ce couplet, que M. le bibliothécaire d'Angoulême appelle de mauvais goût, est certainement d'une *franchise* et d'une gaieté rustiques, qui, si vous le supprimez, enlève tout le caractère de la chanson. » M. Castaigne, en homme d'esprit, m'envoya aussitôt le couplet supprimé, qui n'est pas seulement gaulois et salé, mais d'une crudité grossière devant laquelle tous les imprimeurs rougiraient. Autant est délicatement racontée cette première nuit de noces, autant ce couplet jeté tout à coup au milieu de la chanson était brutal, si brutal même que je ne saurais l'analyser. On pourrait même certifier qu'il avait été ajouté après coup par quelque plaisant de profession, jaloux de montrer son savoir. Aussi répondis-je à M. le bibliothécaire d'Angoulême que j'avais parlé trop vite de l'hypocrisie moderne, et qu'il avait complétement raison.

Cette chanson de la *P'tite Rosette*, que le poëte de *Monsieur et Madame Denis*, Désaugiers, eût admirée, est très-répandue dans les communes d'Echallat, Douzat, Fleurac et Mérignac, petits villages de l'Angoumois. Dans beaucoup de provinces le même sujet se présente : en

Auvergne, et tout récemment encore un de mes amis m'envoyait, de la Moselle, la chanson de la *Charmante Mayotte*, dont deux couplets montreront la parenté avec la *P'tite Rosette* :

Mon père m'y marie	Il me prit par la main,
A l'âge de seize ans,	Me mena z'à la danse.
M'y donna z'un homme	— Sautez, Mayotte,
De quatre-vingt-dix ans.	Sautez le petit pas, ma charmante Mayotte,
	Pour moi, je n'en suis pas.

J'ai cherché à m'expliquer comment ces chansons pouvaient se retrouver avec de si grands airs de famille dans des provinces si éloignées, car la Lorraine est juste à l'opposé de l'Angoumois, et on me l'a expliqué par le surnom des Lorrains, connus depuis longtemps en France sous le nom de *vendeurs de chansons*. — Voilà le vendeur de chansons qui passe! disent les filles en quittant leur ouvrage pour courir après un colporteur, la balle sur le dos, qui contient des images d'Épinal. C'est un Lorrain qui porte les produits des imprimeries d'Épinal et de Charmes. La *P'tite Rosette* est sans doute d'allure angoumoise; elle est plus jolie que la chanson lorraine. Il en est des chansons comme des médailles surmoulées : c'est la première médaille qui a le plus d'angles; les délicatesses des contours se perdent au moulage. Il est présumable que le même Lorrain qui vend de l'imagerie et des chansons, recueille sur son chemin des *nouveautés*, et que la *P'tite Rosette*, qu'il a entendue dans l'Angoumois, se transforme dans son esprit en *Charmante Mayotte*, même qu'elle s'applique non pas à la généralité des mariages disproportionnés, mais à un fait particulier de la commune, et que la *Mayotte* existe réellement dans le pays messin.

La *Femme du roulier* n'a pas couru tant de provinces. Au contraire, chaque pays semble repousser cette dure chanson, que M. Sainte-Beuve, en la communiquant au comité de la langue, avait donnée comme du Berry. « Je ne la crois pas berrichonne, m'écrit madame Sand, je ne la connaissais pas, » et c'est une espèce de preuve. En effet, madame Sand connaît tellement tout ce qui touche à la poésie populaire dans le Berry, qu'elle pouvait donner cette raison comme probante. La chanson de la *Femme du roulier* a été si discutée dans sa moralité, qu'elle a prouvé par là sa force. Il est évident que les *âmes tendres* et les esprits dits *poétiques* en seront choqués; mais j'ai pour garant la commission de la langue du ministère de l'instruction publique et des cultes, qui s'est exprimée nettement par la plume de M. Ampère : « On peut trouver une certaine moralité dans la chanson de la *Femme du roulier*, qui peint rudement l'abrutissement du vin et les suites des mauvais exemples. »

Il reste à expliquer comment cette chanson, rendue populaire à Paris par les artistes, appartient à la Saintonge. Un peintre l'avait entendu chanter dans un village des environs de Saint-Jean d'Angely; le premier il l'apporta à Paris, et elle fit assez de chemin pour arriver jusqu'au comité officiel, qui la trouva assez caractéristique pour entrer dans l'immense choix qui se faisait au ministère. Peut-on appeler *Chanson populaire de la Saintonge* une chanson qui y a peut-être été transportée par un étranger, qui ne rend ni les mœurs ni la langue d'une province? Certainement non; mais pour *populaire*, la *Femme du roulier* l'est d'origine; la netteté du langage, la cruauté de ce petit drame saisissant, en font même une des chansons les plus curieuses qui existent en France, jointe surtout à l'air lamentable et *complainte* qui se prête au caractère si différent des couplets : mélancolique au début, débauché au milieu, lamentable vers le dénoûment, et poussant un cri de révolte au dernier couplet.

C'est un drame amer dans ses conclusions fatales, où l'innocence est accablée, et c'est ce qui en fait le caractère.

CHAMPFLEURY.

LA FEMME DU ROULIER.

MUSIQUE RECUEILLIE ET TRANSCRITE AVEC PIANO PAR J. B. WEKERLIN

LA FEMME DU ROULIER.

La pauvre femme
C'est la femme du roulier,
S'en va dans tout le pays,
Et d'auberge en auberge,
Pour chercher son mari,
   Tireli,
Avec une lanterne.

Madam' l'hôtesse,
Mon mari est-il ici ?
Oui, Madame, il est là-haut,
Là, dans la chambre haute,
Et qui prend ses ébats,
   Tirela,
Avecque la servante.

Allons, ivrogne,
Retourn' voir à ton logis,
Retourn' voir à ton logis
Tes enfants sur la paille.
Tu manges tout ton bien,
   Tirelin,
Avecque des canailles.

Madam' l'hôtesse,
Qu'on m'apporte du bon vin,
Qu'on m'apporte du bon vin,
Là, sur la table ronde,
Pour boir' jusqu'au matin,
   Tirelin,
Puisque ma femme gronde.

La pauvre femme
S'en retourne à son logis.
Elle dit à ses enfants :
Vous n'avez plus de père,
Je l'ai trouvé couché,
   Tirelé,
Avec une autre mère.

Eh bien, ma mère,
Mon père est un libertin,
Mon père est un libertin,
Il se nomme sans gêne,
Nous sommes ses enfants,
   Tirelan,
Nous ferons tous de même.

LA P'TITE ROSETTE.

Voici le jour venu } (bis.)
Où Rosett' s'y marie :
  A prend in homme
De quatre-vingt-dix ans ;
  La petit' Rosette
N'a sorment pas tiinze ans.

I'la prend pre la main, } (bis.)
I'la mène à l'église ;
  « Voé-tu, Rosette,
Tes amis, tes parents ?
  Ma petit' Rosette,
As-tu le tiœur content ? »

LA P'TITE ROSETTE.

MUSIQUE RECUEILLIE ET TRANSCRITE AVEC PIANO PAR J. B. WEKERLIN.

I'la prend pre la main,
I'la mène à la danse :   } (bis.)
 « Danse, Rosette,
Ménage bien tes pas,
 Ma petit' Rosette,
Ne te fatigue pas. »

I'la prend pre la main,
I'la mène à la table :   } (bis.)
 « Mange, Rosette,
Mais mange doucement,
 Ma petit' Rosette,
N'ébrèche pas tes dents. »

I'la prend pre la main,
I'la mène en sa chambre :   } (bis.)
 « Voé-tu, Rosette,
La chambre et le biô lit,
 Ma petit' Rosette,
Où je pass'rons la nuit ? »

Quand vint sur la minuit,
Le vieillard s'y réveille :   } (bis.)
 (D'une voix tremblotante.)
 « Dors-tu, Rosette ?
Dormiras-tu trejous ?
 Ma petit' Rosette,
Pensons à nos amours. »

Quand vint le matin-jour,
Où Rosett' s'y réveille :   } (bis.)
 « Mon Dieu, dit-elle,
Tû l'arait jamais dit
 Qu'à mon mariage
J'aris si bein dormit ! »

LA MAITRESS' DU ROI CÉANS.

MUSIQUE RECUEILLIE ET TRANSCRITE AVEC PIANO PAR J. B. WEKERLIN.

La maitress' du roi cé-ans Qu'a la clef de la chai-net-te, N'cou-pez pas de p'tits morceaux, N'cou-pez que des gros-ses piè-ces: Pour Dieu, don-nez-nous du feu, Pour Dieu, don-nez-nous la part à Dieu!

Si vous n'voulez rien donner,
Ne nous faites pas attendre,
Car il fait un si grand froid,
Que mon camarade en tremble;
Pour Dieu, donnez-nous du feu,
Pour Dieu, donnez-nous la part à Dieu!

Si vous n'voulez rien donner,
Trois fourchettes, trois fourchettes,
Si vous n'voulez rien donner,
Trois fourchett's dans vot' gosier.
Pour Dieu, donnez-nous du feu,
Pour Dieu, donnez-nous la part à Dieu!

Paris, Typographie Henri Plon, rue Garancière, 8.

FRANCHE-COMTÉ.

AU BOIS, ROSSIGNOLET. — LES TROIS PRINCESSES.
PAYSAN, DONN'-MOI TA FILLE.

La Franche-Comté est une des provinces de France qui ont conservé l'amour des Noëls. L'imprimeur Gauthier, qui a composé vers 1730 des Noëls en patois de Besançon, est au moins aussi populaire dans cette ville que La Monnoye à Dijon. Les Noëls de Besançon se vendent encore aujourd'hui et se chantent dans les campagnes de la Franche-Comté, parce que le paysan, railleur de sa nature, sceptique en tout, excepté en ce qui touche le blé et la vigne, retrouve dans ces couplets d'il y a un siècle l'esprit de ses pères.

Il est impossible de traiter de la poésie populaire franc-comtoise sans parler de ces Noëls, dans lesquels il ne faut pas chercher un sentiment religieux très-prononcé. Si les paysans vont visiter l'enfant Jésus à la crèche, c'est dans l'intention fortement arrêtée de lui faire une petite politesse et de l'engager à compatir à leurs malheurs de laboureurs ou de vignerons.

Les bousbots (ainsi appelle-t-on les vignerons dans le patois franc-comtois) craignent tant pour leurs vignes et la récolte future qu'ils vont vers l'enfant Jésus. Je n'ose pas dire qu'ils n'iraient pas s'ils n'avaient pas de vignes; mais je crois qu'ils courraient grand risque de s'attarder au cabaret. Je ne les juge ni ne les condamne : je dis combien j'ai été frappé, à la lecture de ces Noëls, par un sentiment tout autre que le sentiment religieux.

M. Michelet a jadis écrit une page très-éloquente sur l'adoration que le paysan porte à sa terre, comme il va la visiter le dimanche et avec quels yeux attendris il la couve. Quand on a la religion de la terre si profondément, il est difficile d'en pratiquer une autre.

Il y a des pays où la religion de la terre est moins ancrée ; mais il est à remarquer que ce ne sont pas des pays de vignobles. C'est un fait que l'abondance et la chaleur du vin produisent des esprits plus rebelles aux lois établies, civiles et religieuses, que dans les pays pauvres et incultes. En ceci, le Breton peut servir d'antithèse naturelle au Bourguignon et au Franc-Comtois.

Un de mes amis m'envoie un Noël en patois de Salins qui peut donner une idée du scepticisme des *montagnons* des revers du Jura. Le chanteur raconte qu'il est allé frapper à la porte de tous les couvents, alors au nombre de dix-sept, pour inviter les religieux à venir adorer le *joli petit poupon*.

Les carmes sont empêchés par une indigestion qui leur a donné la *couraille*. Les cordeliers avant de partir veulent encore boire un petit coup, et ils boivent tant de ces petits coups qu'il leur est impossible de sortir. Les jésuites refusent de mener leurs écoliers, sous prétexte qu'il y a assez d'un âne à la crèche de Bethléhem. Les capucins envoient deux des leurs ; mais diverses aventures qui leur arrivent en chemin à cause de leur barbe les empêchent d'arriver à temps.

Cependant le chanteur poursuit sa ronde en ramenant toujours, entre chaque couplet, le refrain :

— El bon! bon! bon!
Le joli petit poupon,
N'y a-t-il personne pour le voir?

La conclusion satirique est facile à en tirer : l'enfant Jésus reste seul dans sa crèche!
Les moines, alors qu'ils étaient les maîtres, se laissaient volontiers chansonner. Le fameux

précepte de Mazarin (*qu'ils chantent, ils payeront*) les rendait philosophes du côté de la raillerie.

Au bois, rossignolet et les *Trois princesses*, que nous publions dans cette livraison, n'appartiennent point à cet ordre d'idées. Ce sont deux chansons amoureuses qui pourraient provenir l'une de la campagne, l'autre de la ville. J'estime que *Au bois, rossignolet* se chantait plutôt chez les paysans, et les *Trois princesses*, chez les bourgeois plus distingués.

Mon ami Max Buchon, élevé à l'école d'Auerbach, le romancier allemand, introduisit à son exemple des chansons populaires dans ses romans. *Au bois, rossignolet* parut (sans musique) dans une de ses scènes de la Franche-Comté. Une dame de Neufchâtel, en lisant cette chanson, se rappela l'avoir entendue dans sa jeunesse. Et Neufchâtel est au revers du Jura. La chanson avait grimpé et descendu la chaîne de montagnes. En même temps une vieille octogénaire de Besançon, en achetant le roman chez un libraire, fut tellement impressionnée de retrouver une chanson du pays dont elle ne pouvait soupçonner la valeur, que dans la boutique elle se mit à chanter l'air d'une vieille voix chevrotante, « en faisant voler ses cotillons ».

Ces détails, qui seraient puérils en d'autres circonstances, sont très importants lorsqu'il s'agit de chansons populaires dont il est important de fixer la localité. M. de La Villemarqué ne manque jamais de donner le nom et la profession des gens du peuple à qui il s'est adressé pour recueillir des poésies et des airs provinciaux.

Les sœurs de Courbet, le peintre, chantaient dans le village d'Ornans, illustré à jamais par le fameux *enterrement* qui a provoqué dans l'art une émeute comparable au convoi du général Lamarque, les *Trois princesses*, avec un sentiment de localité si vif que l'origine de cette chanson en était garantie franc-comtoise. Je connais deux versions de la musique; j'ai préféré celle qu'en a donnée M. Wekerlin le premier. Le joli vers :

Vole, mon cœur, vole,

qui est ici heureusement harmonieux, se retrouve dans quelques pieuses complaintes :

Une chanson normande commence ainsi :

» L'autre jour en m'y promenant,
Mon doux Jésus j'ai rencontré;
Mon cœur, vole, vole, vole,
Mon cœur, vole vers les cieux. »

Il n'y a rien d'étonnant à ce que l'auteur de la chanson des *Trois princesses* ait été influencé par un Noël religieux. J'ai remarqué chez beaucoup de Francs-Comtois, à travers une apparence d'affirmations brutales et irréligieuses, un mélange de mysticisme dont M. P.-J. Proudhon lui-même n'est pas exempt.

Ces deux chansons (*Au bois, rossignolet* et les *Trois princesses*) ne rendent pas encore absolument le tempérament franc-comtois. Il faudrait y joindre un Noël sceptique des villes et une chanson de paysans. Dans les villages francs-comtois, on ne chante pas pour ainsi dire; on beugle; soit par les rues, soit aux champs, soit à l'auberge.

Les chanteurs crient tous à l'unisson. Ils ne se doutent pas de l'harmonie et n'ont pas le plus léger sentiment de la *tierce* ni de la *basse;* mais où le paysan déploie de l'art, c'est dans de certains points d'orgue qui ressemblent à la toilette des farauds du village. Les femmes nasillent d'une voix traînante, avec des chevrotements qui servent de fioritures.

On ne chante plus guère dans les fromageries, qui sont l'endroit où se tient la veillée l'hiver. Quelques vieilles fileuses ont peut-être conservé de précieuses chansons populaires dans leur mémoire, mais la jeunesse des campagnes se complaît à redire les romances de la ville.

CHAMPFLEURY.

AU BOIS, ROSSIGNOLET.

MUSIQUE RECUEILLIE ET TRANSCRITE AVEC PIANO PAR J. B. WEKERLIN.

AU BOIS, ROSSIGNOLET.

M'y allant promener (le rer),
Le long du grand chemin (le rin),
Le long du grand chemin ;
Là je m'y endormis (le ris),
　A l'om- (le rom)-
　bre, sous (le rou)
　Un pin (le rin) :
　Au bois, rossignolet
　　(le ret),
　Au bois, rossignolet.

Là je m'y endormis (le ris),
A l'ombre sous un pin (le rin),
A l'ombre sous un pin ;
Quand je me réveillis (le ris),
　Le pin (le rin),
　Était (le rait)
　Fleuri (le ri) :
　Au bois, rossignolet
　　(le ret),
　Au bois, rossignolet.

Quand je me réveillis (le ris),
Le pin était fleuri (le ri),
Le pin était fleuri ;
Vit' je pris mon coutiau (le riau),
　Un' bran- (le ran)-
　che j'en (le ren)
　Coupis (le ris) :
　Au bois, rossignolet
　　(le ret),
　Au bois, rossignolet.

Vit' je pris mon coutiau (le riau),
Un' branche j'en coupis (le ris),
Un' branche j'en coupis,
Et j'en fis un flutiau (le riau),
　Un fla- (le ra)-
　geolet (le ret)
　Aussi (le ri) :
　Au bois, rossignolet
　　(le ret),
　Au bois, rossignolet.

Et j'en fis un flutiau (le riau),
Un flageolet aussi (le ri),
Un flageolet aussi ;
Et m'en allai chantant (le ran),
　Le long (le rou)

Du grand (le ran)
Chemin (le rin).
　Au bois, rossignolet
　　(le ret),
　Au bois, rossignolet.

Et m'en allai chantant (le ran),
Le long du grand chemin (le rin),
Le long du grand chemin ;
Or, savez-vous, Messieurs (le rieus),
　Ce que (le ren)
　Ma flû- (le rû)-
　te a dit (le rit) ?
　Au bois, rossignolet
　　(le ret),
　Au bois, rossignolet.

Or, savez-vous, Messieurs (le rieus),
Ce que ma flûte a dit (le rit),
Ce que ma flûte a dit ?
« Ah ! qu'il est doux d'aimer (le rer)
　Le fils (le ris)
　De son (le ron)
　Voisin (le rin),
　Au bois, rossignolet
　　(le ret),
　Au bois, rossignolet ! »

Ah ! qu'il est doux d'aimer (le rer)
Le fils de son voisin (le rin),
Le fils de son voisin !
Quand on l'a vu le soir (le roir),
　On le (le re)
　Voit le (le re)
　Matin (le rin) :
　Au bois, rossignolet
　　(le ret),
　Au bois, rossignolet.

Quand on l'a vu le soir (le roir),
On le voit le matin (le rin),
On le voit le matin ;
Ah ! qu'il est doux d'aimer (le rer)
　Le fils (le ris)
　De son (le ron)
　Voisin (le rin) !
　Au bois, rossignolet
　　(le ret),
　Au bois, rossignolet.

LES TROIS PRINCESSES.

I

Derrièr' chez mon père,
Vole, vole, mon cœur, vole,
Y'a un pommier doux!
Tout doux, et iou!
Y'a un pommier doux.

LES TROIS PRINCESSES.

MUSIQUE RECUEILLIE ET TRANSCRITE AVEC PIANO PAR J. B. WEKERLIN.

III

Çà, dit la première,
Vole, vole, mon cœur, vole,
Je crois qu'il fait jou'!
Tout doux, et iou!
Je crois qu'il fait jou'!

IV

Çà, dit la seconde,
Vole, vole, mon cœur, vole,
J'entends le tambou'!
Tout doux, et iou!
J'entends le tambou'.

V

Çà, dit la troisième,
Vole, vole, mon cœur, vole,
C'est mon ami doux!
Tout doux, et iou!
C'est mon ami doux.

VI

Il va-t-à la guerre,
Vole, vole, mon cœur, vole,
Combattre pour nous!
Tout doux, et iou!
Combattre pour nous.

VII

S'il gagne bataille,
Vole, vole, mon cœur, vole,
Aura mes amou's!
Tout doux, et iou!
Aura mes amou's.

VIII

Qu'il perde ou qu'il gagne,
Vole, vole, mon cœur, vole,
Les aura toujou's!
Tout doux, et iou!
Les aura toujou's.

PAYSAN, DONN'-MOI TA FILLE.

MUSIQUE RECUEILLIE ET TRANSCRITE AVEC PIANO PAR J. B. WEKERLIN.

Ma fille est trop jeunette,
Et voilà tout! } (bis.)

Elle est trop jeune encor d'un an
Faites l'amour en attendant ; } (bis.)
Et voilà tout.

L'amour je n'veux plus faire,
Et voilà tout. } (bis.)

Garçon qui fait l'amour longtemps
Risque fort à perdre son temps. } (bis.)
Et voilà tout.

Paris. Typographie Henri Plon, rue Garancière, 8

BOURBONNAIS.

MON PÈRE A FAIT BATIR CHATEAU. — LA JOLIE FILLE DE LA GARDE. DERRIÈR' CHEZ NOUS.

Par la danse peut-être plus encore que par la musique, on peut connaître un peuple. Étant à Cusset, en été, à l'époque du marché aux servantes, je fus particulièrement frappé par les danses qui suivirent les engagements du marché; mais je ne me hasarderais pas à les décrire après l'excellent tableau qu'en a donné Achille Allier, dans son *Histoire de l'ancien Bourbonnais*. Le voyageur qui passe ressent, à la vue de certains tableaux, une vive sensation qu'il s'efforcera de rendre plus tard, à moins qu'un homme intelligent, qui a pu comparer les danses de sa province avec celles de la province voisine, n'en vienne signaler les délicatesses et les variantes, qui ne peuvent être remarquées à première vue.

« La bourrée va commencer : les garçons et les filles se rangent sur deux longues files parallèles, face à face et les bras pendants, comme une recrue à son premier exercice. Les filles se laissent prendre les mains et embrasser avec un flegme qui ressemble à de la résignation. Après cette indispensable cérémonie, la partie s'engage, la colonne s'ébranle : elle est en mouvement. La ligne des garçons s'avance en mesure et la ligne des filles se retire de même; puis la première recule et la seconde vient en suivant; puis on va à droite, puis on va à gauche; voici qu'on est dos à dos, mais l'on se retrouve bien vite face à face pour recommencer l'allée et la venue; et dans la mêlée, que de pieds lourdement foulés, que de torses qui perdent leur équilibre, ébranlés par le choc, que de coiffures enfin dont l'édifice chancelle! Mais rien n'arrête, ni la douleur, ni la fatigue : il faut aller, bon gré, mal gré, tant que le cornemusier a du souffle pour enfler son bourdon; il y aurait déshonneur à lâcher pied dans cette action où la victoire est aux deux partis. La bourrée bourbonnaise a quelque chose de froid et de monotone; elle est plutôt empreinte d'une douce mélancolie que d'une vive gaieté. Ses cadences, lentes et simples, sont d'ailleurs parfaitement en harmonie avec le tempérament des habitants de nos campagnes. Cette danse, qui manque d'énergie, est loin de ressembler à celle qu'on voit dans les montagnes d'Auvergne. Chez nos voisins, la bourrée a du mouvement et de la joie : chez eux, tout suit la mesure, les bras comme les jambes; on se regarde de côté, on frappe des pieds, on bat des mains. Leur bourrée rappelle quelquefois par sa grâce les danses à caractère du dix-huitième siècle. Dans nos bourrées, c'est à peine si la bouche ose sourire; les yeux sont baissés vers la terre, et les bras tombent languissamment. On ne se parle pas, on ne se regarde pas, car souvent le garçon n'est guère plus hardi que vis-à-vis : c'est à peine s'il laisse voir sa figure hâlée et cachée sous un chapeau à larges bords. Je dois dire pourtant qu'il y a dans la bourrée bourbonnaise une décence et une espèce de gravité que je n'ai retrouvées dans les danses d'aucun autre pays. »

Ainsi, de l'ensemble de ces observations sur la bourrée bourbonnaise, il résulte une certaine *délicatesse* de gestes peu fréquente dans les branles de campagne. La bourrée peut paraître monotone; Achille Allier le dit lui-même, elle ne l'est pas, car une danse simple en apparence est compliquée, comme tous les arts simples. Qu'un paysagiste, comme Corot, voie la nature d'un œil porté au gris, soyez certain que l'harmonie qu'il obtient dans cette gamme sera plus compliquée que celle d'un Delacroix, dont le pinceau se joue avec les tons vert et rouge. La bourrée bourbonnaise appartient donc à cette famille de productions délicates, légèrement voilées, mélancoliques plutôt que protestantes, qui rappellent les brouillards du matin.

La poésie populaire du pays devait se rattacher à ce même ordre de délicatesses; cependant toutes les chansons du Bourbonnais ne sont point poétiques; il en est une entre autres qui peint nettement la demande en mariage des filles :

— Bonjou'don, mère Catherine :
— Y allons don, père Nicoulas.
— Voulez-vous marier Cath'rinette,
A noute garçon que vela?

Cette chanson n'a que le mérite d'une certaine franchise; je lui préfère le dialogue de deux servantes, deux amies du même village, qui l'ont quitté ensemble, se sont retrouvées dans le même pays, et craignent d'être séparées pour longtemps, à l'époque de la foire aux servantes :

Oh! voici la Saint-Jean, ma mie, ma camarade,
Oh! voici la Saint-Jean, qu'il faudra nous quitter.
Qu'il faudra nous en aller.
Ne t'en saura-t-il pas mal, ma mie, ma camarade,
Ne t'en saura-t-il pas mal de nous voir quitter,
De nous voir nous en aller?

La plus résolue cherche à consoler son amie en lui parlant de gain.

— Combien veux-tu gagner de plus que l'année passée?

est un vers significatif. Les beaux habits, les cadeaux, les bouquets, ne suffisent pas à consoler la servante, qui, dans le dernier couplet de la chanson, s'écrie mélancoliquement :

Oh! nous nous verrons encore par derrière ces grands bois.
Ces grands bois sont bien hauts, pour faire nos adieux.
Il faudra donc les raccourcir.

Mais la chanson qui peint le mieux le Bourbonnais est certainement celle qui a pour titre : *J'ai fait une maîtresse*. Beaucoup plus longue que les chansons populaires en général, on n'en saurait rien retrancher, et il faut la citer dans tout son développement :

J'ai fait une maîtresse,
Y n'y a pas longtemps,
J'irai la voir dimanche
Sans plus tarder,
J'irai la voir, la belle,
Par amitié.

Oh! si tu viens dimanche
Sans plus tarder,
Je m'y mettrai rose
Sur un rosier,
Et tu n'auras de moi
Null' amitié.

Si tu te mets rose
Sur un rosier,
Je m'y mettrai cueilleu
Pour te cueiller;
Et je cueill'rai la rose
Par amitié.

Si tu te mets cueilleu
Pour me cueiller,
Je m'y mettrai caille
Courant les champs;
Et tu n'auras de moi
Nul agrément.

Si tu te mets caille
Courant les champs,
Je m'y mettrai chasseu
Pour te chasser;
Je chasserai la belle
Par amitié.

Si tu te mets chasseu,
Pour me chasser,
Je m'y mettrai carpe
Dans un vivier;
Et tu n'auras de moi
Null' amitié.

Si tu te mets carpe
Dans un vivier,
Je m'y mettrai pêcheu
Pour te pêcher;
Je pêcherai la belle
Par amitié.

Si tu te mets pêcheu
Pour me pêcher,
Je m'y mettrai nonne
Dans un couvent;
Et tu n'auras de moi
Nul agrément.

Si tu te mets nonne
Dans un couvent,
Je m'y mettrai prêcheu
Pour te prêcher;
Je prêcherai la belle
Par amitié.

Si tu te mets prêcheu
Pour me prêcher,
Je m'y rendrai malade
Dedans mon lit;
Et tu n'auras de moi
Aucun plaisir.

Si tu te rends malade
Dedans ton lit,
Je m'y mettrai veilleu
Pour te veiller;
Je veillerai la belle
Par amitié.

Si tu te mets veilleu
Pour me veiller,
Je me ferai morte
Pour un moment;
Et tu n'auras de moi
Nul agrément.

Si tu te fais morte
Pour un moment,
Je m'y mettrai saint Pierre
Du Paradis;
Je n'ouvrirai la porte
Qu'à mon amie.

Si tu te mets saint Pierre
Du Paradis,
Je m'y mettrai étoile
Du firmament.
Et tu n'auras de moi
Nul agrément.

Si tu te mets étoile
Du firmament,
Je m'y rendrai nuage,
Nuage blanc;
Je couvrirai l'étoile
Du firmament.

CHAMPFLEURY.

MON PÈRE A FAIT BATIR CHATEAU.

MUSIQUE RECUEILLIE ET TRANSCRITE AVEC PIANO PAR J. B. WEKERLIN.

MON PÈRE A FAIT BATIR CHATEAU.

I

Mon père a fait bâtir château,
Mon père a fait bâtir château;
   Sur l'herbette nouvelle,
    Ah! ah! je m'en vais...
   Sur l'herbette nouvelle,
   Sur l'herbette nouvelle.

II

L'a fait bâtir sur trois carreaux,
L'a fait bâtir sur trois carreaux;
   Sur l'herbette nouvelle,
    Ah! ah! je m'en vais...
   Sur l'herbette nouvelle,
   Sur l'herbette nouvelle.

III

Il est petit, mais il est beau,
Il est petit, mais il est beau;
   Sur l'herbette nouvelle,
    Ah! ah! je m'en vais...
   Sur l'herbette nouvelle,
   Sur l'herbette nouvelle.

IV

De par-dessus coulant ruisseau,
De par-dessus coulant ruisseau;
   Sur l'herbette nouvelle,
    Ah! ah! je m'en vais...
   Sur l'herbette nouvelle,
   Sur l'herbette nouvelle.

V

D'or et d'argent sont les créneaux,
D'or et d'argent sont les créneaux;
   Sur l'herbette nouvelle,
    Ah! ah! je m'en vais...
   Sur l'herbette nouvelle,
   Sur l'herbette nouvelle.

VI

Le roi n'en a pas de si beau,
Le roi n'en a pas de si beau;
   Sur l'herbette nouvelle,
    Ah! ah! je m'en vais...
   Sur l'herbette nouvelle,
   Sur l'herbette nouvelle.

LA JOLIE FILLE DE LA GARDE.

MUSIQUE RECUEILLIE ET TRANSCRITE AVEC PIANO PAR J. B. WEKERLIN.

LA JOLIE FILLE DE LA GARDE.

  Au château de la Garde
  Il y a trois belles filles ;
  Au château de la Garde
  Il y a trois belles filles ;
Il y en a un' plus belle que le jour
  Hâte-toi, capitaine,
  Le duc va l'épouser.

  En dedans son jardin,
  Suivi de tout' sa troupe,
  En dedans son jardin,
  Suivi de tout' sa troupe,
Entre et la prend sur son bon cheval gris,
  Et la conduit en croupe
  Tout droit en son logis.

  Aussitôt arrivé,
  L'hôtesse la regarde :
  Aussitôt arrivé,
  L'hôtesse la regarde :
« Êt s-vous ici par force ou par plaisir ?
  — Au château de la Garde
  Trois cavaliers m'ont pris. »

  Dessur ce propos-là,
  Le souper se prépare,
  Dessur ce propos-là,
  Le souper se prépare :
« Soupez, la bell', soupez en appétit :
  Hâte-toi, capitaine,
  Voici venir la nuit. »

  Quand l'souper fut fini,
  La belle tombe morte,
  Quand l'souper fut fini,
  La belle tombe morte,
Ell' tombe morte pour plus ne r'venir :
  Au jardin de son père
  Il nous faut revenir.

  « Sus, mes bons cavaliers,
  Sonnez de vos trompettes,
  Sus, mes bons cavaliers,
  Sonnez de vos trompettes ;
Ma mie est mort', sonnez piteusement :
  Nous allons dans la terre
  La porter tristement.

  — De nos fols ennemis
  N'est-ce pas l'avant-garde?
  De nos fols ennemis
  N'est-ce pas l'avant-garde ?
Baissez la hers', et nous nous défendrons :
  Cette tour, Dieu la garde !
  Point ils ne la prendront.

  — Beau Sire de la Gard',
  Ouvrez-nous votre porte,
  Beau Sire de la Gard',
  Ouvrez-nous votre porte :
Vot' fille est mort' là-bas dans le vallon ;
  Un serpent l'a mordue
  Dessous son blanc talon.

  » Il nous faut l'enterrer
  Au jardin de son père,
  Il nous faut l'enterrer
  Au jardin de son père,
Sous des rosiers tout blancs et tout fleuris,
  Pour mieux conduir' son âme
  Tout droit en paradis. »

  Quand ils fur'nt dans l'jardin,
  La belle ressuscite :
  Quand ils fur'nt dans l'jardin,
  La belle ressuscite :
« Bonjour, mon père, bonjour vous soit donné
  Bonjour, j'ai fait la morte,
  Pour mon honneur garder. »

  Et quand les rosiers blancs
  Eurent fleures nouvelles,
  Et quand les rosiers blancs
  Eurent fleures nouvelles :
« Allons, ma fille, il faut vous marier. »
  Ah ! pauvre capitaine,
  Le duc va l'épouser !

DERRIÈR' CHEZ NOUS.

Su l'bord du Cher, il y 'a-t-une fontaine
Où sur un frên' nos deux noms sont taillés; } *bis.*
L'temps a détruit nos deux noms sur le frêne...
Mais dans nos cœurs il les a conservés (*bis*).

Le mal d'amour est une rude peine :
Lorsqu'il nous tient, il nous faut en mourir; } *bis.*
L'herbe des prés, quoique si souveraine...
L'herbe des prés ne saurait en guérir (*bis*).

BÉARN.

BELLE, QUELLE SOUFFRANCE! — PAUVRE BREBIS.
CANTIQUE CHANTÉ PAR JEANNE D'ALBRET.

Dans quelques provinces la chanson est un arbre du tronc duquel s'élancent deux branches principales qui donnent naissance à des branches moins importantes pour se terminer par des brindilles sans conséquence. On a la chanson de terroir, la chanson relative aux événements guerriers, aux événements religieux, puis la chanson locale ayant trait à un village particulier, la chanson de famille, etc. Ce sont des divisions presque aussi bien établies qu'en histoire naturelle ; mais dans le Béarn la chanson, plus uniforme, a dédaigné toutes ces variétés ; elle est rarement religieuse, si on en excepte quelques Noëls sans importance. On ne saurait dénier le patriotisme aux Béarnais ; mais en étudiant leurs chants, il est permis d'affirmer que l'amour tient une grande place dans leur vie. J'ai beaucoup cherché, et je n'ai guère trouvé que chansons amoureuses ; la mélancolie des cœurs blessés y domine, et la mélodie s'en ressent.

Qui a composé ces belles mélodies dont tout instrumentiste peut s'emparer pour les jeter comme un admirable thème en tête d'une fantaisie de violoncelle? Personne n'en a rien dit jusqu'ici. Sont-elles parentes du poëte Despourrins, qui en a encadré de touchantes poésies? J'oserais presque l'affirmer. L'homme qui a composé, il y a plus d'un siècle, des poésies encore populaires aujourd'hui, comptait dans sa famille un frère curé, bon musicien, et qui devait avoir reçu en naissant une partie du sentiment poétique de l'auteur des chansons. Il est rare que toute l'intelligence aille se loger dans le corps d'un homme et lui constitue une sorte de droit d'aînesse intellectuel au détriment de ses frères. Les touchantes mélodies que nous publions sous le texte du poëte doivent être du curé Despourrins.

J'éprouve une certaine difficulté à rendre compte de la poésie patoise de Despourrins, dont le plus grand charme réside dans la langue. Pétrarque traduit n'est plus Pétrarque. Jasmin n'est guère Jasmin que dans sa langue, et je me souviendrai d'avoir entendu raconter à feu Castil-Blaze des anecdotes d'une énorme bouffonnerie qui s'envolait dès qu'on voulait la traduire en langue française. C'est ce qui fait la force du Nord, moins joyeux, moins spontané et moins bruyant, mais plus ferme, plus profond dans ses satires, parce qu'il est plus réfléchi.

Un Napolitain est étourdissant de verve, de comique, de brio. C'est un feu d'artifice ; ses plaisanteries éclatent aux oreilles comme un pétard : l'homme parti, vous cherchez à vous rendre compte de ce que vous avez entendu. Il ne reste rien. Vous avez été étonné, amusé un instant. Au contraire, un mot d'un Anglais reste : il a été dit froidement, avec conviction.

Il n'en est peut-être pas tout à fait ainsi de la poésie de Despourrins ; mais la traduction doit lui rendre un très-mauvais service. — Une traduction, me disait une femme d'esprit, c'est une belle tapisserie vue à l'envers.

Heureusement il reste, pour colorer les poésies de Despourrins, la mélodie qui en ravivera les couleurs un peu effacées. Qui a jamais songé à s'inquiéter de la pauvreté de certaines paroles jetées sous les admirables mélodies de Schubert? M. Crevel de Charlemagne lui-même ne saurait en détruire la poésie : le compositeur est le réel alchimiste qui commande au plomb de se changer en or. J'ai déjà émis cette opinion, et je ne crains pas de la répéter : un vers plat peut faire pleurer quand la phrase musicale le couvre d'un sentiment mélancolique.

Le poëte Despourrins n'est pas dans ce cas : quoiqu'il ne soit pas compris dans la glorieuse pléiade des poëtes français, il tiendra toujours son rang en tête de ceux qui auront conservé à la poésie patoise une position de second ordre. Ses chansons sont restées dans le Béarn : tous les paysans les savent par cœur, et comme il a exprimé des sentiments intimes, des peines de cœur, des plaintes d'amant abandonné, des reproches d'ingratitude à de belles infidèles, toujours ses vers trouveront de l'écho dans le cœur des paysans.

Le vin a été peu chanté dans le Béarn, et dans un volumineux recueil très-curieux de M. Rivarès, je n'ai guère trouvé de chansons bachiques que la suivante :

Ayons du vin,
D'où qu'il vienne,
Ayons du vin
Jusqu'au matin.

Voisin, on dit que tu te maries,
De cela je suis ravi.
Si de moi tu ne te méfies,
Je veux te donner un conseil d'ami :
Ayons du vin, etc.

Surtout, prends garde à la culotte,
Que ta femme ne te l'attrape pas;
Car si une seule fois elle te l'enlève,
Jamais tu n'y remets le pied.
Ayons du vin, etc.

Le conseil d'un méchant maître
Quelquefois peut être bon :
Prends-le pour ce qu'il peut être,
S'il ne fait pas de bien, il ne fait pas de mal.
Ayons du vin, etc.

On le voit, cette chanson est maigrement bachique; on n'y sent pas ces joyeux buveurs nivernais dont maître Adam est le type. J'en veux signaler une autre qui trahit tout à fait Bacchus en ayant l'air de lui rendre hommage :

Auparavant que ma vie était douce,
Je n'avais ni peine ni douleur;
Je calmais tous les chagrins possibles
Avec un peu de vin de Jurançon.

J'en buvais mainte bouteille :
Il était si bon! Souvent pourtant,
Comme il me donnait trop sur l'oreille,
Je préférais celui de Gan.

Maintenant quelle différence!
Vin de Gan ni de Jurançon
Ne peuvent calmer ma souffrance;
Je ne pense plus qu'à mon amour.

Tout le caractère du Béarnais est dans cette chanson : plus amoureux de la femme que de la bouteille; cependant, un poëte du pays a dit justement dans un couplet lestement tourné :

Faire mention de la vigne
Rend bonne une chanson,
Et le nom de la bouteille
Y va bien; il rend un beau son.

D'aise on palpite
Au souvenir du bouchon;
Et si nous disons Jurançon.
Cela vaut seul une chansonnette.

En général, l'esprit (la malice, le sel gaulois) ne paraît pas ressortir vivement du caractère béarnais; une certaine langueur amoureuse plutôt semble en être l'essence. Je ne me donne pas pour infaillible : n'ayant jamais voyagé dans cette partie de la France, je crains de me tromper, quoique dans un ensemble de poésies on doive trouver la connaissance du peuple qui les chante. Il y a cependant un autre poëte, Navarrot, plus gai que Despourrins : il chante l'amourette et ne craint pas de friser la gaillardise. Ce n'est ni un mélancolique ni un soupirant, ses chansons sont pleines d'allures entreprenantes qui rappellent le vert galant.

Mon Dieu! quelle galère — D'être monsieur pour faire l'amour! — Auprès de la plus étourdie — Il perd son temps et ses discours. — Et d'abord avec les demoiselles, — Leurs fleurs et leurs fils d'archal, — Et leurs carions et leurs dentelles, — Il n'y en a pas pour le creux d'une dent.

Cette chanson, libre d'allures, fait penser aux amourettes de villes plutôt que de campagne. Le galant ressemble à ce type parisien que le vaudeville a consacré sous le titre d'Un monsieur qui suit les femmes. Et la femme n'est qu'une sorte de grisette qui ne s'émeut guère et qui se sert de la réplique comme une soubrette de comédie. — Ma chère, donnez-moi deux baisers? — Deux baisers, monsieur, vous avez les vôtres. Gardez-les comme moi les miens. — Ne vous fâchez pas, dit le galant, ou je vous embrasse tout un mois. — Un mois fait quatre semaines, répond la jeune fille sans s'émouvoir. N'est-ce pas là de l'esprit de ville?

CHAMPFLEURY.

BELLE, QUELLE SOUFFRANCE.

MUSIQUE RECUEILLIE ET TRANSCRITE AVEC PIANO PAR J. B. WEKERLIN.

BELLE, QUELLE SOUFFRANCE.

Belle, quelle souffrance
　M'a tourmenté !
Qu'avec indifférence
　Tu m'as quitté !
Se peut-il qu'on soupire
　Si tendrement,
Et sans aimer le dire
　Si gentiment ?
Tu ne faisais que rire
　De mon tourment.

De ceux qui t'ont charmée,
　Pas un jamais
Qui t'ait autant aimée
　Que je faisais !
Et pour reconnaissance

Tu m'as trahi !
Mais mon mal par l'absence
　Est bien guéri.
Ainsi donc juge et pense
　Ce qu'on m'a dit.

L'amour le plus sincère
　Ne te fait rien ;
Mais être aussi légère
　Est-ce donc bien ?
Se peut-il qu'on soupire
　Si tendrement,
Et sans aimer le dire
　Si gentiment ?
Tu ne faisais que rire
　De mon tourment.

PAUVRE BREBIS.

Pauvre brebis! t'ai-je perdue?
Hélas! qui me consolera?
Voici déjà la nuit venue...
Ma voix peut-être elle entendra...
   Reviens, ma bien-aimée,
    Ah! viens calmer ma peur,
   Toi que j'ai surnommée
    La chérie de mon cœur.

Quand nous étions dans la prairie,
Elle venait me caresser;
Comme elle était la plus chérie,
J'étais toujours à l'embrasser :
   C'était la plus aimable;
   Aussi soir et matin,
   Elle avait à l'étable
Le sel blanc à pleines mains.

Et le troupeau bêle et chemine :
Elle en était, hélas! l'honneur;
Quand on voyait sa laine fine,
On s'écriait : L'heureux pasteur !
   Pêcheurs de la rivière,
   Si, la voyant là bas,
   Ramenez à sa mère,
La pauvrette sur ses pas.

Écho lointain qui seul répètes
Le cri plaintif de ma douleur,
Écho, dis-moi sur quelles crêtes
S'est égaré mon seul bonheur.
   Il n'est coteau ni plaine,
   Montagne ni rocher,
   Qui, sachant telle peine,
   Ne se laisserait toucher.

CANTIQUE ANTOUNAT PAR JEANNE D'ALBRET
EN ACCOUCHANT D'HENRI IV.

POITOU.

NOUS SOMM'S V'NUS VOUS VOIR. — LA V'NU' DU MOIS DE MAI.
C'EST AUJOURD'HUI LA FOIRE.

Les mariages sont encore de notre ressort; toujours il s'y chante quelques chansons. Aussi faut-il citer quelques usages singuliers du Poitou.

Avant d'aller à l'église, la mariée attache un ruban à l'épaule de tous les invités, pour les *marquer*. Afin que les sorciers ne lui jettent pas de sort pendant la cérémonie, comme ils ont coutume de le faire en ce moment-là, elle met une pièce de monnaie dans son soulier; mais, pour rester la maîtresse en ménage, elle tiendra son anneau nuptial au-dessus de la seconde phalange.

Il existe encore en France, même dans les villes de province, des usages aussi singuliers. Lorsque les deux témoins tiennent le poêle suspendu au-dessus de la tête des époux, il en résulte des conséquences graves, suivant que le poêle est baissé du côté du mari ou du côté de la femme. S'il est élevé au-dessus de la femme, elle doit devenir maîtresse absolue en la maison, et l'homme sera condamné *à attacher ses culottes avec des épingles;* façon de dire populaire qui indique sa ressemblance avec la femme. Au contraire, si le poêle touche la tête de la femme et s'élève à un pied au-dessus de celle du mari, elle n'a plus qu'à pleurer sa soumission à venir, son attitude dans le ménage, ses regards timides et sa déchéance. Généralement, le poêle est tenu par un témoin de la femme, et l'autre bout par un témoin de l'homme. On a vu des parentes de la mariée intriguer auprès du témoin du mari pour faire que le poêle touche *par hasard* sa tête; cette coutume existe encore dans des villes importantes.

En Poitou, chacun donne à la mariée un meuble, un ustensile pour son ménage, après la messe. On appelle cela l'*offerte*. A la fin du dîner, dès que le dessert est servi, deux jeunes filles s'avancent vers elle avec un ménétrier, et lui chantent alternativement un couplet d'une longue complainte sur les peines et les soucis du mariage. Dès le début de la chanson, la nouvelle mariée pleure; souvent elle se lève et va s'asseoir à l'écart; mais les jeunes filles et le ménétrier, après la complainte, vont la chercher pour ouvrir le bal, où elle danse, portant un soulier et un sabot.

Le lendemain, cérémonie du *ferrement :* un jeune homme se présente, un bonnet de coton sur la tête et un tablier de maréchal devant lui. Il ferre d'abord les nouveaux époux en leur frappant légèrement d'un marteau sous le pied, agit de même avec les autres invités, et est ferré à son tour par un autre jeune homme, qui prend sa place. Il faut que chaque jeune homme ferre et soit ferré.

Lorsque c'est le dernier enfant d'une famille qu'on marie, on brise la vaisselle, et l'on jette des noix dans la salle où a lieu le repas de noces. Le lendemain, promenade du *traîne-balai*. Après le déjeuner, le cortège se forme; on parcourt le village, et le plus âgé de la bande vient derrière, portant un balai au bout d'une perche.

Lorsque quelqu'un meurt, on allume près de lui trois bougies bénies le jour de la Chandeleur, et on lui en met deux en croix sur la poitrine, en l'ensevelissant. Les bougies de la Chandeleur sont conservées religieusement dans les familles. Si le défunt a été parrain, ses bras sont levés croisés; s'il ne l'a pas été, ils restent dans leur position naturelle. S'il savait lire, on met dans son cercueil son Paroissien, en même temps que son chapelet.

Laissons l'enterrement pour la danse qui a été si renommée dans le Poitou, que partout on la dansait. Avec *le bal de Saintonge*, la gavotte, le menuet, on ne manquait pas de terminer par le *branle du Poitou;* Louis XI s'en faisait donner volontiers le spectacle par les paysans pour oublier ses terreurs.

Les paysans du Poitou chantent au labourage pour exciter leurs bœufs au travail ; ils avaient jadis diverses chansons, suivant le mode de labour. Pour le grand labourage, les noms des dix bœufs y figuraient tous :

        Levreà, Noblet, Rouet,
        Hérondet, Tournay, Cadet,
        Pigeà, Marlecheà,
        Tartaret, Doret,
        Eh! eh! eh! man megnon!
        Oh! oh! oh! man valet!

Tous noms tirés de la couleur des animaux : ainsi, *Tartaret* veut dire noir, la couleur du noir Tartare ; *Rouet,* roux ; *Doret,* blond, etc. De tout temps les laboureurs excitaient ainsi leurs bestiaux. On en a la preuve dans le *Traité de vènerie* de Jacques du Fouilloux. (*L'adolescence de Jacques du Fouilloux, escuyer, seigneur dudit lieu, en Gastines, pays de Poitou*). C'était un gai compagnon, grand ami de la chasse, toujours par vaux et par monts, et qui, aimant la nature, l'a dépeinte en beaux vers, ce qui ne l'empêchait pas d'aimer la créature.

Jacques du Fouilloux a poussé l'amour de la réalité jusqu'à donner la notation en plain-chant des bergers et des bergères se répondant. Au-dessus de ces notations sont de naïves gravures sur bois, dont nous donnons le *fac-simile,* représentant une bergère conduisant ses brebis au champ tout en filant.

Comme les bergeres erodent leurs brebis, comme la bergere respond à sa *compaigne,* Jacques du Fouilloux a curieusement noté ces cris modulés, qui ne sont pas des chansons :

    Et o lou va-let, o lou va-let, lou va-let, do° re lo.

Voici maintenant la *Responce de la bergere compaigne.*

Apres qu'elle eut son doux chant acheué,
D'elle me suys de bien pres approché ;
L'entretenant de parolle ioyeuse,
Luy promettant un iour la faire heureuse.

Elle fut prompte a me prester l'oreille,
Son petit cueur souspirant a merueille ;
Lors la prié dans les genoux nous seoir,
Entre nous deux se rengea bon vouloir.

En lisant ces vers, je me suis senti pris d'une vive admiration pour Jacques du Fouilloux, qui, outre son excellente poésie, est le premier qui ait songé à donner la notation d'un chant populaire ; mais l'aventure entamée avec la *bergère* veut une conclusion, et le poète l'a décrite si délicatement, qu'on doit la citer dans son entier.

Ja le soleil longuement esleué,
Le sien chemin auoyt presqu'acheué,
Lors Cupido nous donna l'auantage
Dans le vert boys tout remply de fueillage.
En un beau lieu feutré d'herbe et de mousse,
Va despoüiller des espaules sa trousse :
Et fism' vn liet sans plume ne couuerte,
De douces fleurs, et de fougere verte,
Puis son bel arc bien tendu destendit,
En ce beau lieu son gentil corps tendit

De tout son long, sans point estre contrainte :
Feit son cheuet de la verdure peinte.
Lors me sentant si tres pres de la belle,
Faueur d'Amour me va pousser sur elle :
En ce beau lieu fut faicte l'ouuerture,
Pour accomplir les œuures de Nature,
D'vne tant douce et tant loyale amour,
Qui ha duré mainte année et maint iour,
Viuant au boys comme vn tres bon hermite,
Au monde n'ha vie plus benedicte.

                                                       CHAMPFLEURY.

NOUS SOMM'S VENUS VOUS VOIR.

MUSIQUE RECUEILLIE ET TRANSCRITE AVEC PIANO PAR J. B. WEKERLIN.

NOUS SOMM'S VENUS VOUS VOIR.

Nous somm's venus vous voir,
Ma très-chèr' camarade,
Nous somm's venus vous voir
Dans vot' nouveau ménage;
Où est-il, bell', votre époux?
Est-il si beau que vous?

Il n'est pas aussi beau,
Mais il est aussi sage;
Il n'est pas aussi beau,
Mais il est aussi sage;
Il a des agréments
Qui rend'nt mon cœur content.

Vous voilà-t-un bouquet,
Un bouquet de fruitage;
Vous voilà-t-un bouquet,
Un bouquet de fruitage;
Nous vous le présentons,
Payez-nous la rançon.

Quell' rançon vous faut-il,
Mes belles jeunes filles?
Quell' rançon vous faut-il,
Plus qu'à les autres filles?
— Un gâteau de six blancs,
Six aunes de rubans. —

Un gâteau de six blancs,
Cela n'est pas grand'chose;
Un gâteau de six blancs,
Cela n'est pas grand'chose;
Un gâteau de six sous,
La livre est tout autour.

Le lendemain matin,
Quand vous serez levée,
Mettez sur votre sein,
Un bouquet de pensées,
Aux quatre coins du lit
Un bouquet de soucis.

Vous ne l'aviez point dit,
Ma belle jeune dame,
Vous ne l'aviez point dit,
Ma belle jeune dame,
Que vous seriez sitôt
Dedans le conjungo.

A la fin de l'été,
L'amour m'a bien trompée;
A la fin de l'été,
L'amour m'a bien trompée;
Si vous aviez d's'amants,
Belle, en feriez autant.

Vous n'irez plus au bal,
Ma très-chèr' camarade;
Vous n'irez plus au bal,
Au bal, ni aux ballades;
Vous gard'rez la maison,
Tandis que nous irons.

Rossignolet des bois,
Qui chante au vert bocage,
Quand il a des petits,
Il change de langage;
Avant qu'il soit un an,
Belle, en ferez autant.

Nous irons bien vous voir,
Ma belle jeune dame;
Nous irons bien vous voir,
Dans vot' nouveau ménage;
Nous y f'rons collation,
Adieu! pauv' Jeanneton!

LE CHANT ET HUCHEMENT DES BERGÈRES.

Ou...ou...ou...ou...oup...ou...ou...ou...ou...oup...

Tantost l'ouy ses brebis erodans,
Qui de sa voix foisoit des plaisans chants :
Car la coustume est ainsi en Gastines,
Quand vont aux champs de hucher leurs voisines.
Par mesme chant que mets cy en musique,
Rendant joyeux tout cœur mélancholique.

III

LA V'NU' DU MOIS DE MAI.

La maîtress' de céans,
Vous qui avez des filles,
Faites-les se lever,
Promptement qu'ell's s'habillent :
Vers ell's nous venons à ce matin frais,
Chanter la v'nu' du mois de mai.

Entre vous, braves gens,
Qu'avez des bœufs, des vaches,
Levez-vous d'bon matin,
Allez aux pâturages,
Ell's vous donn'ront du beurre, aussi du lait,
A l'arrivé' du mois de mai.

Entre vous, jeunes fill's,
Qu'avez de la volaille,
Mettez la main au nid,
N'apportez pas la paille,
Apportez-nous-en dix-huit ou bien vingt,
Mais n'apportez pas les couvains.

Si voulez nous donner,
Ne nous fait's pas attendre,
Nous avons encor loin ;
Le point du jour avance,
Donnez-nous vit' des œufs ou de l'argent,
Et renvoyez-nous promptement.

Si n'voulez rien donner,
Donnez-nous la servante ;
Le porteur de panier
Est tout prêt à la prendre ;
Il n'en a point, il en voudrait pourtant
A l'arrivé' du doux printemps,

Si vous donnez des œufs,
Nous prierons pour la poule ;
Si vous donnez d'l'argent,
Nous prierons pour la bourse ;
Nous prierons Dieu, aussi saint Nicolas,
Que la poul' mange le renard.

En vous remerciant,
Le présent est honnête ;
Retournez vous coucher,
Barrez port's et fenêtres ;
Pour nous, j'allons toute la nuit chantant,
A l'arrivé' du doux printemps.

C'EST AUJOURD'HUI LA FOIRE.

MUSIQUE RECUEILLIE ET TRANSCRITE AVEC PIANO PAR J. B. WEKERLIN.

C'est aujourd'hui la foire, (bis.)
La foire à Maillezais. (bis.)

Viens-y, belle mignonne, (bis.)
Que j'aille t'y chercher. (bis.)

La bell' s'est bien trouvée (bis.)
Dans le rang des fouaciers. (bis.)

Que fais-tu là, mignonne, (bis.)
Dans le rang des fouaciers? (bis.)

Mais j'achète une fouace, (bis.)
Jean viendra la manger. (bis.)

Tout en mangeant la fouace, (bis.)
La belle en a eu soif. (bis.)

Où boire, se dit-elle? (bis.)
N'avons rien apporté. (bis.)

N'avons pour cela faire, (bis.)
Ni tass' ni pot à lait. (bis.)

Bois dans ma main, mignonne, (bis.)
Ma main qui t'appartient. (bis.)

Paris Typographie Henri Plon, rue Garancière, 8.

TOURAINE, MAINE ET PERCHE.

LA VERDI, LA VERDON. — LA VIOLETTE. — SU L' PONT DU NORD.

On a coutume dans le bas Maine de battre les blés sitôt la moisson faite. Aussi l'armée des chouans se trouva-t-elle fort amoindrie quand arriva l'époque de la moisson. Beaucoup de fermiers avaient envoyé leurs fils et leurs serviteurs combattre contre les bleus; mais à l'approche de la moisson, se rappelant la fameuse fête de la Gerbe, ils auraient déserté, si on ne leur avait pas accordé la permission de retourner au village.

La fête de la Gerbe est commune à divers pays; madame Sand l'a mise à la scène dans un de ses drames, et la république de 1789 nous a laissé des gravures fort curieuses sur les fêtes de l'agriculture, qu'on peut voir dans l'œuvre de Duplessis-Bertaux.

Dans le bas Maine, une gerbe ornée de fleurs et de rubans est attachée par des liens invisibles à un piquet enfoncé en terre. On court chercher le fermier et la fermière, afin de les prier d'aider à soulever cette gerbe si lourde. A force d'efforts les liens sont arrachés. N'est-ce pas un symbole des difficultés de l'agriculture? La gerbe est portée en triomphe, accompagnée de chanteurs, pendant que deux hommes, armés de balais, répandent des nuages de poussière sur les chemins. Les enfants suivent en portant des épis de blé. Une place était réservée aux étrangers de passage, qui avaient droit à un bouquet de fleurs des champs offert par les jeunes filles sur un plat d'étain. Le vanneur marchait à la suite en faisant voler le blé en l'air; les batteurs frappaient en cadence la terre avec leurs fléaux; après avoir fait le tour de l'aire, la gerbe était déliée et étendue, les coups de fusil éclataient. Sur une chaise parée de linge blanc se trouvaient une miche de fine fleur de froment, une *pelote* de beurre, du vin, afin que chacun pût boire *à sa suffisance*. Le soir, c'étaient d'excellents fromages de lait caillé que les voisines apportaient en cadeaux aux batteurs. Le laitage servi, cinq jeunes garçons et jeunes filles apportaient un bouquet à tous les convives, mais en ne manquant pas de les brosser et époussetter vigoureusement des pieds à la tête. Chaque homme, sous le prétexte d'avaler une cuillerée de lait caillé offert par une jeune fille, en avait le visage et les habits barbouillés. C'est alors que commençait la *chanson des moissonneurs*.

Voilà la Saint-Jean passée,
Le mois d'août en approchant,
Où tous garçons des villages
S'en vont la gerbe battant.
Ho! batteux, battons la gerbe,
Compagnons, joyeusement!

Par un matin je me lève
Avec le soleil levant;
Là, j'entre dedans une aire,
Tous les batteux sont dedans.
Ho! batteux, etc.

Je salu' la compagnie,
Les maîtres et les suivants;
Ils étaient bien vingt ou trente,
N'est-c' pas un beau régiment?
Ho! batteux, etc.

Je salu' la jolie dame
Et tous les petits enfants;
Et dans ce jardin-là j'entre
Par une porte d'argent.
Ho! batteux, etc.

V'là des bouquets qu'on apporte,
Chacun va se fleurissant;
A mon chapeau je n'attache
Que la simple fleur des champs.
Ho! batteux, etc.

Mais je vois la giroflée
Qui fleurit, et rouge et blanc;
J'en veux choisir une branche:
Pour ma mie c'est un présent.
Ho! batteux, etc.

Dans la peine, dans l'ouvrage,
Dans les divertissements,
Je n'oubli' jamais ma mie;
C'est ma pensée en tout temps.
Ho! batteux, etc.

Ma mi' reçoit de mes lettres
Par l'alouette des champs,
Elle m'envoie les siennes
Par le rossignol chantant.
Ho! batteux, etc.

Sans savoir lir' ni écrire,
Nous lisons c'qui est dedans.
Il y a dedans ces lettres:
Aime-moi, je t'aime tant!
Ho! batteux, etc.

Viendra le jour de la noce,
Travaillons en attendant;
Devers la Toussaint prochaine
J'aurai tout contentement.
Ho! batteux, battons la gerbe,
Compagnons, joyeusement.

Je n'ai pas besoin d'insister sur le charme des derniers couplets; malheureusement je n'ai pu m'en procurer la musique. Les paysans du bas Maine ont toujours beaucoup chanté; on connaît dans le pays des chansons pour les différentes époques de la vie et les travaux importants. Les jeunes filles, en revenant des champs, chantaient en chœur aux approches de la ferme :

> Maîtresse, apprêtez à souper :
> Seules les bois nous faut passer,
> Il est bien temps de s'en aller.
> Comment les passerai-je, les bois ?
> Seulette je m'en vas, etc.

La fameuse chanson de la mariée se chante également dans le Maine; elle offre tant de variantes, paroles, musique, quoique l'idée soit la même, que je ne citerai que les deux derniers vers du premier couplet, que chacun répétait en chœur à la fin. Il s'agit du mari.

> Il doit être, qu'il soit !
> Qu'il soit tout comme il doit !

La règle inflexible du mariage est nettement indiquée dans ces deux vers significatifs.

Au Mans et dans les environs, l'arrivée de Noël était chantée plusieurs jours auparavant par le refrain : *No! No!* Les antiquaires y voient des souvenirs celtiques; je ne m'aventurerai pas à les suivre sur ce terrain. Dans les environs du Mans, les moissonneurs chantaient des couplets en l'honneur des blés :

> Au bois, joli bois,
> Oh! je m'en vas!

Ces chansons, où la chaleur du jour est accusée avec de grands détails, avaient pour but de pousser le fermier à donner la clef de sa cave pour rafraîchir le gosier des laboureurs.

La Touraine, dont nous publions trois chansons, n'est pas si riche en coutumes populaires. Je n'ai rien trouvé de particulier aux Tourangeaux (par Tourangeaux, j'entends les gens de Loches, de Château-Chinon, d'Amboise, de Tours, etc.) Je ne parlerai pas de *la Violette* ni de la chanson *La verdi, la verdon;* elles ont été envoyées du pays même par des personnes qui s'intéressent à ces mélodies; mais on s'étonnera peut-être qu'une chanson intitulée : *Su l' pont du Nord*, provienne de la Touraine. M. Wekerlin l'a notée lui-même chez M. T......, à Rosières, pendant que deux petites filles la chantaient.

Le *Pont du Nord* est, dans l'esprit des chanteurs populaires, presque aussi célèbre que le fameux *Pont d'Avignon*, sur lequel tout le monde n'a pas passé, mais que tout le monde a chanté. Où se trouve ce fameux pont du Nord? On n'en sait rien; il appartient à la géographie des chanteurs qui ne savent pas un mot de géographie. C'est une ronde enfantine comme le *Pont d'Avignon*, et il faut croire que les *ponts* ont une singulière influence sur l'imagination des enfants, puisqu'en Suisse même on chante le *Pont d'Avignon*, et que les enfants des enfants de nos enfants iront voir jouer aux ombres chinoises le *Pont cassé*.

CHAMPFLEURY.

LA VERDI, LA VERDON.

Ah! si j'avais un sou tout rond,
Ah! si j'avais un sou tout rond,
J'achèterais un blanc mouton,
   La verdi, la verdon,
Et ioupe, sautez donc, la verdon.

J'achèterais un blanc mouton,
J'achèterais un blanc mouton,
Je le tondrais à la saison,
   La verdi, la verdon,
Et ioupe, sautez donc, la verdon.

Je le tondrais à la saison,
Je le tondrais à la saison,
J'l'égaillerais[1] sur un buisson,
   La verdi, la verdon,
Et ioupe, sautez donc, la verdon.

J'l'égaillerais sur un buisson,
J'l'égaillerais sur un buisson,
Par ici pass'nt trois grands fripons,
   La verdi, la verdon,
Et ioupe, sautez donc, la verdon.

Par ici pass'nt trois grands fripons,
Par ici pass'nt trois grands fripons,
Z'y m'ont emporté ma toison,
   La verdi, la verdon,
Et ioupe, sautez donc, la verdon.

Z'y m'ont emporté ma toison,
Z'y m'ont emporté ma toison,
J'courus après jusqu'à Lyon,
   La verdi, la verdon,
Et ioupe, sautez donc, la verdon.

[1] *Égailler*, sécher.

J'courus après jusqu'à Lyon,
J'courus après jusqu'à Lyon.
— Messieurs, rendez-m'y ma toison,
   La verdi, la verdon,
Et ioupe, sautez donc, la verdon.

Messieurs, rendez-m'y ma toison,
Messieurs, rendez-m'y ma toison,
C'est pour m'y faire un cotillon,
   La verdi, la verdon,
Et ioupe, sautez donc, la verdon.

C'est pour m'y faire un cotillon,
C'est pour m'y faire un cotillon,
Z'à mon mari un caneçon,
   La verdi, la verdon,
Et ioupe, sautez donc, la verdon.

Z'à mon mari un caneçon,
Z'à mon mari un caneçon,
Z'à mes filles des bonnets ronds,
   La verdi, la verdon,
Et ioupe, sautez donc, la verdon.

Z'à mes filles des bonnets ronds,
Z'à mes filles des bonnets ronds;
J'en r'venderai les retaillons,
   La verdi, la verdon,
Et ioupe, sautez donc, la verdon.

J'en r'venderai les retaillons,
J'en r'venderai les retaillons,
Ça s'ra pour payer la façon,
   La verdi, la verdon,
Et ioupe, sautez donc, la verdon.

LA VIOLETTE.

J'ai un grand voyage à faire,
Je ne sais qui le fera ;
J'ai un grand voyage à faire,
Je ne sais qui le fera ;
Ce sera Rossignolette
Qui pour moi fera cela.
La violette double, double,
La violette doublera.
La violette double, double,
La violette doublera.

LA VIOLETTE.

MUSIQUE RECUEILLIE ET TRANSCRITE AVEC PIANO PAR J. B. WEKERLIN.

Rossignol prend sa volée,
Au palais d'amour s'en va;
Rossignol prend sa volée,
Au palais d'amour s'en va;
Trouva la porte fermée,
Par la fenêtre il entra.
La violette double, double,
La violette doublera.
La violette double, double,
La violette doublera.

Bonjour l'une, bonjour l'autre,
Bonjour, belle que voilà;
Bonjour l'une, bonjour l'autre,
Bonjour, belle que voilà;
C'est votre amant qui demande
Que vous ne l'oubliez pas.
La violette double, double,
La violette doublera.
La violette double, double,
La violette doublera.

Quoi! mon amant me demande
Que je ne l'oublie pas?
Quoi! mon amant me demande
Que je ne l'oublie pas?
J'en ai oublié tant d'autres,
J'oublierai bien celui-là.
La violette double, double,
La violette doublera.
La violette double, double,
La violette doublera.

SU L' PONT DU NORD[1].

MUSIQUE RECUEILLIE ET TRANSCRITE AVEC PIANO PAR J. B. WEKERLIN.

Su l' pont du Nord un bal y est donné. (bis.)
Adèl' demande à sa mèr' d'y aller. (bis.)
Non, non, ma fill', tu n'iras pas danser. (bis.)
Ell' monte en haut, et se mit à pleurer. (bis.)
Son frère arriv' dans un joli bateau. (bis.)
Ma sœur, ma sœur, qu'as-tu donc à pleurer? (bis.)
Maman n' veut pas que j'aille voir danser. (bis.)

Mets ta rob' blanche et ta ceintur' dorée. (bis.)
Les v'là partis dans un joli bateau. (bis.)
Ell' fit deux pas, et la voilà noyée. (bis.)
Il fit quat' pas, et le voilà noyé. (bis.)
La mèr' demand' pourquoi la cloche tinte. (bis.)
C'est pour Adèle et votre fils aîné. (bis.)
Voilà le sort des enfants ostinés. (bis.)

[1] Cette chanson se chante à Paris dans les pensionnats de petites filles.

NIVERNAIS.

LORSQUE J'ÉTAIS PETITE. — QUAND J'ÉTAIS VERS CHEZ MON PÈRE.
J'ÉTIONS TROIS CAPITAINES.

M. Dupin, qui en matière de poésie ne saurait être accusé d'enthousiasme, a cependant compris le charme de la poésie populaire, lorsqu'il dit dans son livre du *Morvan*, en parlant des paysans : « Ces voix, répétées dans les montagnes, ne sont pas sans harmonie. Les hommes, en revenant du travail, surtout le soir quand ils sont attardés, font entendre des chansons d'amour assez plaisantes pour qui peut en saisir les paroles et en démêler le sens. »
De quelles chansons M. Dupin entendait-il parler? Est-ce du refrain suivant?

> Tes rubans barivolants,
> Belle Rose,
> Tes rubans barivolants,
> Belle Rose, au rosier blanc.

ou de celui-ci :

> Quand ell's sont gentes,
> Réveillons-les donc ceux filles ;
> Quand ell's sont *pentes* [1],
> Laissons-les dormir.

ou de cet autre qui termine une bourrée nivernaise :

> All' a les yeux ben *terluisant*
> Tout comme deux pierres à guiamont [2],
> Si ben que l'écarlate,
> Qu'est un rouge ben fin,
> N'est que d'la couleur verte
> Auprès de son bian teint.

Rien de plus *nivernichon* que ces fragments de chansons, curieux comme des morceaux de bas-reliefs de Phidias, non pas au même titre certainement. On sourira peut-être de ma comparaison, l'art grec dans toute sa splendeur mis en regard de trois couplets incomplets de *Morvandiaux*; mais il n'y a rien d'inutile dans les manifestations humaines, qu'elles partent de la civilisation antique ou de la sauvagerie de paysans obscurs. L'art a des degrés : la première marche d'un escalier est aussi utile que la dernière, et sans les assises souterraines des fondations, l'escalier n'existerait pas. Combien de poëtes ont profité de ces manifestations poétiques des gens du peuple? Dans le premier fragment, qui se termine : « *tes rubans barivolants, belle Rose, au rosier blanc,* » je vois une influence des villes, quand bien même le *rosier blanc* ne s'y retrouverait pas. Ce *rosier blanc* existe partout, il a poussé dans toutes les terres, il a répandu sa douce odeur sur le sein de plus d'une belle. On pourrait affirmer que ce couplet est de la *plaine*, tandis que le dernier fragment est de la *montagne*, quoiqu'il ait l'accent sauvage d'un homme dont les yeux sont habituellement frappés par les choses de la nature. Cette fille qui a les yeux bien *terluisant*, brillants comme des *pierres à diamant*, si étincelants que l'écarlate « qu'est un *rouge* bien fin, » n'est que de la couleur *verte*, à côté de son beau teint! Tout homme qui a le sentiment de la couleur brillante et intense, sera frappé de la richesse des images qu'a employées le poëte populaire pour peindre le teint de sa belle, et je ne doute pas que l'écrivain d'aujourd'hui qui a su le mieux rendre par des mots les tons de la palette, Théophile Gautier, n'admire vivement ce couplet sauvage.

[1] *Pente*, laide.
[2] *Guiamant*, diamant.

Ayant cherché à expliquer mon audace de comparaison, je reviens plus volontiers aux mœurs. Les femmes du Morvan portent habituellement le corset, la jupe et le tablier, un fichu autour du cou, et sur la tête une *dorlotte* garnie de blonde noire commune. Une limousine ou une capuche à collet rabattu les protégent contre le froid ; mais les jours de fêtes, ainsi que presque toutes les paysannes des montagnes, elles se lancent dans des toilettes que rien n'arrête : plus d'esprit d'économie, plus d'esprit intéressé. Tout s'en va en rubans, en *coiffage*, etc. Le chansonnier a trouvé sa pâture dans ce « luxe effréné », comme on dit dans les villes :

> C'est les filles de Château-Chinon,
> Les petites Morvandelles,
> Qui ont vendu leur cotte et cotillon
> Pour avoir des dentelles.

Il en est ainsi dans beaucoup de pays : les dentelles des femmes mangent une partie du travail de l'année ; en Bresse, en Auvergne, j'ai été frappé de l'élégante profusion de dentelles enroulées ou pendues aux chapeaux des femmes. Il en est de même en Normandie ; mais la dentelle chez les Normandes semble toute naturelle. Les femmes sont grandes et belles, le pays est riche, les prés plantureux : tout est fête et verdure. On comprend que les femmes se fassent belles ; mais la dentelle dans des pays de montagnes, au milieu des tourmentes volcaniques, me paraissait toujours une singulière antithèse.

Ce même Château-Chinon a donné naissance à un dicton populaire qui dépasse l'orgueil des Marseillais eux-mêmes.

> Prix pour prix,
> Château-Chinon vaut bien Paris.
> Maison pour maison,
> Paris vaut moins que Château-Chinon.

C'est sur le Nivernais qu'il faudrait tenter un travail dont il n'existe encore aucune racine de la poésie relative à la faïence. Le *patouillot* de Nevers[1] a toujours été enthousiaste de la poésie ; il en met partout, dans les assiettes à soupe, sur les gourdes en faïence, où le vers s'enroule en caprices bizarres autour des flancs arrondis, se mêlant aux personnages, se moquant d'être brisé, employant le trait d'union, commençant sur une face pour se terminer sur l'autre. Le *patouillot* de Nevers emploie tous les arts, la forme sculptée, le dessin, le coloris et la poésie pour mieux traduire sa pensée. Je ne répondrais pas qu'aujourd'hui le *patouillot* ait la verve de maître Adam, mais il lui reste encore un arrière-goût de poésie un peu trop proche parent des poëtes de la rue des Lombards. J'ai rapporté de Nevers une assiette à soupe peinte (1858) où se lit ce distique :

> Le sévère Caton
> Buvait fort bien, dit-on.

Les paysans ont conservé un sentiment plus vif de la chanson. *J'étions trois capitaines*, *Quand j'étais vers chez mon père*, et *Lorsque j'étais petite*, donneront une idée suffisante des chansons du Nivernais, plus particulièrement du Morvan. Les mille variétés d'amour sont dépeintes dans ces chansons, et je ne peux m'empêcher de penser à Marivaux, à ses délicatesses infinies, à ses tendres variations sur la chanterelle du cœur, en relisant *J'étions trois capitaines*, dont le début est celui de toutes les chansons, mais dont le dénoûment est plein de scepticisme amoureux. Ce beau capitaine qui s'en va à la guerre et qui promet à sa belle de lui être toujours fidèle, à peine arrivé en pays étranger, il en aime une autre. Nos romances nous ont habitués à des attendrissements de la part de l'abandonnée. — *J'ai bien d'autres amants qui me donnent plus d'agréments*, s'écrie la délaissée ; et voilà un vrai mot naturel, un de ces aveux francs que seule la chanson populaire peut oser. A trompeur trompé. C'est dans les proverbes et les chansons qu'on voit l'homme dans toute la nudité de ses sentiments.

CHAMPFLEURY.

[1] Patouillot, faïencier, homme qui *patouille* de la terre glaise.

LORSQUE J'ÉTAIS PETITE.

MUSIQUE RECUEILLIE ET TRANSCRITE AVEC PIANO PAR J. B. WEKERLIN.

LORSQUE J'ÉTAIS PETITE.

Lorsque j'étais petite, seulette à la maison,
On m'envoyait souvent pour cueillir du cresson,
Verduron, verdurinette, pour cueillir du cresson.

On m'envoyait souvent pour cueillir du cresson :
La fontaine était creuse, je suis tombée au fond,
Verduron, verdurinette, je suis tombée au fond.

La fontaine était creuse, je suis tombée au fond :
Sur le chemin passent trois cavaliers barons,
Verduron, verdurinette, trois cavaliers barons.

Sur le chemin y passent trois cavaliers barons :
Que donn'rez-vous, la bell', pour vous tirer du fond?
Verduron, verdurinette, pour vous tirer du fond?

Que donn'rez-vous, la belle, pour vous tirer du fond?
— Ah! tirez-moi, dit-elle, et puis nous marchand'rons;
Verduron, verdurinette, et puis nous marchand'rons.

Ah! tirez-moi, dit-elle, et puis nous marchand'rons. —
Quand la bell' fut tiré, s'en fut à la maison,
Verduron, verdurinette, s'en fut à la maison.

Quand la bell' fut tirée, s'en fut à la maison;
Met la tête en fenêtre et chante une chanson,
Verduron, verdurinette, et chante une chanson.

Met la tête en fenêtre et chante une chanson.
— Ce n'est pas ça, la bell', que nous vous demandons,
Verduron, verdurinette, que nous vous demandons.

Ce n'est pas ça, la belle, que nous vous demandons;
C'est vos amours, la bell', si nous les méritons,
Verduron, verdurinette, si nous les méritons.

C'est vos amours, la bell', si nous les méritons.
— De mes amours, dit-ell', nous vous en fricass'rons,
Verduron, verdurinette, nous vous en fricass'rons.

De mes amours, dit-elle, nous vous en fricass'rons,
Dans un' poêle à châtaign's qui n'aura point de fond,
Verduron, verdurinette, qui n'aura point de fond.

Dans un' poêle à châtaign's qui n'aura point de fond.
En revenant de foir', songez à ma chanson :
Verduron, verdurinette, songez à ma chanson.

QUAND J'ÉTAIS VERS CHEZ MON PÈRE.

Quand j'étais vers chez mon père,
Les cochons j'allais garder,
Les cochons j'allais garder,
Toure loure lan lour,
Les cochons j'allais garder,
Toure lour lan louré,
Toure lour lan louré.

QUAND J'ÉTAIS VERS CHEZ MON PÈRE.

MUSIQUE RECUEILLIE ET TRANSCRITE AVEC PIANO PAR J. B. WEKERLIN.

J'étais encor si jeunette,
Qu'j'oubliai mon déjeuner,
Qu'j'oubliai mon déjeuner,
  Toure loure lan lour,
Qu'j'oubliai mon déjeuner,
  Toure lour lan louré,
  Toure lour lan louré.

Le valet de chez mon père
I' m'l'a bien vite apporté,
I' m'l'a bien vite apporté,
  Toure loure lan lour,
I' m'l'a bien vite apporté,
  Toure lour lan louré,
  Toure lour lan louré.

Que voulez-vous que j'en fasse?
Mes cochons sont égarés,
Mes cochons sont égarés,
  Toure loure lan lour,
Mes cochons sont égarés,
  Toure lour lan louré,
  Toure lour lan louré.

Il a pris sa cornemuse,
Se boute en cornemusier,
Se boute en cornemusier,
  Toure loure lan lour,
Se boute en cornemusier,
  Toure lour lan louré,
  Toure lour lan louré.

S'est mis à cornemuser,
Mes cochons s'sont rassemblés,
Mes cochons s'sont rassemblés,
  Toure loure lan lour,
Mes cochons s'sont rassemblés,
  Toure lour lan louré,
  Toure lour lan louré.

Mes cochons s'sont rassemblés,
Et se sont mis à danser,
Et se sont mis à danser,
  Toure loure lan lour,
Et se sont mis à danser,
  Toure lour lan louré,
  Toure lour lan louré.

I' n'y avait qu'la grand'trui'-caude,
Qui ne voulait pas danser,
Qui ne voulait pas danser,
  Toure loure lan louré,
Qui ne voulait pas danser,
  Toure lour lan louré,
  Toure lour lan louré.

Le v'rat la prit par l'oreille :
Commère, il nous faut danser,
Commère, il nous faut danser,
  Toure loure lan lour,
Commère, il nous faut danser,
  Toure lour lan louré,
  Toure lour lan louré.

Quand ils fur'nt dedans la danse,
Et qu'ils fur'nt bien enrayés,
Et qu'ils fur'nt bien enrayés,
  Toure loure lan lour,
Et qu'ils fur'nt bien enrayés,
  Toure lour lan louré,
  Toure lour lan louré.

Ont dansé sur la mesure,
Ont sauté jusqu'au plancher,
Ont sauté jusqu'au plancher,
  Toure loure lan lour,
Ont sauté jusqu'au plancher,
  Toure lour lan louré,
  Toure lour lan louré.

J'ÉTIONS TROIS CAPITAINES.

MUSIQUE RECUEILLIE ET TRANSCRITE AVEC PIANO PAR J. B. WEKERLIN.

La bell' qu'est aux fenêtres,
Qui les regarde passer ;   } (bis.)
Eh! où allez-vous donc,
Vous autres, si jolis garçons?
Nous allons à la guerre.

Mon amant, tu me quittes,
Mon amant, tu t'y en vas, } (bis.)
Mon amant tu t'en vas,
Tu me laisses dans l'embarras,
Tu me laisses seulette.

La bell', si je te quitte,
La belle, je t'écrirai ;   } (bis.)
Ce s'ra par un conscrit,
Ou ce s'ra par un officier ;
Je t'écrirai, ma belle.

Au bout de six semaines,
La lettre n'a pas manqué, } (bis.)
La lettre a pas manqué ;
Mais elle y était adressé'
Au père de la fille.

Il est dit dans la lettre :
La douce bell', mari'-toi, } (bis.)
La belle, mari'-toi,
Car j'en ai bien d'autres que toi,
Et des cent fois plus belles.

Si t'as d'autres maîtresses,
J'y ai bien d'autres amants, } (bis.)
J'ai bien d'autres amants,
Qui me donnent plus d'agréments,
Qui me causent moins d'peine.

Paris. Typographie Henri Plon, rue Garancière, 8.

LIMOUSIN ET MARCHE.

POURQUOI ME FAIRE AINSI LA MINE? — LES SCIEURS DE LONG.
QUOIQU'EN AUVERGNE.

Les Limousins revendiquent l'honneur d'avoir donné naissance à la fameuse chanson :

Baisso te, mountagno, levo te, vailoun,
Per me laïssa vere lo mio Jeannetoun.

Et c'est là le côté épineux d'une histoire de la poésie populaire. L'Auvergne a également sa chanson de « Baisse-toi, montagne, lève-toi, vallon, pour me laisser voir ma mie Jeanneton. » Il n'y a de différence qu'entre le patois auvergnat, qui commence ainsi : *Baïchate, montagne*, et le *baisso te, mountagno*, des Limousins.

A laquelle des deux provinces attribuer cette poésie, dont la hardiesse des images du refrain a de la parenté avec les riches figures bibliques? Ce sont des questions presque aussi difficiles à résoudre que de se prononcer sur les camps romains ou mérovingiens, sur *Bibrax* ou *Alesia* des Commentaires de César.

Le *Chant de la Vallière*, dont j'ai parlé déjà, et qui sert de refrain et de rappel aux montagnards du Quercy, fut rapporté du Mississipi par un méridional fort étonné du chemin qu'avait fait la chanson, et les *Trois jolies princesses* de la Franche-Comté se chantent dans le Canada et y sont devenues populaires. Qu'on se trompe momentanément, qu'un voyageur musicien rapporte du Mississipi ou du Canada des mélodies des provinces françaises, l'erreur sera facile à découvrir et à expliquer. Un matelot, un aventurier quelconque qui aura été chercher la fortune au delà des mers, se sera établi à l'étranger, y aura chanté les chants de sa province, et musique et poésie y auront pris racine; mais entre deux provinces qui se touchent, dont les mœurs ont une grande analogie, qui démontrera comment le sentiment amoureux a pu enflammer un esprit poétique et lui inspirer le *Baisse-toi, montagne*? Quelques provinces du Midi réclament également la création de cette belle chanson, mais j'incline pour le Limousin ou l'Auvergne.

Un poëte, fort absolu en ce qui touche à la poésie civilisée, se gendarmait fortement contre ces tentatives modernes qui remettent en lumière la poésie populaire. Suivant lui (et tous les poëtes raisonnent ainsi), la difficulté de faire entrer des mots dans une certaine mesure rhythmée fait la supériorité de la poésie sur la prose. Chaque mot entrant par une sorte de choix, d'effort, de pression, est consolidé à jamais et prend la dureté du marbre. Je reconnais qu'il y a un *choix*, mais il existe également dans toutes les manifestations de la pensée. Le mérite de la prose la plus simple ne consiste que dans un *choix* très-savant ou indépendant de l'écrivain. Les *Mémoires* si intéressants, dont quelques-uns restent comme des chefs-d'œuvre, ceux de Saint-Simon, par exemple, prouvent par leur originale incorrection, que la nature avait doué le duc d'une tournure d'esprit singulière que le langage officiel des cours et la fréquentation des courtisans ne put étouffer. Aujourd'hui que la prose s'est débarrassée de ce fameux *nombre* dont les grammairiens faisaient jadis une qualité, y a-t-elle perdu ou gagné? Elle y a gagné en liberté, et déjà les hardis écrivains du dix-huitième siècle, à la tête desquels je mets Diderot, ne se souciaient guère du *nombre* de la prose. La poésie populaire, quand elle est saisissante, me semble une poésie sans *nombre*. Elle a des libertés, des franchises qui ajoutent à son allure et lui prêtent des grâces particulières : le plus souvent débarrassée de la rime, une vague assonance très-irrégulière lui enlève ce ronronnement fatigant que l'école moderne, malgré sa poétique plus hardie, ne peut éviter encore.

— Pour donner de la valeur artistique à vos chansons populaires, me disait le poëte, il faudrait les soumettre à une fonte dans le creuset de la poésie. Or, trompé par les mêmes idées, le poëte Jasmin, séduit par la chanson : *Baisse-toi, montagne*, l'a enrichie de sa poésie patoise. Voyons ce qu'il en a fait :

> Ces montagnes qui sont si hautes
> M'empêchent de voir où sont mes amours ;
> Si je savais où les voir, où les rencontrer,
> Je franchirais le torrent sans crainte de me noyer.
> De la patience, les montagnes s'abaisseront,
> Et mes amours paraîtront.

Ces vers libres sont la traduction de l'interprétation de M. Jasmin. Eh bien, le jour où il a eu cette belle imagination, j'aurais préféré qu'il fît dix barbes de plus. Sans doute le perruquier-poëte n'y eût pas gagné en réputation, quoiqu'une barbe bien faite mérite un compliment ; mais en interprétant de la sorte une chanson populaire, sa réputation d'esprit poétique devait en souffrir. Où est l'exclamation accentuée :

> Baïsso te, mountagno, lèvo te, vallou ?

A la place vient le vers pesant :

> De la patience, les montagnes s'abaisseront.

Qu'a fait le perruquier de la jolie *mio Jeannetou*, dont la rusticité naïve ne fait que mieux ressortir la hardiesse de l'invocation aux vallons et aux montagnes ?

> Et mes amours paraîtront,

dit-il. Ce fâcheux essai de M. Jasmin n'a pas été le seul. Beaucoup de poëtes ont essayé du même système, et n'y ont pas réussi. Mettre la poésie populaire au régime de la poésie civilisée, c'est jeter en plein salon du faubourg Saint-Germain une paysanne qu'on a habillée de satin et coiffée à la mode du jour. La paysanne et la poésie, ridicules, ne peuvent qu'y perdre tous leurs attraits.

Si le bruit de cette belle invention du poëte Jasmin s'était répandu dans le Limousin, nul doute qu'il n'eût été chansonné par le ménétrier du pays. C'est un gaillard habile à saisir les ridicules de chacun ; il roule dans les campagnes, plutôt regardé comme un mendiant que comme un musicien, ce qui ne l'empêche pas d'être fêté, d'avoir sa place à table ; mais le soir il payera son écot en légendes, en chansons. Le couplet suivant est traditionnel parmi ces ménétriers :

Si je puis être ménétrier, — Je m'en irai par les villages, — Car sachez que c'est un métier — Où l'on a toujours de bons gages. — C'est un gaillard bien pansé, — Qui n'a rien qu'à *bouffer*[1], — Et quand il vient à perdre haleine, — On lui fait boire quelques coups.

A Brives *la Gaillarde*, la vie est facile, les habitants sont gais, l'abondance y règne. La population travaille peu, s'amuse beaucoup. Son surnom est pleinement justifié. Aussi lui a-t-on donné pour devise ce couplet, qu'il est bon de citer dans son texte exact, pour donner une idée de ce langage alerte :

> Duroro co, pitsounelo,
> Duroro co toudzour ?
> Tant que l'ordzen duroro,
> Lo pitsounelo,
> Tan que l'ordzen duroro,
> Lo pitsounello dansero.

« Cela durera-t-il, fillette ? Cela durera-t-il toujours ? Tant que l'argent durera, la fillette dansera. »

Entre tous ces refrains de bourrées, j'en choisis un significatif qui montre un vif amour de la danse ; la musique se prête à la poésie et entraîne les danseurs jusqu'à ce qu'ils tombent épuisés : « Toujours le tour, le tour de la chambrette, toujours le tour, encore il n'est pas jour. »

> Toudzour lou tour,
> Lou tour de la tsambreto,
> Toudzour lou tour,
> En quèra, n'és pas d'jour.

CHAMPFLEURY.

[1] Souffler dans la musette.

POURQUOI ME FAIRE AINSI LA MINE?

Pourquoi me faire ainsi la mine,
Et me traiter en homm' de rien?
J'ai, Dieu merci, la taille fine;
Tous ces sauteurs je les vaux bien!
Quand les garçons vous donn'nt leur foi,
Que chacun d'eux s'en vient vous dire :
　　Je vous aime;
Quand les garçons vous donn'nt leur foi,
　Aucun ne vous aim' comm' moi.

Qui donc, le dimanche à la fête,
Est susnommé le damoiseau?
A tous vos fringants je tiens tête,
Le plus fier me tir' son chapiau;
J'ai un habit de drap fort beau,
　　En fil écru,
J'ai aussi trois belles chemises;
J'ai un habit de drap fort beau,
　Avec un' culott' de pran.

Quand je viens au bal du village,
Tout's les fill's me font les doux yeux;
Avec grâce je les engage,
En est-il un qui fasse mieux?
Quand je m'élance, mes talons,
Qui se trémoussent et piétinent
　　En cadence,
Quand je m'élance, mes talons
Gigottent de mill' façons.

LES SCIEURS DE LONG.

N'y a rien d'aussi-z-aimable,
  Lan faï lan cru,
  Lan faï larira!
N'y a rien d'aussi-z-aimable

Qu'un beau scieur de long, (bis.)
  Lan faï lan cru,
  Lan faï larira!
Qu'un beau scieur de long.

LES SCIEURS DE LONG.

MUSIQUE RECUEILLIE ET TRANSCRITE AVEC PIANO PAR J. B. WEKERLIN.

Le maître les vient voire,
　Lan faï lan cru,
　Lan faï larira!
Le maître les vient voire:
Courage, compagnons,　　*bis.*
　Lan faï lan cru,
　Lan faï larira!
Courage, compagnons.

Nous aurons de l'ouvrage,
　Lan faï lan cru,
　Lan faï larira!
Nous aurons de l'ouvrage
Pour toute la saison,　　*bis.*
　Lan faï lan cru,
　Lan faï larira!
Pour toute la saison.

Ma mie est infidèle,
　Lan faï lan cru,
　Lan faï larira!
Ma mie est infidèle,
Tant que j'la pousse à l'eau,　*bis.,*
　Lan faï lan cru,
　Lan faï larira!
Tant que j'la pousse à l'eau.

Chante, sirène, chante,
　Lan faï lan cru,
　Lan faï larira!
Chante, sirène, chante,
T'as bien raison d'chanter.　(*bis*)
　Lan faï lan cru,
　Lan faï larira!
T'as bien raison d'chanter.

Tu as la mer à boire,
　Lan faï lan cru,
　Lan faï larira!
Tu as la mer à boire,
Et ma mie à manger.　(*bis.*)
　Lan faï lan cru,
　Lan faï larira!
Et ma mie à manger.

QUOIQU'EN AUVERGNE.

MUSIQUE RECUEILLIE ET TRANSCRITE AVEC PIANO PAR J. B. WEKERLIN.

ANJOU.

NOUS SOMMES TROIS SOUVERAINS PRINCES. — LA CHANSON DU RÉMOULEUR.
N'Y A RIEN D'AUSSI CHARMANT.

Le Noël est rare dans notre publication, car il a besoin d'un livre à lui seul pour se montrer dans son développement et ses variations. J'en ai donné quelques indications dans certaines notices, et par là on aura pu s'en faire une idée : c'est certainement une des formes de la poésie populaire qui caractérise le mieux la pensée intime du paysan, si curieux à étudier.

Je me rappelle un mot d'un cabaretier auvergnat qui se tenait sur le pas de sa porte, regardant avec curiosité les voyageurs descendre d'une diligence, pendant un assez long relais. Il y avait dans la rotonde un prêtre qui ne pouvait décemment entrer dans le cabaret comme ses compagnons de voyage, et qui tournait autour de la porte, pendant que les voyageurs étaient attablés en face d'un vin noir d'Issoire.

— Entrez, monsieur le curé, asseyez-vous, dit le cabaretier, *ici nous ne faisons pas payer les chaises*.

Il ne faut pas voir dans ce mot un sentiment de révolte contre l'Église, mais une simple gausserie de paysan, de celles qui ne fâchent pas, étant dites par un homme joyeux et rubicond qui ne veut pas perdre l'habitude du mot pour rire. Il en est de même des Noëls, dont chaque nature d'esprit peut tirer les inductions les plus complaisantes pour ou contre la religion. Nous vivons dans une époque où l'on veut voir des symboles dans tout : avec un simple fait, on échafaude de pompeuses généralités qui donnent des apparences de profondeur à des esprits médiocres ; d'une phrase très-innocente d'un auteur on tire des conclusions dont chaque parti se sert également. Dans un intérieur de cuisine d'un peintre flamand on a voulu tirer des mondes : « Rembrandt est un *penseur* qui a *gémi* sur les souffrances du pauvre, » et autres billevesées dont les cerveaux creux ont un arsenal complet.

Il en est de même des Noëls, qu'il faudrait étudier avec soin, dans chaque province, longuement, car ils sont très-nombreux, et de cette Bible des Noëls éditée par un esprit net et consciencieux, il sera peut-être permis, en y mettant beaucoup de prudence, d'en tirer une idée générale des sentiments du paysan.

Nous sommes trois souverains princes, est le Noël purement religieux, dans lequel rien ne peut être tiré de particulier, sinon l'étalage d'une certaine pompe biblique, que je suppose sortie de la plume d'un poëte parisien.

Enseignez-nous, en vérité,
Quel est le *Louvre*
Qui cache la nativité
Que le ciel nous découvre.

Ce *Louvre*, qui arrive comme objet de comparaison, me fait dresser l'oreille. Un paysan de l'Anjou n'ira jamais chercher ses images dans la capitale, dont il se soucie médiocrement. On peut affirmer que la ville voisine étant pour lui la réunion de toutes les merveilles, frappera certainement plus son imagination que Paris qu'il n'a pas vu. Au dix-huitième siècle il fallait un grand événement pour qu'un paysan allât à Paris, et le Noël *Nous sommes trois souverains princes*, est du dix-huitième siècle. Il a pu être transporté dans l'Anjou par un prêtre qui l'aura fait chanter aux filles du village, mais il n'a pas le caractère angevin de la campagne. Le vers, sans être sublime, manque de cette rusticité naïve que personne ne peut imiter.

Il faut dire aussi que les imprimeurs de Rouen, de Falaise et surtout de Troyes, répandaient à des nombres immenses les cahiers imprimés de Noëls. Le Noël faisait partie de la fameuse *Bibliothèque bleue*, à côté du *Grand poupon des bergers*, des *Aventures de Mandrin*, de la *Grenouille bienfaisante*, et de cinquante autres livres aussi variés qui formaient la plus singulière encyclopédie populaire qui se pût voir; mais enfin, dans cette collection comprenant des récits de chevalerie, des facéties contre les filles et les femmes, des contes de fées, des pronostics de toute sorte, la religion avait toujours son coin réservé : la vie des martyrs, les cantiques pieux et les Noëls proprement dits.

A la fin de l'hiver, le colporteur allait remplir sa balle chez les fameux Oudot, à Troyes, et courait le monde, ramassant quelques maigres bénéfices à vendre des cahiers à deux sous. Par là seulement on peut expliquer comment des Noëls de fabrication parisienne ont pu pénétrer dans l'Anjou et séduire par leur beau langage les paysans, qui, dans leur ingratitude, laissaient de côté leurs Noëls en patois.

Il en est des chansons profanes comme des chansons religieuses. Plus la chanson était gaie et badine, plus elle circulait. Il n'y en a peut-être pas deux comme la *Chanson du rémouleur* pour avoir fait son tour de France; mais comme elle est amusante et spirituelle dans son refrain, qui s'arrête brusquement et laisse courir dans l'esprit mille petites folâtreries gaillardes! Réellement il faut avoir l'esprit chagrin pour écouter le front plissé ces chansons réjouissantes comme un verre de vin vieux. Cette *Chanson du rémouleur* me fait penser à Sterne, à ce gai ministre protestant, à l'histoire de l'abbesse des Andouillettes et aux singuliers traits - - - -, points de suspension . . . . et autres moyens typographiques que l'auteur de *Tristram Shandy* a employés gaillardement, sans se soucier de la délicatesse moderne.

Notre recueil n'eût pas été complet si une chanson de rémouleur n'eût pas trouvé place à côté d'une chanson de meunier, car ce sont les deux professions qui ont le plus servi à développer la veine joyeuse des poëtes populaires. Le *tic-tac* et le *sssss* en sont la cause. Il n'y a rien de plus *français* que ces sortes de chansons.

J'entends d'ici les pédants, les beaux esprits, les poëtes prétentieux, qui se gendarment en pinçant les lèvres, mais le rire est une si bonne chose, que Molière lui-même n'a pas dédaigné de se servir de ces moyens de suspension qui produisent toujours tant d'effet sur le public.

Aujourd'hui un écrivain a besoin d'un grand courage pour oser faire rire ses lecteurs. Qu'un administrateur arrive de sa province avec une longue et terrible tragédie; en y mettant de l'acharnement et de la volonté, il deviendra le favori des souverains, comblé d'honneurs, et il ira certainement s'asseoir à l'Académie; mais qu'un auteur amuse toute une génération, lui fasse oublier un moment ses chagrins, cet homme peut être certain de n'arriver à rien. Pour moi, je le dis sincèrement, Paul de Kock dépasse de cent coudées M. Ponsard; et puisque l'auteur de *Lucrèce* porte l'habit à palmes vertes, je ne verrais aucun inconvénient à ce qu'une statue en bronze soit élevée sur la place de Romainville à l'auteur de *Mon voisin Raymond*. Je ne parle pas de la forme de ces deux écrivains; elle manque de pureté chez tous les deux, et ne saurait servir de modèle à quiconque; mais j'ai une grande reconnaissance pour le romancier plaisant, que je n'ai jamais manqué de lire en sortant de graves maladies, tandis que le poëte tragique m'eût inévitablement reconduit au tombeau.

Ce n'est donc pas aux gens cravatés de gravité que la *Chanson du rémouleur* s'adresse, mais bien à ceux sans prétention, mélancoliques même, qui se laissent aller en souriant et sont reconnaissants du moindre rayon de gaieté.

CHAMPFLEURY.

NOUS SOMMES TROIS SOUVERAINS PRINCES.

MUSIQUE RECUEILLIE ET TRANSCRITE AVEC PIANO PAR J. B. WEKERLIN.

NOUS SOMMES TROIS SOUVERAINS PRINCES.

Nous sommes trois souverains princes
   De l'Orient,
Qui voyageons de nos provinces
   En Occident,
Pour honorer le Roi des rois
   Dès sa naissance,
Et recevoir les douces lois
   Que donne son enfance.

Apprenez-nous, troupe fidèle,
   De ce bas lieu,
Si vous savez quelque nouvelle
   Du Fils de Dieu :
Enseignez-nous en vérité
   Quel est le Louvre
Qui cache la nativité
   Que le ciel nous découvre.

Nous voulons rendre nos hommages
   A sa bonté,
Et saluer en pieux mages
   Sa majesté ;
Nous portons à ce Dieu de paix
   Nos diadèmes,
Et de nos paisibles sujets
   Les cœurs et les biens mêmes.

Le firmament fait, sous le voile
   De cette nuit,
Briller une pompeuse étoile
   Qui nous conduit ;
Nous nous guidons par les beaux feux
   Qu'elle fait naître ;
Nous allons accomplir nos vœux,
   Adorer notre maître.

Suivons-la donc, sages monarques,
   Sans balancer,
Puisque ce sont de sûres marques
   Pour avancer ;
Dirigeons nos pas sur les traits
   Qu'elle fait luire,
Ils ont paru sur nos palais
   Afin de nous instruire.

Quelle est cette nombreuse foule
   Que j'aperçois ?
On croirait que la terre roule
   Sous un tel poids ;
Mais ce ne sont que des bergers
   Qui, pêle-mêle,
Semblent courir à pas légers,
   Pour lui marquer leur zèle.

Pour annoncer l'auguste fête
   De l'Éternel,
Je vois que l'étoile s'arrête
   Sur son autel.
Serait-ce, hélas ! ce petit lieu
   Sans couverture
Où logerait le Fils de Dieu
   Prenant notre nature ?

Ah ! faites-nous un peu de place,
   Nos chers amis,
Présentez-nous au Roi de grâce,
   S'il est permis.
Nous arrivons d'un cœur content
   De l'Arabie,
Pour voir le Fils du Tout-Puissant
   Et l'auteur de la vie.

Dieu naissant, de qui notre empire
   Attend les lois,
Nous sommes, nous l'oserions dire,
   De riches rois,
Qui venons rendre nos devoirs
   A votre enfance,
Et lui consacrer nos pouvoirs
   Et notre obéissance.

Nous avons dans ces cassolettes
   Quelques présents,
D'aromates les plus parfaites,
   D'or et d'encens.
Agréez, Seigneur, ce trésor
   Et nos hommages :
En recevant la myrrhe et l'or,
   Bénissez ces trois mages.

LA CHANSON DU RÉMOULEUR.

Je suis-t-un fort bon rémouleur,
Je suis-t-un fort bon rémouleur,
Mais pour ma fille j'ai grand'peur,
Mais pour ma fille j'ai grand'peur,
 Et dans les îles j'ai grand'peur
  Qu'on ne me la.....
  Car elle est bien gentille.

Si je la mène sur mon train,
Si je la mène sur mon train,
Cela lui gâtera le teint,
Cela lui gâtera le teint,
 Et dans les rues j'ai grand' peur
  Qu'on ne me la.....
  Car elle est bien gentille.

LA CHANSON DU RÉMOULEUR.

MUSIQUE RECUEILLIE ET TRANSCRITE AVEC PIANO PAR J. B. WEKERLIN.

Nota. Le chanteur posera le genou sur une chaise avec laquelle il marquera les deux temps de la mesure sur le parquet.

Si je la donne au capucin,
Si je la donne au capucin,
Il me la f'ra mourir de faim,
Il me la f'ra mourir de faim;
Par d'sous leur mandrill', j'ai grand' peur
    Qu'on ne me la.....
    Car elle est bien gentille.

Si je la donne au cordonnier,
Si je la donne au cordonnier,
Il me la f'ra marcher nu-pieds,
Il me la f'ra marcher nu-pieds;
Dans sa boutique j'ai grand' peur
    Qu'on ne me la.....
    Car elle est bien gentille.

Si je la donne au jardinier,
Si je la donne au jardinier,
Il m'la mettra en espalier,
Il m'la mettra en espalier;
Dans l'orangeri' j'ai grand' peur
    Qu'on ne me la.....
    Car elle est bien gentille.

Si je l'embarque sur la mer,
Si je l'embarque sur la mer,
Ce sera pour jamais la r'voir,
Ce sera pour jamais la r'voir;
Et dans les îles j'ai grand' peur
    Qu'on ne me la.....
    Car elle est bien gentille.

N'Y A RIEN D'AUSSI CHARMANT.

MUSIQUE RECUEILLIE ET TRANSCRITE AVEC PIANO PAR J. B. WEKERLIN.

DAUPHINÉ.

J'ENTENDS CHANTER MA MIE. — LA PERNETTE.
LA FILLE DU GÉNÉRAL DE FRANCE.

C'est dans le Midi qu'il faut aller pour retrouver ces anciennes fêtes qui n'ont pas encore disparu tout à fait, et dont la plus poétique est certainement la fête de Mai.

Le joli mois de mai! Il n'y a peut-être pas un poëte qui n'ait chanté l'arrivée du printemps en commençant par ce vers. Dans le Nord comme dans le Midi, tous saluent par des chansons les premières violettes, et il serait facile de montrer dans la Flandre, ainsi que dans la Provence, combien les fêtes se ressemblent.

Autrefois, il n'y a pas plus de vingt ans, dans les environs de Valence, sur les chemins conduisant à la ville et au coin des rues, la veille de mai, se tenait, sur un siége enguirlandé de feuillages, une jeune fille couronnée de roses, entourée de ses amies assises autour d'elle : on l'appelait la *maie* ou belle de mai. La reine restait sur son estrade, mais les demoiselles d'honneur arrêtaient tous les passants et leur demandaient une offrande pour contribuer à la solennité du festin de la soirée. Chaque passant avait droit à un baiser de la belle de mai. Il arriva plusieurs années de suite que la belle était un monstre de laideur, ce qui faisait fuir les curieux; mais la bande des filles ne l'entendant pas ainsi, courait après le fuyard et le forçait d'embrasser la reine. Pour arranger l'affaire, quelques-uns s'en tirèrent en payant une petite contribution afin de ne pas embrasser la laide belle de mai, et depuis cet usage tint bon, jusqu'à ce que le baiser fût tout à fait supprimé.

Veci lou djoli mé dè mai existe dans tous les dialectes du Midi, dialectes aussi nombreux qu'il y a de villages. C'est toujours la plainte de l'amant abandonné par sa maîtresse. Il revient de Marseille après une certaine absence. — Comment se porte Catherine? demande-t-il à une voisine. C'est sa première question. Hélas! Catherine est mariée à un « *moussieu dè la campagno* », qui porte un *tchapel borda* et l'*epèio à son côta* ». Voilà ce qui a séduit Catherine! le monsieur au chapeau bordé d'argent et l'épée au côté; elle a voulu faire *la damo.* — Il la nourrira sans rien faire, ajoute la voisine, mieux que toi, mauvais sujet!

Telle était la chanson que les amoureux d'autrefois, les *fringaires*, chantaient sous les fenêtres de leurs belles en plantant un mât orné de rubans, la nuit qui précédait le mois de mai. Les filles écoutaient dans leur lit les chansons malicieuses de leurs galants, qui ne portaient ni chapeau brodé ni épée au côté, mais qui avaient l'amour au cœur et qui le prouvaient par ces jolies guirlandes de buis, de feuillage, plus significatives que tous les trésors des *moussieu* de la campagne.

Du côté de Marseille, on a la danse des Olivettes; mais dans le Dauphiné, le ver à soie, la richesse du pays, a contribué à entretenir l'amour de la chanson. M. Charles Mossant, du bourg du Péage, a bien voulu m'envoyer des renseignements très-curieux à ce sujet : « C'est dans les quartiers pauvres des petites villes, et surtout dans les fermes du département de la Drôme, que l'on chante aux fêtes, aux réjouissances, aux repas d'hiver, lorsqu'on a tué le cochon, aux baptêmes, aux fiançailles, aux noces. Les jeunes gens, après le marché, sortant la nuit des cabarets des faubourgs, regagnent la ferme en chantant à plein gosier; mais la cueillette des feuilles de mûrier est l'époque où l'on chante le plus. En avril, mai et juin, des hommes et des femmes descendent des montagnes pauvres de l'Ardèche, de l'Isère, pour venir se louer pour la durée de la récolte.

« Perchés au faîte d'un gros mûrier, ils entonnent fortement ces fortes chansons. C'est un des spectacles des plus curieux que celui qu'offre notre campagne en ce temps. Chaque arbre est habité, chaque arbre retentit plus ou moins de propos grivois, de chansons paysannes. Pendant un mois la ville est déserte, tout le monde est aux champs, tout le monde nourrit des vers. C'est d'ailleurs la grande production et la grande richesse du pays que l'industrie de la soie. — Lorsque le ver s'est renfermé dans son cocon, et que le temps d'ôter le cocon des bruyères est venu, on rassemble voisins et voisines, parents et amis, pour cela faire. Ensuite, comme le cocon est entouré d'une certaine bourre grossière qui a servi à l'insecte à suspendre sa coque, on enlève cette bourre. Pour cette opération on s'assied en cercle, hommes, femmes, enfants, maîtres, servantes, valets, autour de grands draps de lit où sont entassés les cocons; chacun a sur les genoux, dans un tablier, une petite quantité de cocons qu'il *débourrette* en tournant rapidement un doigt, l'index, autour du cocon. Ce mouvement endort facilement, aussi, pour se tenir en éveil, on chante chacun à son tour. — Le maître de la magnanerie fait circuler la piquette. Comme tous ces gens ne sortent ni du pensionnat ni du Conservatoire, ils chantent ce que chantaient leurs grands-pères. Toutes les fois que j'ai assisté au *débourretage*, j'ai presque toujours entendu la *Pernette* et le *Rossignolet*. »

La chanson du *Rossignolet des bois* peut aller de pair avec le *Joli mois de mai ;* elle existe dans tous les pays. La *Pernette* appartient aussi au Lyonnais et à l'Auvergne. La mère la voyant désolée, lui demande si elle a mal à la tête; mais c'est le mal d'amour qui la tient. — « Ne pleure pas, » lui dit la mère, qui, comme toutes les mères des chansons populaires, offre à sa fille un prince ou le fils d'un baron. — « Je veux mon ami Pierre, qui est dans la prison, » répond la Pernette. — « Tu n'auras pas ton Pierre, nous le *pendoularons*. — Si vous *pendoulez* Pierre, *pendoulez*-moi aussi. » La Pernette demande à être enterrée au chemin de Saint-Jacques, son ami Pierre couvert de roses, et elle de mille-fleurs. Les pèlerins qui passeront par là « prieront Dieu pour nous deux ».

Pendant les longues recherches que nous a demandées cet ouvrage, nous avons pu nous procurer la musique de cette jolie chanson; mais il en est d'autres qui font connaître mieux l'esprit du pays :

Il y a une femme à Saint-Dizi,	L'on fut trouver le médecin,
L'on dit qu'elle est malade;	Moussieu Bouillôda.
Elle est malade dans son lit,	. . . .
Sans savoir la raison pourquoi.	. . . .

Le médecin, au premier coup d'œil, juge de la maladie de la jeune fille, mais l'exprime peut-être un peu trop crûment pour continuer de citer sa consultation. Il parle tout de suite de l'amoureux, à quoi l'innocente répond :

C'était la vogue à Saint-Dizi
Le jour de notre fête,
Il m'a beaucoup promené
Tout le long de notre grand pré.

— Et puis? demande le terrible *moussieu* Bouillôda. Pressée de questions, la belle avoue sa grossesse dans un langage encore plus cru que celui du médecin.

Je préfère la fameuse chanson de *Pingo les noix,* qu'on chante également dans le Lyonnais, et qui donne une idée très-nette du rôle de l'onomatopée grotesque dans le refrain des chansons populaires[1]. Il y aurait tout un travail très-curieux à faire sur l'onomatopée, peut-être même un vocabulaire savant sur l'historique des *La ri fla,* leur raison d'être, leur provenance, leur origine, leur sens caché; j'en ai donné quelques échantillons dans la Préface, mais il faudrait un savant versé dans les patois de toute la France. Rien de plus étrange qu'un refrain comme celui-ci :

Bibelin, bibelo,
Popo, la guénago,
Pingui, pingo,
Pingo la guénago,
Pingo les noix.

C'est une langue à part, singulière et bouffonne, qui, employée par un gosier agile, dériderait les esprits les plus tristes.

CHAMPFLEURY.

[1] Voir la 22e livraison, Lyonnais.

J'ENTENDS CHANTER MA MIE.

MUSIQUE RECUEILLIE ET TRANSCRITE AVEC PIANO PAR J. B. WEKERLIN.

J'ENTENDS CHANTER MA MIE.

Là-bas, dans la prairie,
J'entends chanter ma mie,
Là-bas, dans la prairie,
J'entends chanter ma mie,
Là-bas, dans ces vallons,
J'entends chanter Nanon.

Je m'suis approché d'elle,
Comme un amant doit faire,
Je m'suis approché d'elle,
Comme un amant doit faire ;
Je m'suis d'elle approché,
La bell' m'a refusé.

Retirez-vous errière,
Je vois venir mon père,
Retirez-vous errière,
Je vois venir mon père ;
Mon pèr', ma mère aussi,
N'y prennent pas plaisi'.

N'y a ni père ni mère,
Cousins germains, ni frère,
N'y a ni père ni mère,
Cousins germains, ni frère,
Qui puiss'nt nous empêcher,
La bell', de nous aimer.

Ma mie, allons à l'ombre,
Car la chaleur retombe,
Ma mie, allons à l'ombre,
Car la chaleur retombe,
La chaleur du printemps
Ne dure pas longtemps.

Là-haut, sur la montagne,
Ma mi' tomba malade,
Là-haut, sur la montagne,
Ma mi' tomba malade,
Malade dans son lit,
En danger de mouri'.

Ma mi', reprends courage,
Jusqu'au premier village,
Ma mi', reprends courage,
Jusqu'au premier village,
A la premièr' maison,
Ma bell', nous logerons.

Bonjour, madam' l'hôtesse,
Apportez-nous bouteille,
Bonjour, madam' l'hôtesse,
Apportez-nous bouteille,
Bouteille de bon vin
Bannira le chagrin.

L'oiseau qu'est sur la branche,
Qui va, qui vole et chante,
L'oiseau qu'est sur la branche,
Qui va, qui vole et chante,
N'a pas tant d'agrément,
Ma bell', qu'en vous aimant.

La Pernette se lève,
Tra la la la la la, tra la la la.
Londerira !
La Pernette se lève
Deux heures d'avant jour. (*ter.*)

LA PERNETTE.

MUSIQUE RECUEILLIE ET TRANSCRITE AVEC PIANO PAR J. B. WEKERLIN.

Y prend sa quenouillette,
Tra la la la la la, tra la la la,
Londerira!
Y prend sa quenouillette,
Son joli petit tour. *(ter.)*

A chaq' tour qu'elle file,
Tra la la la la la, tra la la la,
Londerira!
A chaqu' tour qu'elle file,
Sa mèr' vient, lui demand' :
Pernette, qu'avez-vous? *(bis.)*

Av'-vous mal à la tête?
Tra la la la la la, tra la la la,
Londerira!
Av'-vous mal à la tête,
Ou bien le mal d'amour? *(ter.)*

Je n'ai pas mal de tête,
Tra la la la la la, tra la la la,
Londerira!
Je n'ai pas mal de tête,
Mais bien le mal d'amour. *(ter.)*

Ne pleure pas, Pernette,
Tra la la la la la, tra la la la,
Londerira!
Ne pleure pas, Pernette,
Nous te marierons. *(ter.)*

Te donnerons un prince,
Tra la la la la la, tra la la la,
Londerira,
Te donnerons un prince,
Ou le fils d'un baron. *(ter.)*

Je ne veux pas de prince,
Tra la la la la la, tra la la la,
Londerira!
Je ne veux pas de prince,
Ni de fils d'un baron. *(ter.)*

Je veux mon ami Pierre,
Tra la la la la la, tra la la la,
Londerira!
Je veux mon ami Pierre
Qui l'est dans la prison. *(ter.)*

Tu n'auras pas ton Pierre,
Tra la la la la la, tra la la la,
Londerira!
Tu n'auras pas ton Pierre,
Nous le pendolerons. *(ter.)*

Si vous pendolez Pierre,
Tra la la la la la, tra la la la,
Londerira!
Si vous pendolez Pierre,
Pendolez-moi-z-aussi. *(ter.)*

Au chemin de Saint-Jacques,
Tra la la la la la, tra la la la,
Londerira!
Au chemin de Saint-Jacques
Enterrez-nous tous deux. *(ter.)*

Couvrez Pierre de roses,
Tra la la la la la, tra la la la,
Londerira,
Couvrez Pierre de roses,
Et moi de mille-fleurs. *(ter.)*

Les pèlerins qui passent,
Tra la la la la la, tra la la la,
Londerira,
Les pèlerins qui passent
Prieront Dieu pour nous deux. *(ter.)*

LA FILLE DU GÉNÉRAL DE FRANCE.

MUSIQUE RECUEILLIE ET TRANSCRITE AVEC PIANO PAR J. B. WEKERLIN.

Dis donc, ma mie,
Qui t'a mise ici,
Dedans cette tour?
— C'est mon cruel père
Qui m'a renfermée
Par rapport à vous.

Jeune capitaine,
Demande à mon père
Quand je sortirai.
— Beau gén'ral de France,
Ta fille en demande
Quand ell' sortira.

Jeune capitaine,
Prends point tant de peine,
Tu ne l'auras pas.
— Si ne l'ai par plaire,
Je l'aurai par guerre
Ou par trahison.

Son père de rage,
La prit à l'ombrage,
La jeta dans l'eau ;
Son amant si sage,
La voyant qui nage,
Lui tient-z-un bateau.

A la première' ville,
Son amant l'habille
Tout en satin blanc ;
A la s'conde ville,
Son amant l'habille
Tout d'or et d'argent.

A la s'conde ville
A chaussé sa mie
De souliers d'argent ;
A la troisièm' ville
N'en dit à sa mie :
Faut nous marier.

Paris. Typographie Henri Plon, rue Garancière, 8.

BRETAGNE.

J'AI FAIT UNE MAITRESSE. — ROSSIGNOLET DES BOIS.
RONDE DES FILLES DE QUIMPERLÉ.

Tout homme traitant de la poésie populaire qui ne mettrait pas M. de la Villemarqué en première ligne, serait un ingrat, car le savant Breton a donné en France la méthode la plus satisfaisante pour recueillir ces sortes de chansons.

Abordant la Bretagne, une province féconde en poésie, je devais naturellement parler de l'homme qui a joué en France un rôle analogue à celui des frères Grimm en Allemagne, parcourant toute la Bretagne, amassant des matériaux, interrogeant les paysans, écoutant les enfants dans leurs jeux, notant une ballade qui va mourir dans le gosier d'une vieille femme, contrôlant les différentes versions, air et musique, et donnant enfin deux volumes auxquels la popularité n'a pas manqué.

La tâche est plus facile aujourd'hui; la mode est aux chansons populaires, et chacun apporte sa pierre. M. de la Villemarqué élevait à lui seul un monument.

Le premier en France il a compris quels trésors de poésie étaient cachés sous l'écorce un peu rude d'un patois grossier. Il est vrai qu'il était d'un pays où la chanson populaire, attachée au sol par de profondes racines, n'avait jamais quitté l'esprit d'un peuple fidèle à ses traditions, à son costume et à ses mœurs.

Il était temps d'ailleurs.

Je n'aurai pas une grande frayeur de voir sur les rails, à peu de distance de la machine à vapeur, un énorme bloc de pierre. La machine arrive avec sa brutale impétuosité, coupe l'énorme pierre en deux et continue son chemin sans le moindre dérangement; mais les usages, les coutumes, les mœurs, les costumes, voilà ce que le chemin de fer détruit aussi complètement que la pierre posée par des fous sur les rails.

La légende des *Quatre fils Aymon* est remplacée par les *Mousquetaires* de M. Dumas, et la *Bibliothèque bleue* supprimée au profit du *Journal pour tous*, qui certainement ne la vaut pas. Ceux qui veulent voir la Bretagne n'ont qu'à se hâter : demain il serait trop tard. Et les paysans perdront peut-être plus vite la mémoire de leurs traditions que les gens des grandes villes.

A Paris il se trouvera assez d'esprits intelligents pour acheter cinq éditions des poésies bretonnes, dont le sens sera perdu pour les gens des villages.

Ces bascules, nécessaires peut-être au progrès de l'humanité, je ne fais que les noter ici, les ayant déduites plus longuement dans la préface.

Je dois dans ces notices appuyer plus vitement sur les questions de détail : la *Chanson de la mariée* et la *Ballade des jeunes filles de Quimperlé*, deux chansons relatives au mariage.

La *Chanson de la mariée* est une des plus belles chansons populaires de la France : ç'a été de tout temps tellement le sentiment de tous qu'elle a été chantée dans différentes provinces, augmentée et jamais diminuée. La publication actuelle, telle que je l'ai comprise et acceptée, n'a aucun rapport avec la science archéologique, hérissée de notes. Elle est plus modeste, et s'appuie seulement sur le *sentiment*. Que tous ceux qui ont conservé dans la civilisation l'amour et la curiosité du *naturel*, enfoui trop profondément au sein de nos cœurs, lisent et chantent, et son public sera trouvé.

Madame de Sévigné parle de cette chanson, qu'elle avait entendue dans une noce. Dans le Poitou et la Vendée il en existe des variantes, non pas seulement dans le patois, mais dans la musique. Je connais les variantes musicales : aucune d'elles n'est aussi satisfaisante que la mélodie de ce recueil. Jean-Jacques Rousseau, qui se connaissait en mélodies touchantes, disait de ce genre de musique : « Les airs ne sont pas piquants, mais ils ont je ne sais quoi d'antique et de doux qui touche à la longue.... Ils sont simples, naïfs, souvent *tristes;* ils plaisent pourtant. » Il est difficile de mieux rendre le caractère de la musique populaire. La *Chanson de la mariée* se chante naturellement aux noces de campagne : au sortir de l'église, la première émotion passée, tout le monde est joyeux, mariés et invités. Le maire a fait un discours à ses deux administrés sur les devoirs du mariage; le prêtre a béni les époux et leur a rappelé leurs sentiments religieux. En Normandie on ne penserait qu'à se mettre à table et à boire. En Bretagne tout n'est pas terminé.

Les invités se rangent en ligne; une chaise est apportée à la mariée, et une jeune fille lui chante les couplets où sont inscrits à chaque vers ses devoirs de ménage, les soins qu'elle doit au bétail, aux enfants, à Dieu, et son renoncement aux fêtes et aux plaisirs.

Le mariage, c'est la liberté.

Ainsi le pensent toutes les jeunes filles des villes. Dans le *oui* conjugal, combien ne rêvent que cachemires, bijoux, diamants, fêtes et liberté dans le monde!

Il s'est produit depuis près d'un siècle une coterie de folles qui ont écrit le mot *liberté* au dos du code conjugal. Le dernier des paysans avait plus de bon sens que le club des femmes. Il a dit à sa *compagne :* « Tu resteras à la maison, tu élèveras les enfants et tu gagneras ton pain, comme moi, à la sueur de ton front. »

La leçon de la chanson bretonne est nette et positive; mais elle se termine par une belle pensée, si doucement philosophique, que le caractère de la chanson en devient plutôt mélancolique; celle que nous publions se dénoue plus joyeusement. Ainsi qu'aux enfants, à qui on fait une *risette* pour leur faire oublier un reproche, le poëte a terminé par une tartine de miel.

    Monsieur le marié,
    La mariée s'afflige;
    Pour la reconsoler,
    Il faudrait l'embrasser.

La ballade des jeunes filles de Quimperlé est d'un tout autre caractère. Mon ami Schann' me l'a rapportée d'un voyage qu'il fit en Bretagne; il la nota sous la dictée des jeunes filles, et elle contient également sa moralité, mais moins morale.

Elle aurait été composée par une femme, qu'elle ne peindrait pas mieux les réels sentiments de beaucoup d'entre elles.

Ayant à choisir entre un jeune ou un vieux mari, la jeune fille prend le vieux. Tel est le début significatif. Mais combien de désirs se cachent sous ce singulier mariage! Il n'est guère question d'amour ni d'amitié; la jeune mariée espère que son vieil époux *crèvera* bientôt. Le mot y est dans toute sa crudité. Elle ira *vendre sa peau à Paris.* Ah! vieux célibataires qui vous mariez trop tard, lisez et relisez sans cesse les proverbes, les conteurs gaulois, écoutez les rondes des jeunes filles quand de leur voix claire, en se tenant par la main avec des mouvements de chattes, elles chantent en plein air des ballades! Votre argent seul les attire : toutes elles rêvent à ce *jeune et joli* (garçon sous-entendu) qui termine la ronde.

Ici la femme se trahit : un secret sentiment de révolte s'agite en elle. Elle aime les beaux garçons, mais ce beau garçon la ferait travailler rudement. Ce n'est pas absolument son idéal. Avant tout elle veut de l'argent dans le ménage, et quand elle aura vendu assez cher la peau de son vieux mari, elle viendra retrouver le beau garçon et l'épousera.

Comme on l'a dit : il y a différentes morales.

                 CHAMPFLEURY.

A NANT'S, A NANT'S EST ARRIVÉ.

MUSIQUE RECUEILLIE ET TRANSCRITE AVEC PIANO PAR J. B. WEKERLIN.

A NANT'S, A NANT'S EST ARRIVÉ.

A Nant's, à Nant's est arrivé,
Saute, blonde, et lève le pied,
Trois beaux navir's chargés de blé;
Saute, blonde, ma joli' blonde,
Saute, blonde, et lève le pied.

Trois beaux navir's chargés de blé,
Saute, blonde, et lève le pied;
Trois dam's s'en vont les marchander;
Saute, blonde, ma joli' blonde,
Saute, blonde, et lève le pied.

Trois dam's s'en vont les marchander,
Saute, blonde, et lève le pied;
Beau marinier, combien ton blé?
Saute, blonde, ma joli' blonde,
Saute, blonde, et lève le pied.

Beau marinier, combien ton blé?
Saute, blonde, et lève le pied,
Je le vends six francs le demay;
Saute, blonde, ma joli' blonde,
Saute, blonde, et lève le pied.

Je le vends six francs le demay,
Saute, blonde, et lève le pied,
Il n'est pas cher, s'il est bon blé;
Saute, blonde, ma joli' blonde,
Saute, blonde, et lève le pied.

Il n'est pas cher, s'il est bon blé,
Saute, blonde, et lève le pied,
Entrez, madam', vous le voirrez;
Saute, blonde, ma joli' blonde,
Saute, blonde, et lève le pied.

Entrez, madam', vous le voirrez,
Saute, blonde, et lève le pied;
Mais quand la dame y fut entré',
Saute, blonde, ma joli' blonde,
Saute, blonde, et lève le pied.

Mais quand la dame y fut entré',
Saute, blonde, et lève le pied,
Le marinier pousse à nager.
Saute, blonde, ma joli' blonde,
Saute, blonde, et lève le pied.

Le marinier pousse à nager,
Saute, blonde, et lève le pied.
« Mets-moi-z-à terr', beau marinier; »
Saute, blonde, ma joli' blonde,
Saute, blonde, et lève le pied.

« Mets-moi-z-à terr', beau marinier, »
Saute, blonde, et lève le pied,
Car j'entends mes enfants crier;
Saute, blonde, ma joli' blonde,
Saute, blonde, et lève le pied.

Car j'entends mes enfants crier,
Saute, blonde, et lève le pied.
Vous mentez, la bell', vous mentez;
Saute, blonde, ma joli' blonde,
Saute, blonde, et lève le pied.

Vous mentez, la bell', vous mentez
Saute, blonde, et lève le pied.
Jamais enfant n'avez porté;
Saute, blonde, ma joli' blonde,
Saute, blonde, et lève le pied.

Jamais enfant n'avez porté;
Saute, blonde, et lève le pied;
S'il plaît à Dieu, vous en aurez,
Saute, blonde, ma joli' blonde,
Saute, blonde, et lève le pied.

S'il plaît à Dieu, vous en aurez,
Saute, blonde, et lève le pied,
Et ce sera d'un marinier;
Saute, blonde, ma joli' blonde,
Saute, blonde, et lève le pied.

Et ce sera d'un marinier.
Saute, blonde, et lève le pied;
Il portera chapeau ciré,
Saute, blonde, ma joli' blonde,
Saute, blonde, et lève le pied.

Il portera chapeau ciré,
Saute, blonde, et lève le pied,
Un épissoir à son côté;
Saute, blonde, ma joli' blonde,
Saute, blonde, et lève le pied.

Un épissoir à son côté,
Saute, blonde, et lève le pied,
Une culotte gondronné';
Saute, blonde, ma joli' blonde,
Saute, blonde, et lève le pied.

ROSSIGNOLET DES BOIS.

Rossignolet des bois,
Rossignolet sauvage,
Rossignol par amour
Qui chante nuit et jour,
Il dit dedans son chant,
Dans son joli langage :
Filles, mariez-vous,
Le mariage est si doux !
Il y en a de bein doux,
Il y en a de bein rudes.
Il y en a de bein doux,
Je crois que c'est pour vous.

Vous n'irez plus au bal,
Madam' la mariée,
Vous gard'rez la maison,
A bercer le poupon.
Adieu châteaux brillants,
La liberté des filles ;
Adieu la liberté,
Il n'en faut plus parler ;
Monsieur le marié.
La mariée s'afflige ;
Pour la reconsoler,
Il faudrait l'embrasser.

ROSSIGNOLET DES BOIS.

MUSIQUE RECUEILLIE ET TRANSCRITE AVEC PIANO PAR J. B. WEKERLIN

RONDE DES FILLES DE QUIMPERLÉ.

MUSIQUE RECUEILLIE ET TRANSCRITE AVEC PIANO PAR J. B. WEKERLIN

Mon pèr' m'a donné à choisir, Mon pèr' m'a donné à choisir, D'un vieux ou d'un jeune mari, Tra la la la la la la la la, Tra la la la la pour rire.

D'un vieux ou d'un jeune mari,   (bis.)
Devinez lequelle j'ai pris,
Tra la la la la la la la la,
   Tra la la la la pour rire.

Devinez lequelle j'ai pris;   (bis.)
Le jeun' laissé, le vieux j'ai pris,
Tra la la la la la la la la,
   Tra la la la la pour rire.

Le jeun' laissé, le vieux j'ai pris;   (bis.)
Je voudrais qu'il vienne un édit,
Tra la la la la la la la la,
   Tra la la la la pour rire.

Je voudrais qu'il vienne un édit   (bis.)
D'écorcher tous les vieux maris,
Tra la la la la la la la la,
   Tra la la la la pour rire.

D'écorcher tous les vieux maris,   (bis.)
J'écorcherais le mien aussi,
Tra la la la la la la la la,
   Tra la la la la pour rire.

J'écorcherais le mien aussi,   (bis.)
J'irais vend' sa peau à Paris,
Tra la la la la la la la la,
   Tra la la la la pour rire.

J'irais vend' sa peau à Paris,   (bis.)
Pour retourner dans mon pays,
Tra la la la la la la la la,
   Tra la la la la pour rire.

Pour retourner dans mon pays,   (bis.)
Où je prendrais jeune et joli,
Tra la la la la la la la la,
   Tra la la la la pour rire.

Paris. Typographie Henri Plon, rue Garancière, 8

LORRAINE.

J'Y AI PLANTÉ ROSIER. — MON PÈRE M'ENVOI'-T-A L'HERBE.
LE ROSIER D'ARGENT.

J'ai déjà décrit longuement les réjouissances en l'honneur du mois de mai dans des provinces tout à fait opposées, et j'ai montré que, soit dans l'extrême nord ou dans l'extrême midi de la France, il existe de nombreux points de ressemblance. La Lorraine va fournir un exemple de plus par ses chants populaires des *Trimazos* qui ont fait, font et feront longtemps pâlir plus d'un front d'archéologue. Dans toutes les chansons lorraines de mai, qu'elles soient en français ou en patois, l'*ô Trimazo!* revient à chaque refrain comme une sorte d'invocation qui n'est pas sans rapport avec les refrains des poëtes de l'antiquité.

> O Trimazot, ç'at lo maye,
> O mi-maye,
> Ç'at lo joli mois de maye,
> Ç'at lo Trimazot.

Traduction : « O Trimazo, c'est le mai, ô mi-mai ! c'est le joli mois de mai ! c'est le Trimazo. » Ainsi s'en vont chanter par les villages des groupes de jeunes filles habillées de blanc et couvertes de rubans et de fleurs. D'habitude elles sont trois, une chanteuse et deux danseuses. La jeune fille, suivant la fécondité ou la malignité du poëte du village, chante d'anciennes chansons ou de nouvelles, poétiques ou satiriques, toujours encadrées dans l'éternel refrain du Trimazo cité plus haut. Au refrain, les deux danseuses frappent des mains et sautent avec d'autant plus d'accentuation que le chœur est nombreux, car souvent un chœur d'une douzaine de filles reprend le refrain, laissant à celle qui a le plus de voix la tâche difficile de chanter avec esprit les nombreux couplets.

Le paysan français, naturellement gausseur, a toujours médit des gens du village voisin. Il a l'amour de son clocher; celui qu'on voit poindre à une demi-lieue de là n'abrite, selon lui, que des buveurs, ou des jaloux, ou des avares, ou des coquettes. Dans certaines provinces il en résulte des rencontres et des rixes très-graves entre les garçons; mais dans la Lorraine, tout s'y passe plus malicieusement. Ce sont les filles chargées de chanter en l'honneur du Trimazo qui vont au mois de mai, dans le village voisin, colporter des couplets satiriques contre les gens de l'endroit. Une bande d'autres jeunes filles accepte gaiement cette lutte poétique, et va dans le village d'où sortent leurs voisines colporter des couplets analysant le caractère particulier ou les défauts des habitants. Pendant les longues veillées d'hiver, le poëte de l'endroit a écouté toutes les plaisanteries et les bons mots dirigés contre les gens du village voisin, et il les a ajustés tant bien que mal dans des couplets pour en régaler ses compatriotes et ses adversaires au mois de mai. Des gâteaux, des fruits, des liards, récompensent les chanteuses de l'une et de l'autre bande. Il est fâcheux que cette coutume se perde; sans regretter l'esprit superstitieux et arriéré de l'ancienne France, combien, avec l'instruction, vont s'envoler à jamais de poétiques coutumes comme l'invocation au mois de mai, que l'esprit positif d'aujourd'hui ne remplacera jamais! Au moment où les chansons du Trimazo tendent à disparaître, les archéologues ont recueilli le mot, et déjà ils l'ont accommodé à toutes les sauces. Que veut dire *Trimazo?* De nombreux chirurgiens-étymologistes ont emporté le mot dans leurs amphithéâtres et l'ont disséqué, des chimistes littéraires l'ont analysé, d'autres l'ont pesé. Il en est résulté toutes sortes d'opinions grotesques dont la place n'est pas ici : la plus raisonnable a été de décomposer le mot *tri*, trois, et *mazo* ou *mazette*, fillettes; c'est une étymologie presque sensée, ce qui est rare en étymologie. *Trimazo* voudrait dire trois filles. On a vu que le plus généralement trois filles se réunissaient pour

aller chanter les couplets. M. A. de la Fizelière, qui m'a été très-utile dans cette notice, penche pour cette explication; mais je dois le citer textuellement pour le trait suivant :
« Dans les villages du pays messin où fait encore l'amour sans trop de cérémonie. — Tu me plais, veux-tu de moi? — Oui, non. — Tout est dit. Je me rappelle à ce propos, raconte M. de la Fizelière, qu'un beau garçon de vingt ans, grand coureur de guilledoux, à qui on vantait les plaisirs de la ville, répondit un jour : — Ne me parlez pas de la ville, on ne peut y avoir de femmes qu'à force de grimaces. »

C'est en citant de tels mots qu'on fera connaître le vrai paysan français, net, résolu, marchant droit en affaires (sauf dans les affaires d'intérêt), et traitant la femme et l'amour avec sans-façon.

Si la jeune fille a répondu *oui*, l'affaire s'arrange comme dans certains cantons suisses où le futur passe la nuit couché près de son amie, mais sans porter atteinte à la morale. Stendhal a parlé dans un chapitre de son livre de l'*Amour*. Cette coutume existait également autrefois chez les anabaptistes, dans le canton de Montbéliard. M. de la Fizelière prétend que les entrevues sont souvent fort innocentes : mais ce terrible mot *souvent* indique quelques malheurs. La *blonde*, ainsi les amoureux appellent-ils leur préférée, passe donc la nuit avec le garçon de son choix, qui ne s'est présenté, d'ailleurs, qu'avec le mariage à la bouche. On voit quelquefois une sœur ou une amie partager la couche des amoureux, et la précaution n'est pas mauvaise. L'aventure commence à minuit, à la fenêtre, pour se dénouer au point du jour; quelquefois les garçons viennent de très-loin pour voir leur blonde, et s'en retourner le matin plus amoureux que jamais. Beaucoup de chansons ont célébré cet usage; j'en citerai une recueillie par M. de la Fizelière à Monhy-lez-Metz, et par la colère qui s'empare du père au dénoûment, on juge qu'il a passé dans sa jeunesse par les mêmes aventures, et qu'il ne les trouve pas si innocentes que les jeunes gens voudraient le faire croire.

LE RONDEAU DU JOZON.

Quand le Jozon me venait voir,
Qu'il était encor garçon,
C'était vraiment plaisir de le voir,
Parce qu'il m'embrassait souvent.
Où donc est le pauvre bon temps
D'il y a au moins soixante ans?

C'était vraiment plaisir de le voir,
Parce qu'il m'embrassait souvent :
Une fois il passa par la fenêtre,
Il s'est tout écorché la .... tête.
Où donc est, etc.

Une fois il passa par la fenêtre,
Il s'est tout écorché la .... tête.
Il a voulu fermer la fenêtre,
Il fit du bruit, le diable de bête.
Où donc est, etc.

Il a voulu fermer la fenêtre,
Il fit du bruit, le diable de bête.
Il est venu près de mon lit,
Et s'y est tout aussitôt mis.
Où donc est, etc.

Il est venu près de mon lit,
Et s'y est tout aussitôt mis.
Mon papa y est venu
Avec un brin de fagot.
Où donc est, etc.

Mon papa y est venu
Avec un brin de fagot;
Il a tapé sur le lit,
Sur Jozon et sur Marie.
Où donc est, etc.

Il a tapé sur le lit,
Sur Jozon et sur Marie,
C'est l'Jozon qui l'a l'mieux senti,
Parce qu'il était par-dessus.
Où donc est, etc.

C'est l'Jozon qui l'a l'mieux senti,
Parce qu'il était par-dessus.
Il s'est sauvé devant chez nous,
Sans culotte et sans sabots.
Où donc est, etc.

Il s'est sauvé devant chez nous,
Sans culotte et sans sabots.
Il a eu bien froid dans le dos,
Parce qu'il gelait bien fort.
Où donc est, etc.

Il a eu bien froid dans l'dos,
Parce qu'il gelait bien fort.
Depuis que nous sommes mariés,
Combien de fois me l'a-t-il renouvelé?
Où donc est le pauvre bon temps,
D'il y a au moins soixante ans?

CHAMPFLEURY.

J'Y AI PLANTÉ ROSIER.

MUSIQUE RECUEILLIE ET TRANSCRITE AVEC PIANO PAR J. B. WEKERLIN.

J'Y AI PLANTÉ ROSIER.

J'y ai planté rosier
Mignon, gaillard, joli ;
Je l'ai planté le soir,
Le matin l'a, déra la la,
Le matin l'a repris.

Je l'ai planté le soir,
Le matin l'a repris ;
Je lui ai dit : Rosier,
Tu as bientôt, déra la la,
Tu as bientôt repris.

Je lui ai dit : Rosier,
Tu as bientôt repris.
Ah ! que n'attendais-tu
Le joli mois, déra la la,
Le joli mois d'avril ?

Ah ! que n'attendais-tu
Le joli mois d'avril ?
Que tout y pousse en herb',
Que tout bois, déra la la,
Que tout bois reverdit.

Que tout y pousse en herb',
Que tout bois reverdit ;
Que toutes ces fillett's,
Aient de nouveaux, déra la la,
Aient de nouveaux amis.

Que toutes ces fillett's
Aient de nouveaux amis ;
Je garderai le mien,
Car j'en ai un, déra la la,
Car j'en ai un joli.

Je garderai le mien,
Car j'en ai un joli ;
Il n'est pas dans la Franc',
Ni dans c' pays, déra la la,
Ni dans c' pays ici.

Il n'est pas dans la Franc',
Ni dans c' pays ici ;
Il est en Angleterr',
Son noble roi, déra la la,
Son noble roi servi'.

Il est en Angleterr',
Son noble roi servi',
S'i' n'revient pas bientôt,
Je l'enverrai, déra la la,
Je l'enverrai quéri'.

S'i' n'revient pas bientôt,
Je l'enverrai quéri'
En chaise ou en charrett',
En carillon, déra la la,
En carillon joli.

MON PÈRE M'ENVOI'-T-A L'HERBE.

Mon pèr' m'envoi'-t-à l'herbe,
  Au bois joli,
  Au bois joli;
Je ne cueille point d'herbe,

Je cherche un nid;
  Le serviteur[1] que j'aime
  N'est point ici.

[1] *Serviteur*, dans l'idiome messin, est synonyme d'*amant*, par opposition à *maîtresse*.

MON PÈRE M'ENVOI'-T-A L'HERBE.

MUSIQUE RECUEILLIE ET TRANSCRITE AVEC PIANO PAR J. B. WEKERLIN.

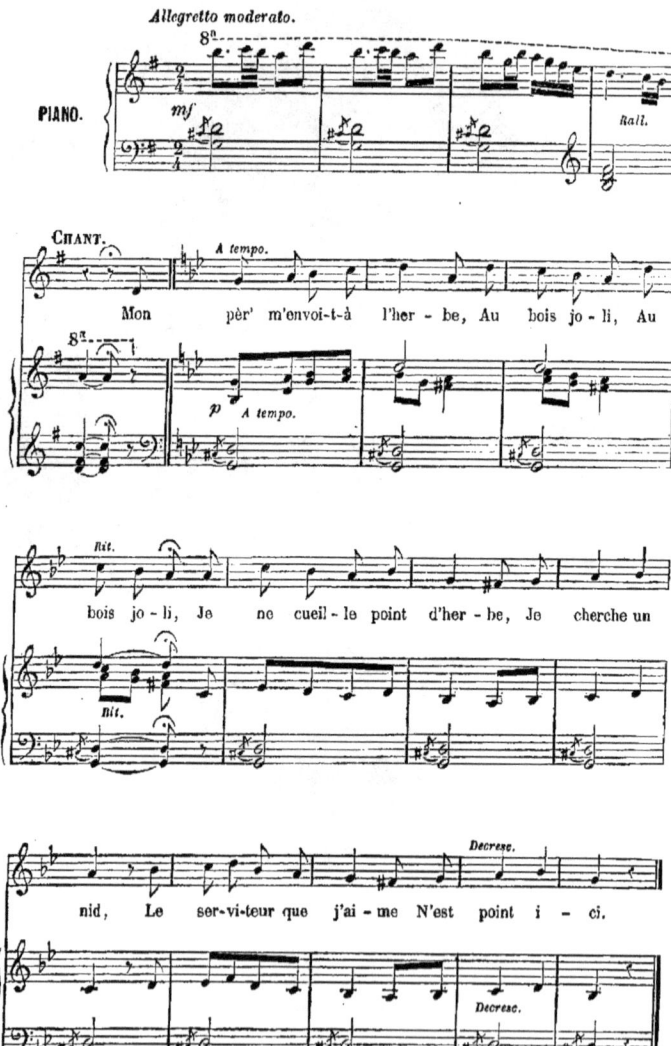

Mon pèr' m'envoi-t-à l'her-be, Au bois jo-li, Au bois jo-li, Je ne cueil-le point d'her-be, Je cherche un nid, Le ser-vi-teur que j'ai-me N'est point i-ci.

Je ne cueille point d'herbe,
   Je cherche un nid,
   Je cherche un nid;
Mettant le pied dans l'herbe,
   J'écrase un nid.
Le serviteur que j'aime
   N'est point ici.

Mettant le pied dans l'herbe,
   J'écrase un nid,
   J'écrase un nid;
« Tout beau, tout beau, mam'zelle,
   » Tu bris' mon nid. »
Le serviteur que j'aime
   N'est point ici.

« Tout beau, tout beau, mam'zelle,
   » Tu bris' mon nid,
   » Tu bris' mon nid. »
« Je ne suis point mam'zelle,
   » J'ai-z-un mari. »
Le serviteur que j'aime
   N'est point ici

Je ne suis point mam'zelle,
   J'ai-z-un mari,
   J'ai-z-un mari;
Et trois enfants sur terre,
   Qui sont de lui.
Le serviteur que j'aime
   N'est point ici.

Et trois enfants sur terre,
   Qui sont de lui,
   Qui sont de lui;
L'un est en Angleterre,
   L'autre à Paris.
Le serviteur que j'aime
   N'est point ici.

L'un est en Angleterre,
   L'autre à Paris,
   L'autre à Paris;
L' troisièm' dessous ma robe,
   Le plus joli;
Le serviteur que j'aime
   N'est point ici.

LE ROSIER D'ARGENT.

MUSIQUE RECUEILLIE ET TRANSCRITE AVEC PIANO PAR J. B. WEKERLIN.

Il est à Paris, ou bien à Orléans ;
Il apprend à faire des anneaux d'argent.
    Où est-il, ce rosier blanc,
    Qui fleurit en boutons d'argent ?

Il apprend à faire des anneaux d'argent ;
Le premier qu'il fit, il m'en a fait présent.
    Où est-il, ce rosier blanc,
    Qui fleurit en boutons d'argent ?

Le premier qu'il fit il m'en a fait présent,
Il m'l'a mis au doigt, il y'est resté sept ans ;
    Où est-il, ce rosier blanc,
    Qui fleurit en boutons d'argent ?

Il m'l'a mis au doigt, il y'est resté sept ans ;
Au bout des sept ans, voilà l'anneau qui fend,
    Où est-il, ce rosier blanc,
    Qui fleurit en boutons d'argent ?

L'anneau est fendu, nos amours sont perdus,
L'anneau est r'soudé, nos amours sont r'trouvés,
    Où est-il, ce rosier blanc,
    Qui fleurit en boutons d'argent ?

Paris. Typographie Henri Plon, rue Garancière, 8.

LYONNAIS.

BELLE, ALLONS NOUS ÉPROMENER.
NOUS ÉTIONS DIX FILLES DANS UN PRÉ. — PINGO LES NOIX.

Il est singulier que les Lyonnais n'aient pas encore étudié la poésie populaire de leur province; la ville de Lyon seule fournirait un volume curieux sur une industrie qui a longtemps défrayé les faiseurs de couplets : les ouvriers de toute sorte, les canuts et le Lyonnais proprement dit, montreraient combien ces chansons ont défrayé les provinces voisines : le Bourbonnais, le Dauphiné. J'avais espéré pouvoir donner une chanson de canut; mais l'ouvrier en soie ne paraît pas porté à la composition musicale; toutes ses chansons sont adaptées à des ponts-neufs, à des airs de vaudevilles; le patois en est presque inexprimable, et les allusions aux termes du métier sont généralement ordurières.

D'ailleurs aujourd'hui le *canut* n'existe plus, c'est-à-dire ce type singulier dont les dessinateurs se sont emparés dans ses habits de fête, et qui nous a valu la création d'un polichinelle particulier, *Guignol*. Dans un récent voyage à Lyon, j'ai visité bien des ateliers de cette redoutable Croix-Rousse d'où l'insurrection est descendue plus d'une fois dans la ville : j'y ai trouvé, même le *lundi*, d'honnêtes ouvriers travaillant au métier, montrant un certain orgueil à expliquer leur industrie, déroulant leurs étoffes brillantes dont le tissage est obtenu avec tant de peine et de soins. Mais le canut n'existe plus. Il chante encore un ancien refrain :

Allons aux Brotteaux, — Ma mie Jeanne, Allons aux Brotteaux, — Car il fait beau. — Nous y mangerons — Une salade, Nous y danserons — Un rigaudon.

Mais déjà sont effacés de sa mémoire ces couplets de la langue *canuse*, dont voici l'échantillon le moins barbare :

> T'iras chez Monsu Champavert,
> Un *battant*[1] il doit nous prêter,
> Et une *ensoupeta de derrière*[2]
> Que tu te feras apporter.
> Quand tu seras, pauvre Tarnette,
> L'épouse du petit Bastien,
> Il n'y aura sur la *banquette*[3]
> Canuse qui ne soit si bien.

D'une énorme collection de chansons que m'a procurées un poëte local, M. J.-B. Coignet, il m'est impossible d'en donner même le sens ; les patois bravent l'honnêteté et semblent un masque qui permet de tout dire; mais la langue française, dans sa clarté merveilleuse, astreint la pensée à une politesse qui gênera considérablement ceux qui devront traiter un jour de la poésie particulière aux canuts :

> Petita cervella,
> Vos n'y pensez pas
> D'être si cruella?
> N'avis gin d'appas;
> Celi que vos aime
> N'est-il pas assez puni
> D'aima una grousa laida
> Sans avay votrou mepris?

C'est encore un couplet qu'on peut citer, mais qui ne donne pas l'idée des chansons de la Croix-Rousse il y a cinquante ans ; et cependant il est important que ce sujet soit étudié.

[1], [2], [3]. Termes de métier des ouvriers en soierie.

L'Académie des sciences morales, qui envoie des membres étudier en France et à l'étranger la question des salaires, trouverait d'utiles renseignements dans la *Chanson sur la révolte des canuts en 1788, qui voulaient avoir deux sous de plus par aune de façon.* Avant la révolution de 1789, les canuts chantaient leurs misères, en 1830 ils se battaient ; cependant dans une complainte de cette époque, entre 1830 et 1840, j'ai trouvé un couplet touchant :

> Ah! songez dans cette salle
> Où s'étale
> Le velours est le damas,
> Que celui qui le travaille
> Sur la paille
> Périt dans un galetas.

Voilà une plainte touchante qui en dit plus dans sa naïveté que tous les travaux des économistes ! En entrant dans ces pauvres chambres où sont installés les métiers, ce couplet me revenait sans cesse à la mémoire ; mais aujourd'hui la propreté est entrée dans le *galetas,* et l'ouvrier y a gagné un peu en bien-être, de même que l'instruction lui a enlevé ce patois canut, dont les vieillards seuls se souviennent.

Le compagnon lyonnais a de la finesse ; je n'en veux pour preuve qu'une certaine chanson railleuse contre les Auvergnats, ses voisins, qui viennent exercer leurs mille industries dans Lyon. Ce sont des maçons en goguette, qui terminent chaque couplet par une sorte d'imitation de la musette :

Chet donc demain la dimanche
Que nous chavons resoulu
De nous mettre quatre ensemble
Pour dispencher un escu.
Nous en fûmes à Villeurbanne [1]
Chez le boulanger Fay,
Celui qui a la renommayé
De faire de chi bon pain bis.
Ah hi hou ha ! ah hi hou ha hia.

Bonjour, madame l'hochtesse :
Voudriez-vous apporter
Une bonn' soupe à la graisse
Et du bon lard fricassé ?
Surtout prenez-y bien garde,
Nous espargnez pas le pain,
Y en faudra pour nous quatre
Cinquante livres le moins !
Ah hi hou ha ! ah hi hou ha hia.

En entrant dedans la chambre,
Nous aperçûmes passer
Notre maistre l'aschitecte,
Nous lui dismes de monster ;
Voyant tant de pain sur table,
Il en parus estonné,
Nous lui dîmes que pour nous quatre
Y en faudrait un' fournée !
Ah hi hou ha ! ah hi hou ha hia.

Puis nous nous somm's mis à table
Et nous nous somm's resgalés
Autant qu'nous estions capables,
Même à nous estrangouiller

Et quoiqu'il eût la colique,
Nostre bon ami Gaspard
Nous a chanté le cantique
Du grand bon saint Lienard.
Ah hi hou ha ! ah hi hou ha hia.

Après avoir bu la goutte,
Nous sont partis pour Lyon,
Nous ons rencontrés en route
Trois chapeliers bons lurons.
Ils nous ont cherché dispute,
Nous leurs avons répondus ;
Nous nous sommes mis en butte
Et nous les avons battus.
Ah hi hou ha, ah hi hou ha hia.

Passant près d'oun corps de garde,
Ont voulu nous arrester,
Nous disant : Chers camarades,
En prison il faut aller ;
Mais nous qu'avions fait ribotte,
Et qu'étions des entêtés,
Nous avons battu le poste
Et nous nous somm's escannés [2].
Ah hi hou ha ! ah hi hou ha hia.

Arrivés à la Croix-Blanche,
Il fallut nous séparer,
Promettant que l'austre dimanche
Nous faudrait recommencher ;
Au revoir, chers camarades,
Et surtout n'oublions pas
Qu'il nous faut bien prendre garde
De ne pas nous fouchtre en bas.
Ah hi hou ha ! ah hi hou ha hia.

CHAMPFLEURY.

[1] Petit village à une demi-heure de Lyon.
[2] Enfuis.

BELLE, ALLONS NOUS ÉPROMENER.

MUSIQUE RECUEILLIE ET TRANSCRITE AVEC PIANO PAR J. B. WEKERLIN.

BELLE, ALLONS NOUS ÉPROMENER.

Belle, allons nous épromener
Tout le long de la mer courante[1];
Belle, allons-y, allons-y donc,
Tous les plaisirs nous y prendrons.

La bell' n'en fut pas aussitôt,
Qu'elle lui demande à boire;
Avant de boire ce vin blanc,
Belle, faut couler votre sang.

D'hébillez-moi[2], déchaussez-moi,
Mon beau galant, je vous en prie.
Le beau galant tir' son soulier,
La belle avance un coup de pied.

Le beau galant tombe dans l'eau,
Et se retient par une branche,
La belle tire son couteau
N'a coupé la branche dans l'eau.

Mangez, anguill's, mangez, poissons,
Mangez la chair de cette bête,
Mangez, anguill's, mangez, poissons,
Mangez la chair de ce lavreau[3].

Le noyé surnageant.

Belle, qui vous emmènera
Dans le château de votre père?
Sera pas toi, mauvais baron,
Que les poissons t'y mangeront.

Ah! vogue, vogue, marinier,
Mèn'-moi au château de mon père;
Ah! vogue, vogue, marinier,
J'ai cent écus à te donner.

[1] Rivière large et rapide. — [2] Déshabillez-moi. — [3] Terme de mépris.

NOUS ÉTIONS DIX FILLES DANS UN PRÉ.

Nous étions dix fill's dans un pré,
Tout's les dix à marier,
Y avoit Dine, y avoit Chine.
Y avoit Claudine et Martine ;
  Ah! ah!
Cath'rinette et Cath'rina,
Y avoit la belle Suzon,
La duchess' de Montbazon,
 Y avoit Madelaine,
 Il y avoit la du Maine.

Le fils du roi vint à passer,
L'fils du roi vint à passer,
　　Salua Dine,
　　Salua Chine,
Salua Claudine et Martine,
　　　Ah ! ah !
Cath'rinette et Cath'rina ;
Salua la belle Suzon,
La duchess' de Montbazon,
　　Salua Madelaine,
Embrassa la du Maine.

A toutes il fit un cadeau,
A tout's il fit un cadeau,
　　Bague à Dine,
　　Bague à Chine,
Bague à Claudine et Martine,
　　　Ah ! ah !
Cath'rinette et Cath'rina ;
Bague à la belle Suzon,
La duchess' de Montbazon,
　　Bague à Madelaine,
Diamants à la du Maine.

Puis il leur offrit à coucher,
Il leur offrit à coucher :
　　Paille à Dine,
　　Paille à Chine,
Paille à Claudine et Martine,
　　　Ah ! ah !
Cath'rinette et Cath'rina ;
Paille à la belle Suzon,
La duchess' de Montbazon,
　　Paille à Madelaine,
Beau lit à la du Maine.

Puis toutes il les renvoya,
Toutes il les renvoya,
　　Chassa Dine,
　　Chassa Chine,
Chassa Claudine et Martine,
　　　Ah ! ah !
Cath'rinette et Cath'rina,
Chassa la belle Suzon,
La duchess' de Montbazon,
　　Chassa Madelaine,
Et garda la du Maine.

PINGO LES NOIX.

MUSIQUE RECUEILLIE ET TRANSCRITE AVEC PIANO PAR J. B. WEKERLIN.

Pour les chasser m'en fus au bois,
Pingui pingo, pingo les noix,
Ils sont partis en tapinois,
Bibelin bibelo, popo la guénago,
Pingui pingo,
Pingo la guénago, pingo les noix.

Ne courez jamais dans le bois,
Pingui pingo, pingo les noix,
Après deux lièvres à la fois,
Bibelin bibelo, popo la guénago,
Pingui pingo,
Pingo la guénago, pingo les noix.

Paris. Typographie Henri Plon, rue Garancière, 8.

ORLÉANAIS.

LES FILLES DE CERNOIS. — LE PIOCHEUR DE TERRE.
LES CLOCHES.

Il est un coin de l'Orléanais bien particulier, la Sologne, pays de fièvre, où le sol est plus dur à cultiver qu'ailleurs. Et cependant le paysan chante comme dans la florissante Normandie, et ses chansons ne sentent pas la fièvre. C'est un singulier peuple que le Solognot, dont le nom a quelque chose de triste et de résigné. On peut encore en parler aujourd'hui, car beaucoup ont connu les misères de ce peuple; mais grâce aux progrès qu'a faits l'agriculture, la Sologne défrichée tiendra bientôt son rang au milieu des riches plaines de la France, et toutes lamentations à cet égard seraient inutiles.

En Sologne on se divertit comme ailleurs aux jours de fête, et on m'a conté qu'à une certaine fête de village, dans un cabaret, les filles s'étaient séparées des garçons pour se réunir dans une salle voisine. Les deux sexes s'étaient-ils disjoints exprès pour composer une chanson? Je ne saurais le dire au juste. Toujours est-il qu'à un moment donné les garçons ouvraient la porte de communication, et l'un d'eux s'avançait et chantait un couplet sur les filles : celles-ci répondaient un couplet improvisé immédiatement contre les garçons. Le troisième couplet était consacré à se moquer des filles, le quatrième des garçons, et ainsi de suite.

Il en est au village comme à la ville : toujours on dissertera sur l'homme et la femme : s'il y a quelques esprits masculins, modérés et éclectiques qui prennent la défense des femmes, tandis qu'au contraire certaines femmes plus audacieuses tournent leurs armes contre elles-mêmes, chaque sexe a toujours été fier de ses apanages et a cherché à rabaisser l'autre au profit du sien. Depuis les législateurs de l'Inde la discussion se continue, s'appuyant sur l'alchimie, sur la théologie, sur la physiologie, suivant la mode du moment : nous n'en sommes pas plus avancés.

L'homme reste homme et la femme reste femme.

Il était curieux de montrer la même discussion au village, avec cet avantage pour les paysans solognots qu'ils la rendent plus gaie en la recouvrant de poésie et de musique. J'ai montré dans la préface la méthode des compositeurs populaires, car dans tout art si naïf qu'il soit, il y a une sorte de *méthode*. Si j'avais pu recueillir la chanson moitié contre les filles moitié contre les garçons, il me serait facile de prouver de quels jalons particuliers se servent les improvisateurs de ces chansons; malheureusement la personne qui me communique le récit de la fête à laquelle elle a assisté, n'a pu noter ni les paroles ni la musique qui sortaient de ce cabaret.

L'art populaire d'Épinal a répandu le goût de ces dissensions entre l'homme et la femme. Qui ne s'est arrêté devant ces symboliques gravures sorties de l'imprimerie d'Épinal et dont le vif coloris tire l'œil? Là ce sont des hommes menés au moulin par les femmes : les hommes sont jetés sans gêne entre les meules pour être broyés afin de devenir meilleurs, et les femmes sont conduites au forgeron pour être battues sur l'enclume afin d'en sortir plus souples.

Ces réflexions sur la nature de la femme et sur le rôle qu'il convient à l'homme de tenir envers elle, sont inscrites si vivement dans l'esprit du paysan, qu'un homme qui fut célèbre un moment par suite d'une accusation capitale, le père Villet, un des plus grands comédiens que j'aie vus, oublia au tribunal et le danger qu'il courait et la feinte surdité que depuis huit jours il montrait en pleines assises, à Laon, lors du procès Lemaire, pour s'écrier tout à coup :

— « Un homme qui bat sa femme, c'est comme celui qui frappe sur un sac de farine, le bon sort, le mauvais reste. »

Si un homme qui se sent coupable, dont la tête est menacée, ne résiste pas à l'envie de prouver sa finesse par une image empruntée aux choses qui le frappent journellement, on pense combien doit être grande cette préoccupation dans l'esprit d'un paysan libre, vaquant à ses affaires, conduisant une voiture de fermier, labourant ou récoltant ses fruits. Il est occupé matériellement; mais quand l'intérêt ne l'emporte pas, il peut réfléchir à beaucoup de choses, et la femme, quoique son rôle soit d'un degré plus inférieur au village qu'à la ville, apparaît avec l'éducation qu'il convient de lui donner en ménage. C'est ce qui explique la chanson que chantaient au cabaret les Solognots en dénigrant le sexe opposé.

L'art populaire, la gravure, n'a pas peu contribué à entretenir les idées entre lesquelles marchent en tête le souvenir des grands hommes (Napoléon Ier), la légende populaire (le Juif errant), la complainte (Pythias et Damon), et la reproduction de la beauté sous toutes ses formes, ainsi que de l'amour au sérieux comme au grotesque (Héloïse et Abailard), et la forge et le moulin dont je parlais tout à l'heure.

Avec la faïence peinte qui s'étale sur le dressoir, cette imagerie semble former tout l'art pour le paysan; mais il en est un autre qui lui parle plus directement et plus profondément. La chanson réjouit son oreille et son cœur, quand elle ne l'attendrit pas. Le paysan préfère celle qui le réjouit. Il a assez de tracasseries et de misères avec sa terre, pour ne pas chercher dans l'art un peu de cet étourdissement qu'il trouve au fond de la bouteille.

La véritable chanson populaire est celle qui ressemble aux assiettes à coqs et aux culs-minures des gravures à un sou. Aussi malheureusement suis-je obligé de supprimer beaucoup de ces poésies, trop salées pour nos oreilles timides. Ce seraient certainement les plus gaies du recueil actuel, mais les curés y vont trop dans les bois « cueillir la noisette »; et les gaudrioles un peu décolletées que les jeunes filles chantent innocemment en chœur sans en approfondir le sens, sont passées de nos mœurs. C'était pourtant l'art correspondant à la faïence et à l'imagerie.

Les chansons de Sologne que nous publions aujourd'hui ont ce caractère bien particulier. La poésie n'en est pas des plus fines, mais elle a son accent net, précis, et pour la première fois, dans l'énorme quantité de chansons que nous avons recueillies pour choisir les plus caractéristiques, une industrie nouvelle qui a été la terreur du paysan, apparaît, présentée même avec une habileté de dramaturge. Le dénoûment de la chanson du *Piocheur de terre*, un esprit rompu à tous les artifices de l'art ne l'eût pas trouvé si imprévu.

Mais à quoi bon commenter ces chansons! Si celui qui la chante, si ceux qui l'écoutent, n'en sont pas frappés, c'est que le *sentiment* leur manque, et je ne saurais démontrer le sentiment.

CHAMPFLEURY.

LES FILLES DE CERNOIS.

C'est les fill's de Cernois,
Grand Dieu! qu'ell's sont donc fièrdes!
Elles s'en vont le soir après souper,
Pour faire un tour en vill',
Pour voir leur bien-aimé.

Le beau galant s'en va
A la port' de la belle :
La bell', la belle, ouvrez, si vous m'aimez ;
Vous êt's à la chaleur,
Et moi à la fraîcheur.

Je n'ouvre pas ma port',
Au quart il n'est point l'heure.
Vous reviendrez sur les onze heur's, minuit,
Papa sera couché,
Maman bien endormi'.

Le beau galant s'en va
Trouver ses camarades :
Chers camarad's, que j'ai le cœur content ;
Je viens de voir ma mi',
Son cœur ell' m'a promis!

La bell', qu'était pas loin,
Qu'entendait ces paroles :
Vierge Marie, empêchez-moi d'aimer
Tous ces garçons trompeurs
Qui veul'nt avoir mon cœur.

LE PIOCHEUR DE TERRE.

(SOLOGNE).

LE PIOCHEUR DE TERRE.

MUSIQUE RECUEILLIE ET TRANSCRITE AVEC PIANO PAR J. B. WEKERLIN.

— Oh! va, ma fill', que penses-tu ?
  C'est un piocheur de terre !
Nous qui n'avons que toi d'enfant,
Nous te marierons richement ;
Tu seras grosse fermière.   } (bis.)

Grosse fermièr' m'appartient pas,
  Je n' suis pas assez riche ;
J'aimerais mieux mon cœur placé
Avec un jeune terrassier,
Quoiqu'il sera piocheur de terre.   } (bis.)

Eh bien, ma fill', nous écrirons
  L'entrepreneur de route ;
Qu'il te choisisse un terrassier,
Pour qu'il soit parfait à ton gré,
Tout le long de la rivière.   } (bis.)

L'entrepreneur a répondu
  Une triste nouvelle :
Les chantiers sont finis partout,
Les terrassiers s'en vont tertous ;
Adieu donc, belle lingière,   } (bis.)

Qu'en a composé la chanson ?
  C'est trois piocheurs de terre ;
Étant buvant au cabaret ;
La maîtresse les écoutait,
En parlant du chemin de fère.   } (bis.)

PROVENCE ET COMTAT D'AVIGNON.

SUR LA MONTAGNE, MA MÈRE.

SIRVENTE CONTRE GUY, SEIGNEUR DE CAVAILLON. — BONHOMME, BONHOMME.

Il y a quelques années, une troupe de mimes anglais, qui débuta à Paris sans succès, me causa une des plus vives joies que j'aie jamais éprouvées à la représentation d'un ballet. Au milieu d'un paysage pittoresque un grand mât était dressé, bariolé et semblable à nos mâts de réjouissances publiques où sont suspendus des montres, des timbales, des couverts d'argent et des pâtés. La bande turbulente, Arlequin, Clown, Polichinelle, Cassandre, Colombine, n'eut pas plutôt aperçu ce mât qu'elle s'empara des rubans qui pendaient au-dessous de la couronne suspendue. Alors eut lieu une ronde frénétique entremêlée de grimaces, de cris, de chants, comme seuls savent en pousser les Anglais dans la pantomime : la bande tournait autour du mât en croisant les longs rubans de couleur différente, toujours en sautant, en dansant, en criant, et les rubans se disposaient en losanges, en cœurs, en grecques, en ronds, en mille dessins variés de forme et de couleurs. Je m'enthousiasmai tellement pour cette danse *anglaise*, que je l'allai revoir cinq fois de suite. Hélas ! plus nous allons et plus nous nous apercevons que nous ne savons rien. Cette danse si caractéristiquement *anglaise*, était une danse provençale. Je l'aurais volontiers appelée la danse du *porter*, et c'est la danse de l'*olivette*, aujourd'hui presque entièrement perdue.

On ne la danse plus guère que dans quelques contrées du littoral de la Méditerranée, et notamment à Signes, bourg considérable situé sur le revers de la fameuse montagne de la Sainte-Baume, à six lieues de Marseille. A Signes, siégeait autrefois une cour d'amour.

Il faut assister aux fêtes patronales des villages de la Provence, que les habitants appellent des *trins*, des *roumavagis* ou des *roumeiragis*, pour sentir la gaîté vive qui les anime. Ces fêtes sont annoncées la veille, et même plusieurs jours d'avance, par le son du galoubet et du tambourin.

La danse des olivettes s'exécute au son du tambourin et du galoubet, pendant les fêtes dont nous venons de parler. Une longue perche ornée de rubans de différentes couleurs est tenue par un homme, autour duquel se groupent autant de danseurs qu'il y a de rubans. Chaque danseur porte un pourpoint ou gilet étroit, et une culotte large et à grands plis, comme chez les peuples du Levant. La culotte, le gilet et les souliers, blancs, sont également enrubannés.

A mesure qu'un ruban tombe du haut du mai, un des danseurs le prend ; il le tient d'abord de la main droite, puis de la gauche, tant que la danse dure ; et la danse ne finit que lorsque tous les rubans ont été, l'un après l'autre, tressés autour du mai et délacés en cadence. La danse se compose donc de deux parties : dans la première, tous les danseurs se tiennent en rond et se balancent à droite et à gauche ; puis chacun d'eux passe successivement face à face et dos à dos contre tous les autres. Les figures de la première partie ne se terminent que lorsque tous les rubans se trouvent entièrement tressés, et forment une espèce de losange où toutes les couleurs sont bien marquées. Dans la seconde partie, on danse en sens inverse, et l'on suit une marche tout à fait contraire à celle de la première; c'est ainsi que la tresse de rubans se déroule insensiblement et finit par se détacher tout à fait. Cette danse demande une grande attention, car la moindre inadvertance empêcherait le délacement.

A défaut d'une notice spéciale, quelques lignes devaient être réservées au Comtat d'Avignon dont la capitale a été chantée dans presque toute l'Europe. Les archéologues ne sont pas souvent satisfaisants dans leurs théories sur les faits et sur leur immense popularité. Comment expliquer pourquoi le *Pont d'Avignon* a servi de motif de chanson à tous les enfants qui sautent? Voilà le difficile. Un homme de beaucoup d'esprit et de science m'a pourtant donné la solution du problème qui me tracassait. Le pont d'Avignon fut construit entre le onzième et le douzième siècle, et il émerveilla tellement les esprits que la chanson s'en répandit dans toute l'Europe :

> Sur le pont d'Avignon,
> Belle Rose (*bis*), a fait Samson.
> Belle, entrez dans la danse,
> Regardez comme l'on danse,
> Faites un tour, demi-tour,
> Embrassez tous vos amours.

Certainement ce texte n'est pas le texte primitif; mais, content de l'interprétation, je céderai aux archéologues méridionaux l'honneur de retrouver le premier texte, les laissant se perdre dans les nombreuses variantes qui en ont été faites en France et à l'étranger, car aujourd'hui encore dans la Suisse vaudoise on chante :

> Sur le pont d'Avignon,
> J'ai ouï chanter la belle....

Je ne veux pas quitter Avignon sans donner le texte, la musique et la traduction d'une chanson très-ancienne, chantée par les enfants quand il pleut. Ce petit thème naïf et sauvage (il est composé de deux notes) finit par une quinte, et il n'offrira certainement rien d'attrayant aux chanteurs de romance; mais en le comparant aux mélodies primitives des anciens, aux chants des peuplades barbares, on sera frappé de l'accent uniforme qui fait que l'enfant et le sauvage s'expriment presque identiquement dans leurs manifestations de chant, alors que la civilisation n'a pas encore posé sa griffe sur leurs sentiments.

Il pleut, il pleut, la poule monte sur la roche, de la roche sur le banc, fait un œuf tout blanc, ainsi chantent les enfants d'Avignon.

Ah! l'aronde, vole, vole, vole, chantent ceux de Bourges.

L'enfant s'occupe plus que l'homme des choses de la nature.

CHAMPFLEURY.

SUR LA MONTAGNE, MA MÈRE.

MUSIQUE RECUEILLIE ET TRANSCRITE AVEC PIANO PAR J. B. WEKERLIN.

SUR LA MONTAGNE, MA MÈRE.

Sur la montagne, ma mère,
Sur la montagne, sur la montagne,
J'entends le violon, ma mère ;
Sur la montagne j'entends le violon.

S'il joue encore, ma mère,
S'il joue encore, s'il joue encore,
Je peux aller danser, ma mère ;
S'il joue encore je peux aller danser.

Mais si tu danses, ma fille,
Mais si tu danses, mais si tu danses,
Ton mari te battra, ma fille ;
Mais si tu danses, ton mari te battra.

S'i' m' bat, qu'i' m' batte, ma mère,
S'i' m' bat, qu'i' m' batte, s'i' m' bat, qu'i' m' batte,
Je saurai me r'tourner, ma mère ;
S'i' m' bat, qu'i' m' batte, je saurai me r'tourner.

Si tu te r'tournes, ma fille,
Si tu te r'tournes, si tu te r'tournes,
L'âne courra après, ma fille ;
Si tu te r'tournes, l'âne courra après.

S'il court, qu'il coure, ma mère,
S'il court, qu'il coure, s'il court, qu'il coure,
Papa l'arrêtera, ma mère ;
S'il court, qu'il coure, papa l'arrêtera[1].

[1] Dans le midi de la France, *faire courir l'âne* c'est faire monter sur un âne, la tête tournée du côté de la queue de l'animal, l'homme qui a été battu par sa femme. Il ne descend de sa monture que lorsqu'un homme qui a déjà *couru l'âne* le délivre en arrêtant la bête.

SIRVENTE CONTRE GUY.

Qui donc m'achètera
Ces peaux de chat, de bique, de lièvre?
Ah! qui donc les prendra,
Ces peaux de chien, de bique, de chat?
Quand tu te marieras,
Avis's qui tu prendras : } (bis.)
La prenant jeune,
Le coucou chantera;
La prenant vieille,
Aura déjà chanté.
Laire, laire lan la lau laire,
Lau laire, laire landerira.

SIRVENTE CONTRE GUY.

MUSIQUE RECUEILLIE ET TRANSCRITE AVEC PIANO PAR J. B. WEKERLIN.

Les filles d'Avignon,
Sont comme les melons, } (bis.)
Sur cent cinquante,
N'y'en a pas un de mûr;

La plus charmante,
N'a pas le cœur bien sûr.
Laire, laire lan la lan laire,
Lan laire, laire landerira.
Qui donc m'achètera, etc.

BONHOMME, BONHOMME.
MUSIQUE RECUEILLIE ET TRANSCRITE AVEC PIANO PAR J. B. WEKERLIN.

Bonhomme, qué sabéz tou tzouga,
Bonhomme, qué sabéz tou tzouga.
Sabé tzouga dé la bioulouna :
　Et tzoung, tzoung, tzoung,
　Dé la bioulouna :
　　Bonhomme, etc.

Bonhomme qué sabéz tou tzouga,
Bonhomme, qué sabéz tou tzouga.
Sabé tzouga dé la floutouta,
　Et flou flou flou,
　Dé la floutouta.
　　Bonhomme, etc.

ILE-DE-FRANCE.

GERMINE. — LA CHANSON DE L'AVEINE. — SI LE ROI M'AVAIT DONNÉ.

Je ne puis écrire le nom de cette province sans qu'aussitôt le souvenir de Gérard ne me revienne. Pauvre Gérard! Il en savait long des chansons populaires, et il m'en a chanté quelquefois d'une voix douce, pendant que nous étions dans un coin de café à deviser tranquillement. Par sa tournure d'esprit, Gérard était peut-être un des hommes les mieux disposés à diriger une publication des chansons populaires provinciales. Il en a souvent parlé dans ses livres, non pas en archéologue, mais en artiste qui en comprend le charme, qui s'y laisse bercer, et qui revoit sa jeunesse à travers une chanson de nourrice.

Dans la *Bohème galante* Gérard m'a fourni l'idée d'un recueil qu'il ne devait pas voir; il dédaignait le côté historique, pour s'appuyer sur le pur sentiment.

Je crois le rencontrer encore lorsqu'il partait tout à coup pour Senlis, ou pour Pontoise, ou pour Soissons; c'étaient de bien petits voyages, mais le hasard et son *humeur* savaient les allonger et faire que la ligne droite des grandes routes se changeait tout à coup, exprès pour lui, en une route semée d'imprévus qui aboutissaient quelquefois à la prison.

Quand Gérard partait pour Creil ou pour Melun, il était rare qu'on n'entendît pas raconter quelques jours après qu'il avait été conduit de brigade en brigade par la gendarmerie; ce qui, dans notre époque si réglée, demande une explication. Un peu comme Don Quichotte, Gérard allait dans l'Ile-de-France, son pays natal, à la recherche d'un vieux livre, d'un paysage, d'une vieille chanson.

« Fatigué des querelles vaines et des stériles agitations de Paris, écrit-il, je me repose en revoyant ces campagnes si vertes et si fécondes; — je reprends des forces sur cette terre maternelle. »

Dans ces dernières lignes surtout se voient les préoccupations de Gérard, qui, à mesure qu'il sentait son esprit s'envoler, essayait de le ramener à son premier état d'innocence et de simplicité. Aussi c'est à *la France* qu'il devait ses meilleurs chapitres, car par là *la France* est limitée par la Picardie et la Champagne. J'ai vu souvent des moissonneurs traverser la ville de Laon; ils allaient à *la France*, disaient-ils, c'est-à-dire offrir leurs bras dans les riches campagnes environnantes.

Les lecteurs qui aiment le *naturel* n'ont pas oublié les fameuses recherches bibliographiques de Gérard dans le Soissonnais : il avait renoncé à vivre tant qu'il ne posséderait pas un certain volume contenant l'histoire de l'abbé Du Bucquoy, et par un de ces événements qui n'arrivent qu'aux humoristes, le volume qu'il poursuivait dans les bibliothèques de Soissons se vendait tout à coup dans une vente aux enchères à Paris.

Je ne m'étendrais pas si longuement sur Gérard, s'il n'avait été un des premiers en France à traiter de la chanson populaire et plus particulièrement de celles relatives à l'Ile-de-France, et je n'ai pas attendu sa mort pour lui rendre justice. Dans une *Lettre adressée en 1853 à M. Ampère, touchant la poésie populaire* : « Je crois, monsieur, disais-je, au bon sens, au zèle, à l'intelligence des membres du comité, mais je crains qu'ils ne s'inquiètent de leur mission plutôt en archéologues qu'en artistes. Des hommes tels que Gérard de Nerval, qui a donné des échantillons de poésies populaires dans ses livres, Pierre Dupont, dont la musique est fortement nourrie des mélodies de campagne, de tels hommes rendraient certainement des services réels dans l'entreprise actuelle. »

Science et sentiment, Gérard en réunissait la dose nécessaire, si précieuse pour analyser les plus naïves rondes d'enfants. En littérature, il était plutôt *musicien* que *peintre*, qualité fort rare aujourd'hui que nos poètes sont malheureusement plus *peintres* que *musiciens*. C'est une observation sur laquelle on ne saurait trop appuyer, à savoir que la musique est moins dangereuse pour les poètes que la peinture. La musique est un art qui, laissant du vague dans le cerveau, engage l'esprit à voyager *dans le bleu :* au contraire, la peinture, plus précise, laisse des silhouettes, des gestes, des drames tout faits. Et n'a-t-il pas été donné aux grands poëtes Shakspeare, Gœthe, Byron, de donner des sujets aux peintres, tandis que de nos jours beaucoup de poëtes s'en vont chercher leurs inspirations chez Decamps!

Gérard n'était pas de cette école matérialiste. « En sortant de l'église, j'ai pu admirer, sous un rayon de soleil couchant, les vieilles tours des fortifications romaines, à demi démolies et revêtues de lierre. » Voilà le décor de Gérard; ne suffit-il pas? Un groupe de petites filles va l'animer. Assises sur les marches de la porte, les enfants chantent : *Trois filles dedans un pré... — Mon cœur vole! — Mon cœur vole! — Mon cœur vole à votre gré!*

» Je n'étais pas un étranger, mais j'étais ému jusqu'aux larmes en reconnaissant, dans ces petites voix, des intonations, des roulades, des finesses d'accent, autrefois entendues, — et qui, des mères aux filles, se conservent les mêmes... La musique, dans cette contrée, n'a pas été gâtée par l'imitation des opéras parisiens, des romances de salon, ou des mélodies exécutées par les orgues. On en est encore, à Senlis, à la musique du seizième siècle, conservée traditionnellement depuis les Médicis. L'époque de Louis XIV a aussi laissé des traces. Il y a dans les souvenirs des filles de la campagne, des complaintes — d'un mauvais goût ravissant. On trouve là des restes de morceaux d'opéras du seizième siècle peut-être — ou d'oratorios du dix-septième. »

Il est facile maintenant de s'expliquer comment avec de telles idées dans la tête, Gérard se faisait mettre les menottes aux mains. Un peu aventureux de son naturel, partant de Paris un beau matin avec tout son bagage dans sa poche, habillé le plus souvent d'un habit noir qui était bien l'habit d'un poëte, Gérard, en 1855, ne ressemble-t-il pas à La Fontaine qui part à pied de Paris pour Château-Thierry? C'étaient à peu près deux natures analogues pour la distraction et l'insouciance ; mais il a manqué à l'humoriste une madame de la Sablière. Le cœur plein d'une *Sylvie* idéale, il s'en allait sur les routes en chantonnant : *Si j'étais hirondelle, — Que je pusse voler, — Sur votre sein, ma belle, — J'irais me reposer.*

Et, le couplet fini, le voilà entraîné dans un monde de réflexions sur la *pauvreté* de nos rimes modernes si *riches*. La ballade du *Rosier blanc* lui revient en mémoire, et il se demande quelle singulière analogie de tempérament a fait que le poëte allemand, Uhland, ait composé un poëme presque analogue à la complainte de l'Ile-de-France.

Arrivent au loin deux gendarmes à cheval, un féroce bonnet à poil sur la tête, qui examinent d'un œil de défiance Gérard étendu sur le gazon, au soleil, avec un mauvais habit noir râpé. En ce moment il se demande comment la sévère rime française s'arrangerait aujourd'hui de ce couplet :

> La fleur de l'olivier,
> Que vous avez aimée,
> Charmante beauté,
> Et vos beaux yeux charmants
> Que mon cœur aime tant,
> Les faudra-t-il quitter!

— « Votre passe-port? » demande un gendarme. Gérard n'avait jamais de passe-port à vingt lieues de Paris; il n'avait que de la poésie. C'est ce qui explique sa malheureuse fin; mais en prison, pour se distraire, il chantait la fameuse ballade : *Ma fille, il faut changer d'amour, — Ou vous entrerez dans la tour.* — A quoi la demoiselle répondait : *J'aime mieux rester dans la tour, — Mon père, que de changer d'amour.*

Plus tard le duc Loys allait visiter sa fille en prison : *Bonjour, ma fille! comme vous en va?* — *Ma foi, mon père, ça va bien mal; — J'ai les pieds pourris dans la terre, — Et les côtés mangés des vers.*

Gérard, d'habitude, ne pourrissait pas en prison : ses amis de Paris s'empressaient d'envoyer d'honorables renseignements sur son compte. Il sortait de toutes ces aventures gai comme un pinson, et chantait au geôlier étonné : *Ma fille, il faut changer d'amour... — Ou vous resterez dans la tour.* — *J'aime mieux rester dans la tour, — Mon père, que de changer d'amour.*

CHAMPFLEURY.

GERMINE.

MUSIQUE RECUEILLIE ET TRANSCRITE AVEC PIANO PAR J. B. WEKERLIN.

Ah! bonjour donc, fillett', fillett' à marier.
— Je ne suis point fillett', fillett' à marier.
Je ne suis point fillett', fillett' à marier.

Mon pèr' m'a mariée à quinze ans et demi,
V'là aujourd'hui sept ans que j'n'ai vu mon mari,
V'là aujourd'hui sept ans que j'n'ai vu mon mari.

Ah! bonjour donc, Madam', pouvez-vous nous loger?
— Non, non, mes beaux messieurs, je n' puis pas vous loger.
Car à mon mari je promis fidélité.

Allez à c' beau château que vous voyez d'ici,
Là vous y trouverez un log'ment pour la nuit,
Car c'est là que reste la mèr' de mon mari.

Ah! bonjour donc, Madam', pouvez-vous nous loger?
Oui, oui, mes beaux messieurs, je puis bien vous loger,
Ainsi que pour y boir', pour y boire et manger.

Nous ne voulons ni boir', ni boire et ni manger,
Sans que Germin' vot' fill' vienn' nous accompagner,
Sans que Germin' vot' fill' vienn' nous accompagner.

Ah! bonjour donc, Germine, il y a trois beaux messieurs,
Qui ne veulent ni boir', ni boire et ni manger,
Sans que tu sois, Germine, à les accompagner,

Si n'étiez pas la mèr', la mèr' de mon mari,
Je vous ferais passer à Lyon sur le pont,
Pour vous faire manger par les petits poissons.

La bonn' mèr' s'en retourn', s'en retourne en pleurant :
Mangez, mes beaux messieurs, Germin' n' veut pas venir,
C'est la plus méchant' femm' qu'il y ait dans le pays.

Si vous n'tiez pas la mèr', la mèr' qui m'a nourri,
Je vous ferais passer au fil de mon épé',
D'avoir voulu séduir' Germin', ma bien-aimé'.

Ouvre ta port', Germin', c'est moi qu'est ton mari.
— « Donnez-moi des indic's de la première nuit,
Et par là je croirai que vous ét's mon mari.

— T'en souviens-tu, Germin', de la première nuit?
Où tu étais monté' sur un beau cheval gris,
Placée entre tes frèr's et moi ton favori?

— Donnez-moi des indic's de la deuxième nuit,
Et par là je croirai que vous ét's mon mari,
Et par là je croirai que vous ét's mon mari.

— T'en souviens-tu, Germin', de la deuxième nuit?
En te serrant les doigts ton anneau y cassa,
Tu en as la moitié, et l'autre la voilà. »

Elle app'la la servant' : « Génêt', venez bien vit',
Apprêtez feu et flambe, et fait's un bon repas,
Car voici mon mari que je n'attendais pas.

CHANSON DE L'AVEINE.

Voulez-vous savoir comment, comment
On sème l'aveine ?
Mon père la semait ainsi,
Puis se reposait à demi,
Frappe du pied, puis de la main,
Un petit tour pour son voisin !
Aveine, aveine, aveine,
Que le beau temps t'amène. } (bis)

Voulez-vous savoir comment, comment,
　　On plante l'aveine?
Mon père la plantait ainsi :
Puis se reposait à demi,
Frappe du pied, puis de la main,
Un petit tour pour son voisin !
　　Aveine, aveine, aveine,   ⎫
　　Que le beau temps t'amène.   ⎬ (bis.)

Voulez-vous savoir comment, comment,
　　On coupe l'aveine?
Mon père la coupait ainsi
Puis se reposait à demi,
Frappe du pied, puis de la main,
Un petit tour pour son voisin !
　　Aveine, aveine, aveine,   ⎫
　　Que le beau temps t'amène   ⎬ (bis.)

Voulez-vous savoir comment, comment,
　　On mange l'aveine?
Mon père la mangeait ainsi,
Puis se reposait à demi,
Frappe du pied, puis de la main.
Un petit tour pour son voisin !
　　Aveine, aveine, aveine,   ⎫
　　Que le beau temps t'amène   ⎬ (bis.)

SI LE ROI M'AVAIT DONNÉ.

MUSIQUE RECUEILLIE ET TRANSCRITE AVEC PIANO PAR J. B. WEKERLIN.

Paris, Typographie Henri Plon, rue Garancière, 8.

ROUSSILLON.

J'AI TANT PLEURÉ. — LE CHANGEMENT DE GARNISON.
EN REVENANT DE SAINT-ALBAN.

Je ne me rappelle plus où avoir vu une estampe curieuse de la Révolution, qui représentait la plantation d'un mai dans un village du Roussillon. Cette gravure nette et saisissante comme toutes les gravures de la même époque, restait dans les yeux pour toujours, et aujourd'hui je vois encore, comme si je la regardais, l'image de ce mai auquel pendaient une couronne, une corde et un sabre. Tout d'abord je crus qu'il s'agissait d'un mât de cocagne garni de ses prix; mais la courte légende au bas de l'estampe me remit dans le droit chemin. La couronne servait à l'amoureux triomphant qui avait planté le mai sous la fenêtre de sa belle: par les deux autres objets pendants il montrait le sort qui l'attendait si son amour était repoussé. La corde était le symbole du monacat et le sabre représentait la vie du soldat. Toute cette époque de 89 a été fertile en symboles, à commencer par le tiers état, qui inscrit partout son rébus national, la crosse, l'épée et la bêche, sur les enseignes, sur les tentures, au fond des assiettes. Partout le tiers état s'écrie de sa voix puissante : *Tres in uno*, surmonté du *W. le roy*. Les amoureux du Roussillon obéissaient aussi à cette loi du *tres in uno* : le galant, suivant qu'il était choisi ou repoussé de la belle, s'offrait à devenir son amant heureux ou à oublier son amour au sein d'un cloître ou à combattre pour la patrie.

Le *mai* des autres provinces est plus simple et plus naïf ; d'habitude c'est une simple déclaration. Ici l'amoureux ne se contente pas du *je vous aime* exprimé par la couronne, il indique quel parti violent il prendra si la belle ne partage pas sa flamme; mais, si j'en crois mon expérience, beaucoup de galants ont été repoussés qui ne se sont faits ni soldats ni moines, et qui ont été planter un mai sous la fenêtre d'une autre moins cruelle.

Du reste, il ne faut pas plaindre seulement les garçons, et si on pouvait ramasser toutes les chansons qui ont été faites sur les amours malheureuses, on en trouverait certainement autant en faveur des filles trahies que de celles ingrates. *J'ai tant pleuré* est un des types de chansons les plus répandues en l'honneur des filles qui ont gardé leur foi. L'amant s'en va à la guerre tout à coup; pensera-t-il toujours à sa Jeannette? Tel est le fond de cette chanson qui m'a poursuivi partout, qui est incontestablement du Roussillon, puisqu'elle nous a été communiquée par le chanteur Lamazou, et que cependant j'ai entendue à Besançon, chantée par une paysanne, et qu'on m'a communiquée dans le Bourbonnais tout récemment. Je vais essayer de donner une explication de ces redites dans des pays si différents. Pourquoi *Manon Lescaut*, une fille du dix-huitième siècle, est-elle devenue tout à coup le type du roman moderne, sinon parce que l'abbé Prévost a su faire vibrer une corde qui résonne dans tous les jeunes cœurs? Manon Lescaut, c'est l'amour à vingt ans, imprévu, spontané, et ne s'inquiétant guère d'où il vient et où il va. Tous les jeunes gens de vingt ans pourraient être des chevaliers Desgrieux, et c'est parce qu'il a su placer dans le cœur de son héros les sentiments de *tous* les jeunes gens de vingt ans, que l'abbé Prévost a écrit un chef-d'œuvre que rien ne peut entamer. Il en est des chansons comme des chefs-d'œuvre; celles qui durent ont leur raison de durée. On retrouve la même dans différentes provinces, parce que les filles de chacune de ces provinces ont senti leur cœur battre en écoutant le compagnon qui revenait au village en chantant : *J'ai tant pleuré*. Aussitôt la mémoire a fait effort pour retenir cette chanson ;

la fille qui la sait la chante tout le jour, ses compagnes la redisent en chœur. Voilà une chanson acclimatée dans le pays, avec des racines solides, arrosées de larmes en pensant au bien-aimé. Toutes les provinces envoient leurs enfants à la guerre, et combien de filles qui endorment leur tristesse en chantant : *J'ai tant pleuré!*

À de rares exceptions, ce sont les hommes qui font les chansons; il y a peu d'exemples de femmes poëtes dans les campagnes. La seule que j'ai rencontrée est une certaine Dorothée qui rendait des oracles en vers au Val-d'Ajol, près Plombières. Les baigneurs ne manquaient pas d'aller rendre visite à cette Dorothée, qui les émerveillait en vrais Parisiens qu'ils étaient. Ils lui parlaient en vulgaire prose, elle se retirait cinq minutes dans sa chambre et leur répondait par un beau compliment en vers.

Je crains toujours quelque supercherie de la part des poëtes; cette Sapho en jupon de laine ne me paraissait pas devoir être possédée de violents sentiments poétiques, et je finis par découvrir qu'elle cachait dans son armoire le maître d'école du Val-d'Ajol qui l'aidait à répondre aux baigneurs en quatrains et en sonnets. Il faut l'extrême civilisation pour créer des femmes poëtes qui ont bien rarement apporté des graines nouvelles dans le jardin de la poésie. Une femme poëte au village serait matière perpétuelle à gausseries; les paysans la regarderaient comme une paresseuse et une inutile. Si le vigneron mâconnais sourit en voyant les efforts héroïques de M. de Lamartine pour ne pas abandonner le champ de ses pères et donner le plus clair de ses produits à ceux qui cultivent ses vignes, je me demande ce qui doit se passer dans le crâne épais des paysans berrichons cherchant à se rendre compte du genre d'occupation de Mme Sand. Pour eux la femme est restée presque à l'état biblique : une sorte de compagne qui dans quelques pays tient de la bête de somme et de la servante, assujettie aux plus durs travaux, et si elle est quelquefois appelée, la nuit, en consultation sur des intérêts domestiques, doit perdre le jour toute trace de familiarité et d'égalité?

Cette condition de la femme dans les campagnes montre qu'elle ne peut pas passer son temps à composer des chansons, et c'est ce qui explique pourquoi les chansons étant composées par des hommes, doivent être plus souvent hostiles aux femmes. Aussi quand les filles en trouvent une qui rend près leurs sentiments, s'enthousiasment-elles pour ces rimes mélancoliques, échos de leur cœur. *J'ai tant pleuré* est une de ces douces complaintes qui par ces raisons a couru du Nord au Midi, dans l'Est et dans l'Ouest, en répandant sa rosée bienfaisante.

J'aurais voulu pouvoir donner *les Montangas regalades* et *lo Pardal*, qui sont les véritables airs populaires du Roussillon, ceux que les pâtres, les mineurs et les bûcherons redisent toute leur vie sans s'en lasser; comme aussi quelques airs de danse eussent été utiles à noter, car dans ce pays qui avoisine l'Espagne, la danse prend un accent passionné et bizarre; là les pères dansent encore à côté de leurs fils. Quand les *juiglars* ou musiciens ont commencé leur musique singulière de grands hautbois, de clarinettes, de cornemuses et de flageolets aigus, tout le village est à l'envers. S'il reste quelques spectateurs au début, bientôt le frémissement de la danse s'empare d'eux et ils se joignent à la bande.

L'Espagne et l'Arabie ont laissé dans les environs de Bayonne quelques traces de leurs divertissements. Qu'est-ce que le *saut à deux*, où la femme enlevée par son cavalier reste assise quelque temps sur sa main pendant que celui-ci tournoie sur lui-même en jonglant avec l'*almaratxa*, vase mauresque garni de plusieurs becs, dont les danseurs arabes se servaient pour répandre des eaux de senteur sur le corps des almées?

Ces danses nombreuses et variées n'ont plus aucun rapport avec les danses françaises : elles ont l'emportement, la passion, la sensualité espagnoles.

Le drame amoureux s'y laisse voir clairement inscrit dans chaque attitude, dans chaque pas, dans les frôlements de mains, dans les voluptueux mouvements de hanches. Pour la mélodie elle a son caractère franc, bruyant et mélancolique à la fois, avec une harmonie nette et un peu primitive, qui n'en exclut pas le charme. Mais qui n'a pas été remué par ces rhythmes entraînants, qui n'a pas entendu les voix des danseurs mêlées au bruit du tambour de basque et des castagnettes, ne saurait s'en faire une idée.

Champfleury.

J'AI TANT PLEURÉ.

MUSIQUE RECUEILLIE ET TRANSCRITE AVEC PIANO PAR J. B. WEKERLIN.

J'ai tant pleu-ré, ver-sé de lar - mes, Que des ruis-seaux en ont cou-lé. Pe-tits ruis-seaux, grandes ri - viè - res, Quatre mou-lins en ont vi-ré.

J'AI TANT PLEURÉ.

J'ai tant pleuré, versé de larmes
Que des ruisseaux en ont coulé ;
Petits ruisseaux, grandes rivières,
Quatre moulins en ont viré.

Hélas! mon Dieu, que je suis aise,
Quand j'ai ma mie auprès de moi !
Je la prends et je la caresse :
Mon petit cœur, embrasse-moi

« Comment veux-tu que je t'embrasse ?
Un chacun m'dit du mal de toi ;
On m' dit que t'en vas à la guerre,
Que t'en vas pour servir le roi. »

— Ceux qui vous ont dit ça, la belle,
Ils vous ont dit la vérité ;
Mon cheval est là à la porte,
Et tout sellé et tout bridé. —

« Quand tu seras dans ces montagnes,
Tu ne penseras plus à moi ;
Tu verras de ces Piémontaises
Qui sont bien plus gentes que moi. »

— Oh ! je ferai faire une image
Tout à la ressemblanc' de toi ;
Je la mettrai dans ma chambrette :
La nuit, le jour, l'embrasserai. —

« Mais que diront tes camarades
Quand te verront biger c' papier ? »
J' leur dirai : C'est ma mi' Jeannette,
Coll' que mon cœur a tant aimée. —

J'ai tant pleuré, versé de larmes,
Que des ruisseaux en ont coulé ;
Petits ruisseaux, grandes rivières,
Quatre moulins en ont viré.

Pleurez, pleurez, belles des Maisons neuves,
Pleurez, pleurez,
Belles de Sainte-Croix;

Jusqu'à ce soir il vous aut rester veuves,
Et dans chaque maison
Changer de garnison.

LE CHANGEMENT DE GARNISON.

MUSIQUE RECUEILLIE ET TRANSCRITE AVEC PIANO PAR J. B. WEKERLIN.

Belles aussi d'Aramits et d'Arette,
Belles d'Accous,
Lesegun, Ousse et Vedous,
Pleurez celui que votre cœur regrette,
Et dans un seul moment
Vous faut changer d'amant.

A vos amants faites bien la conduite,
Et par la main,
Jusqu'à moitié chemin ;
A la grand'halte il vous faudra de suite,
Pour changer de vallon,
Changer de bataillon.

Belles d'en haut, regrettez moins les vôtres ;
Belles d'en bas,
Ne vous tourmentez pas ;
De ces amants les uns valent les autres.
Si les premiers sont beaux,
Les autres sont nouveaux.

Chez vous, beautés qu'un beau sapeur astique,
Toujours, dit-on,
L'amour est de planton.
Pour la constance, vive la musique,
Longtemps on est d'accord
Vive l'état-major !

A vos amants ne soyez point rebelles ;
Pour ces lurons,
Nous vous épouserons,
Pourvu pourtant que vous restiez fidèles
Bien vertueusement
A ce seul régiment.

Nous donnerons, pour soutenir la France,
Postérité
De bonne qualité ;
Nos fils naîtront le nez rouge garance,
Numéro neuf au front ;
A ça n'y a pas d'affront.

(*Couplet pour MM. les Lanciers.*)

Samaritains, voyez pleurer vos dames,
Pour ces Lanciers,
Vêtus en officiers ;
Brûlant, perçant partout avec leurs flammes
Et leurs vilebrequins,
Quels trous font ces coquins !

EN REVENANT DE SAINT-ALBAN.

En revenant de saint Alban, (*bis.*)
Et ne vous estimez pas tant ; (*bis.*)
Et ne vous zeste ziste zeste,
Et ne vous estimez pas tant. } (*bis.*)

J'y ai rencontré un marchand : (*bis.*)
Que vendez-vous là, le marchand ? (*bis.*)
Et ne vous zeste ziste zeste,
Et ne vous estimez pas tant ; } (*bis.*)

Ce sont là des cœurs que je vends. (*bis.*)
Combien les vends-tu, le marchand ? (*bis.*)
Et ne vous zeste ziste zeste,
Et ne vous estimez pas tant. } (*bis.*)

Moi je les donne aux jeunes gens, (*bis.*)
Mais aux plus vieux pour de l'argent, (*bis.*)
Et ne vous zeste ziste zeste,
Et ne vous estimez pas tant. } (*bis.*)

Aux jeunes gens le paradis, (*bis.*)
Mais pour les vieux je les maudis ; (*bis.*)
Et ne vous zeste ziste zeste,
Et ne vous estimez pas tant. } (*bis.*)

Tu peux bien t'en aller, marchand, (*bis.*)
Tu n'auras guère de chaland, (*bis.*)
Et ne vous zeste ziste zeste,
Et ne vous estimez pas tant. } (*bis.*)

208

EN REVENANT DE SAINT-ALBAN.

MUSIQUE RECUEILLIE ET TRANSCRITE AVEC PIANO PAR J. B. WEKERLIN.

Paris, Typographie Henri Plon, rue Garancière, 8.

CHAMPAGNE.

SUR LE BORD DE L'ÎLE. — CÉCILIA. — C'EST LE JOUR DU GIGOTIAU.

J'ai signalé à plusieurs reprises l'importance historique que pouvait avoir un couplet misérable en apparence. Dans le village de Rilly-aux-Oies, les garçons et les jeunes filles chantent :

Nous sons d'Rilly, — Nous sons d'Rilly, — Nous sons d'Rilly-aux-Oies ; — Nous en d'venons, — Nous en d'venons, — Nous y rirons encore.

Certes, il semblerait qu'il n'y a pas là matière à chansons, car les paroles, malgré la musique, n'en offrent pas plus de charme ; mais sous ce couplet est enfouie une ancienne coutume féodale dont le souvenir n'a été conservé que par la chanson. Les archevêques de Reims firent remise aux habitants de Rilly-aux-Oies d'un certain impôt, et ceux-ci, pour témoigner leur reconnaissance, décidèrent qu'à l'anniversaire de cet événement les garçons et les filles, en habits de fête, feraient le tour des halles en chantant un couplet à la mémoire des évêques. Le poète de Rilly-aux-Oies, qui ne paraît pas avoir été favorisé d'une brillante imagination, composa le couplet, qui fut jadis chanté avec la solennité des chœurs d'*Athalie ;* il est resté populaire, on le chante encore.

A Béru, un autre petit village, le jour du lundi gras, les garçons vont faire la quête en chantant à la porte des maisons une chanson de la même famille dont ils n'ont pas plus conscience que les paysans de Rilly-aux-Oies. Au singulier mélange de latin, de français, de ripaille, de royauté et de pousse des blés, il n'y a pas besoin de dire quelle est la date de ce couplet, sans doute modifié depuis la renaissance jusqu'à nos jours ; mais n'est-il pas singulier qu'on crie encore *Vive le roi François* dans un pays qui a vu se succéder les grandes figures d'Henri IV, de Louis XIV, de Robespierre et de Napoléon ?

Volucres cœli — Et pisces mari ! — Stila, qu'a perdu sa pouille, — On ét ben marri : — Esse qu'on bon bon. — Donnez-nous un bon jambon. — S'il ét p'tit, nous l' pernons, — S'il ét gros, nous l' rendons. — Quand les blés sont en verdure, — Dieu nous donne bonne aventure. — Vive le roi — François !

Je me hâte de quitter le terrain de l'histoire pour reprendre le chemin plus tranquille des mœurs et des habitudes locales. Comme il arrive souvent, les gens de Langres ont composé une chanson contre les habitants de Chaumont.

Ay Langres y fait frod, dit-on ;	Ay Chaumont, ay la Saint-Jean,
Môs y fait chaud ay Chaumont.	Lay musique c'ay du pieu chant.
Car, quand la bise ay c'lu rentey,	Stu que fait la basse est obligey,
Pour mieux l'attrapey	Pou grossi sa voix
Et l'empochey d'entrey,	Et pou mieux chantey,
Les pothes y ont fait fromey.	To le jo d'salley baigney.

« Aux Islettes et à Chaudefontaine, dit M. Tarbé, le premier jour de mai, les enfants vont de porte en porte quêter pour allumer un cierge devant l'autel de la Vierge. Ils font des gaufres avec de la farine, que chacun joint à son offrande. Cet usage se rencontre dans un certain nombre de villages champenois. » Je détacherai un joli couplet de la chanson de mai de la commune des Islettes, près de Sainte-Menehould.

Trimasots ! en nous en allant — Nous pormenés eddans les champs, — Nous y ons trouvé les blés si grands, — Les aubépin' en fleurissant. — Oh ! Jésus-Christ ! — Oh ! Jésus-Christ ! — C'est le mois, note mois, — Le mois de mai qui est entré.

L'esprit religieux domine dans cette chanson de mai, qu'on pourrait plutôt ranger dans la famille des Noëls. Dans les autres provinces, le mois de mai amenait plus généralement l'amour ; en Champagne, je remarque au contraire que Dieu et la Vierge sont mêlés aux rondes, aux quêtes que les jeunes filles vont faire dans les maisons, afin de pouvoir garnir de nombreux cierges l'autel de la Vierge. L'image de Dieu revient à chaque couplet, naïve et saisissante ; il s'agit de flatter l'amour-propre des gens pour les mettre à contribution. Les jeunes filles savent trouver l'endroit sensible des mères de famille.

Quand vous couchez vot' bel enfant, — Quand vous couchez vot' bel enfant, — Vous lo couchez et lo lenvez, — Et à toute heure ed la journée, — Ed devant Dieu, ed devant Dieu. — C'èt lo mai, — Mois ed mai, — C'èt lo joli mois ed mai.

Les pays fertiles, la Bourgogne, par exemple, ont fait entrer dans les Noëls le catalogue de leurs pâtés, de leurs volailles, de leurs andouillettes, de leurs rissoles, de leurs *bugnettes*, de leurs boudins blancs ; on pourrait croire qu'il s'agit d'un prospectus de charcutier. Mais dans le pays du vin de Champagne, le poète y a mis plus de délicatesse. L'enfant Jésus sera moins empiffré qu'en Bresse, car voilà les principales nourritures qui se dirigent vers sa crèche :

   Celles de Cormontreux,
   Ayant ouï le son
   De Champigny, Tinqueux,
   De Saint-Brice et Nausson,
   Apportèrent poissons,
   Anguille et rosselettes.
   Celles de Liénard,
   Goillard,
   Apportèrent à grands pas,
   La la!
   Un sac plein de perchettes.

Le Noël n'est pas également bourré de nourriture dans tous ses couplets ; le sentiment religieux du début et de la fin domine le côté matériel dont sont empreints beaucoup de Noëls du centre de la France ; mais ce qu'il faut chercher dans la chanson de province, c'est le goût du terroir. J'ai été frappé souvent en chemin de fer des figures particulières qui, dans les environs d'Épernay et d'Aï, montaient tout à coup en wagon. De gros hommes sanguins, joyeux, parlant bruyamment, me faisaient penser à l'influence du vin de Champagne sur ces grosses et gaies natures. Je retrouve cette influence dans un des couplets du même Noël :

   Les filles de Cernay
   Ne furent endormies :
   Avecques beurre et lait,
   Tout's aux champs se sont mies :
   Et celles de Toissy
   Ont passé la chaussée,
   Après avoir oï
   Le bruit
   Et le riant débat,
   La la !
   De celles de Sillery.

Nos pères ont beaucoup admiré la chanson de Désaugiers : *Quand le Champagne — Fait, en s'échappant, — Pan, pan.* — J'aime beaucoup l'esprit français de Désaugiers, mais dans le cas présent la musique a donné le ton à la chanson ; l'assonance générale des rimes manque tout à fait de légèreté. Trois vers courts dans lesquels il entre *Quand, s'échappant, pan pan*, ne peuvent lutter avec le leste, vive et spontanée conclusion d'un poète populaire qui n'a pourtant pas cherché à faire de l'art imitatif :

   Après avoir oï
   Le bruit
   Et le riant débat,
   La la!
   De celles de Sillery.

Ces cinq petits vers ne valent-ils pas une bouteille de vin de Champagne?

                Champfleury.

CÉCILIA.

Mon pèr' n'avait d'enfant que moi;
Mon pèr' n'avait d'enfant que moi;
Dessus la mer il m'envoya.
    Sautez, mignon,
  Cécilia, ah! Cécilia,

Dessus la mer il m'envoya;
Dessus la mer il m'envoya;
Un beau monsieur je rencontra.
    Sautez, mignon,
  Cécilia, ah! Cécilia.

Un beau monsieur je rencontra;
Un beau monsieur je rencontra;
Et sans façon il m'embrassa.
    Sautez, mignon,
  Cécilia, ah! Cécilia.

Et sans façon il m'embrassa;
Et sans façon il m'embrassa.
Monsieur, mon pèr' se fâchera.
    Sautez, mignon,
  Cécilia, ah! Cécilia.

Monsieur, mon pèr' se fâchera,
Monsieur, mon pèr' se fâchera.
Mais, la bell', qu'est-c' qui lui dira?
    Sautez, mignon,
  Cécilia, ah! Cécilia.

Mais, la bell', qu'est-c' qui lui dira?
Mais, la bell', qu'est-c' qui lui dira?
Ce seront les oiseaux des bois;
    Sautez, mignon;
  Cécilia, ah! Cécilia.

Ce seront les oiseaux des bois;
Ce seront les oiseaux des bois.
Que disent les oiseaux des bois?
    Sautez, mignon,
  Cécilia, ah! Cécilia.

Que disent les oiseaux des bois?
Que disent les oiseaux des bois?
Que les femmes ne valent rien,
    Sautez, mignon,
  Cécilia, ah! Cécilia.

Que les femmes ne valent rien,
Que les femmes ne valent rien,
Et les hommes encor bien moins.
    Sautez, mignon,
  Cécilia, ah! Cécilia.

Et les hommes encor bien moins,
Et les hommes encor bien moins.
Pour les fill's, ils en dis'nt du bien,
    Sautez, mignon,
  Cécilia, ah! Cécilia.

SUR LE BORD DE L'ILE.

SUR LE BORD DE L'ILE.

MUSIQUE RECUEILLIE ET TRANSCRITE AVEC PIANO PAR J. B. WEKERLIN.

Elle aperçut un' barque.
Trente garçons dedans,
Trente garçons dedans,
　Sur le bord de l'île,
Trente garçons dedans,
　Sur le bord de l'eau.

Le plus jeune des trente
Chantait une chanson,
Chantait une chanson,
　Sur le bord de l'île,
Chantait une chanson,
　Sur le bord de l'eau.

La chanson que vous dites,
Voudrais bien la savoir,
Voudrais bien la savoir,
　Sur le bord de l'île,
Voudrais bien la savoir,
　Sur le bord de l'eau.

Entrez dans notre barque,
Nous vous l'apprendrons,
Nous vous l'apprendrons,
　Sur le bord de l'île,
Nous vous l'apprendrons,
　Sur le bord de l'eau.

Quand la bell' fut en barque,
Ell' se mit à pleurer,
Ell' se mit à pleurer,
　Sur le bord de l'île,
Ell' se mit à pleurer,
　Sur le bord de l'eau.

Que pleurez-vous, la belle,
Qu'avez-vous à pleurer?
Qu'avez-vous à pleurer?
　Sur le bord de l'île,
Qu'avez-vous à pleurer,
　Sur le bord de l'eau?

Je pleur' mon anneau d'ore,
Dans l'eau-z-il est tombé,
Dans l'eau-z-il est tombé,
　Sur le bord de l'île,
Dans l'eau-z-il est tombé,
　Sur le bord de l'eau.

Ne pleurez point, tant belle,
Nous vous le plongerons,
Nous vous le plongerons,
　Sur le bord de l'île,
Nous vous le plongerons,
　Sur le bord de l'eau.

La premièr' fois qu'il plonge,
Il n'a rien ramené,
Il n'a rien ramené,
　Sur le bord de l'île,
Il n'a rien ramené,
　Sur le bord de l'eau.

La s'conde fois qu'il plonge,
L'anneau-z-a voltigé,
L'anneau-z-a voltigé,
　Sur le bord de l'île,
L'anneau-z-a voltigé,
　Sur le bord de l'eau.

La troisièm' fois qu'il plonge,
Son amant s'est noyé,
Son amant s'est noyé,
　Sur le bord de l'île,
Son amant s'est noyé,
　Sur le bord de l'eau.

TABLE ANALYTIQUE.

PRÉFACE. — Sommaire. I. Opinion d'un statisticien méridional sur la chanson populaire. — Réaction actuelle en faveur de la poésie populaire. — Platon, Montaigne, Jean-Jacques, Gœthe, défenseurs de l'art naïf. — Un mot de Gœthe. — Ce qui fait applaudir la foule. — Corneille et Racine. — Amour de Molière pour la poésie populaire. — Le *Misanthrope*. — Le géomètre Malherbe. — Les chansons que chantait Malherbe, citées par Tallemant des Réaux et Racan. — Malherbe précurseur de M. Proudhon. — Son opinion sur les poètes. — Il faut se défier des esprits chagrins. — Opinion de Montaigne. — Luther. — Définition de la chanson par Jean-Jacques. — *Vecchia romanza spagnole*. — Le poète du Bellay amoureux de l'antiquité. — Il sacrifie toute espèce de poésie nationale et reste poète. — Source de toute poésie. — M. de la Villemarqué. — Son opinion se rencontre avec celle de Montaigne. — Les *Barzaz-Breiz*. — Les frères Grimm.

II. Charlemagne fait recueillir tous les chants des races germaniques. — Décret du 13 septembre 1852. — *Recueil de poésies populaires de la France*. — Projet approuvé par l'Empereur. — Goût des paysans pour les romances des villes, et des habitants des villes pour les chansons de la campagne. — Esprit prétentieux des paysans. — Les *gens du paysage*... — Le patois va disparaître. — Il est proscrit des écoles. — Histoire d'un enfant qui s'entêtait à parler patois. — Instructions relatives aux poésies populaires de la France. — Difficultés des collectionneurs de chansons. — Il est plus facile de faire l'histoire des rois et des princes que celle du *peuple*. — M. Boucher de Perthes. — Souvenirs du *pays basque*. — Couplet chanté, couplet oublié. — Pas de manuscrit, pas de secrétaire pour le saisir et le fixer. — M. Fr. Michel. — Découverte de pièces écrites. — *La France obscure*. — Litanie d'un barde breton contre les chanteurs de son temps. — Les *kler*. — Leurs orgies et leur peu de respect pour les règles reçues. — Tous les chansonniers populaires agissent comme les *kler*. — Pourquoi ils ne sont pas aimés. — Le *raga d'Rec-park*. — Supplice qui attend les chanteurs dans l'Inde. — Mozart, Beethoven, Weber, atteints du *raga*. — Le supplice du chanteur, c'est le génie. — Douce influence de la chanson. — Noël du Fail. — *Propos rustiques*. — La peste

chassée par la chanson. — Chanson nuisible au chanteur. — Mœurs arabes. — La *Gazette des tribunaux*. — Chanteur arabe assassiné par un mari jaloux.

III. Analogie des chansons. — Champollion le jeune. — Chanson égyptienne. — Chansons grecques, égyptiennes, écossaises, françaises. — Ballade allemande. — Mélanges de chants religieux et profanes. — Les dentellières de Bailleul. — Leur sentiment poétique. — M. de Coussemaker. — *Chants populaires des Flamands de France*. — *La danse des jeunes vierges*. — Lettre de M. G. Le Vavasseur. — Chanson normande. — Quatorze couplets. — Elle est incomplète. — Les chansons n'ont pas de patrie. — La 38ᵉ chanson de Gautier Garguille. — Une formule pour plusieurs chansons. — Privilège des poètes populaires. — Le vers s'allonge ou se réduit à volonté. — M. Rathery. — La triade. — M. Édouard Fournier. — Les vieillards, thèmes à chansons. — Le recueil de P. Atteignant. — Comment les vieux maris y sont traités. — La *Comédie des chansons*. — Chanson contre les vieillards envoyée du Dauphiné.

IV. Bougainville. — Le Taïtien. — Poétique vague. — Principale règle de la chanson. — M. Raynouard. — *Si lo rei m'avait donné*. — Rhythme par assonance. — Chanson franc-comtoise. — Rencontre d'une jeune fille sur une montagne. — Poétique des paysans impossible à régulariser. — *Les chansons de filasse*. — M. de Beauvepaire. — Poésie populaire en Normandie. — Lettre de madame Sand. — Lettre de madame B. de M.... — Lettre de M. Wekerlin.

V. Le chanteur nécessaire dans toutes les fêtes. — Vanité des paysans. — Ils veulent être connus de la postérité. — Signature de l'auteur au dernier couplet. — *Qui a fait cette chanson?*

VI. Le *bis* et le *ter*. — La chanson cueillissoire. — M. de Beauvepaire. — Facture de la chanson populaire. — M. de la Villemarqué. — Retour du dernier vers dans la fabrication des couplets. — Improvisation. — Refrains par onomatopées. — Leur origine. — Que veulent-ils dire? — M. Wekerlin. — *Échos du temps passé*. — *Nigne nac no musc*. — La *Chanson de la bignournoisé*. — Platon. — La

28

théorie des sensations. — Chansons de nourrices. — M. le comte Jaubert. — Glossaire du centre de la France. — Le Tribonet.

VII. Mœurs et usages mis en chansons. — La chanson de la Saint-Martin. — Les Basques joueurs de paume. — Commisération des Flamands pour les animaux. — Chanson sur différents sujets. — M. de Coussemaker. — Les Brandelons. — Malice contre les moines. — Le mois de mai célébré partout. — Trois chansons du mois de mai sur le même air. — Rondes historiques. — Souvenirs de la chevalerie. — Le bacchuber dans les Hautes-Alpes. — Les vogues du Charolois. — Délicatesse de l'amour dans les Flandres. — Chanson de Dunkerque. — Chanson de la basse Navarre. — Une jeune fille pleure sa faute. — Traduction de M. Fr. Michel. — Couplet recueilli à Henrichemont par M. le comte Jaubert. — Oh! — Chansons de noce. —

M. Achille Allier. — L'Ancien Bourbonnais. — La danse du regret. — Chanson envoyée de Clamecy par M. Ribault de Laugardière. — Chanson envoyée d'Amiens par M. Prarond.

VIII. Première récolte de chansons populaires. — Grande diversité de genres. — Sentiments exprimés et usages locaux. — Bibliographie. — Rareté des travaux sur la poésie populaire. — Véritables auteurs de ces poésies. — Une branche de l'arbre archéologique. — Lettre de Haüy à Geoffroy Saint-Hilaire. — Éloge et bienfaisance de la botanique. — Botanique archéologique. — Excursions artistiques dans les villages. — Plus de raison que de rime dans les chansons campagnardes. — Géographie naturelle de la France par chansons. — Sentiments mieux dépeints que par la rhétorique. — Innocence des esprits utile à l'art.

PICARDIE............... page 1

SOMMAIRE. — La poésie populaire peu étudiée jusqu'ici. — Congrès archéologique de... — Lettre à ce sujet de M. Prarond, d'Abbeville. — Le palais à Saint-Quentin. — Épitaphes picardes. — Chanson de nourrice. — Chanson du Boubourdis, citée par l'abbé Corblet. — Madame Pierre Dupont. — Sentiment parisien.

FLANDRE............... page 9

SOMMAIRE. — Estampes flamandes. — Le carnaval groënlandais près de Dunkerque. — Fête de Noël à Bailleul. — La chanson du Roummelpot. — Rondes flamandes. — Les Roozenkoed. — Ronde du Ruban. — Le refrain de Lire boulive! lire boula! — Comment les Flamands se passionnent. — Sentiment plus vif que chez les méridionaux. — La chanson de la Fête de Sainte-Anne. — Ronde des Filles de Quimperlé. — Refrain : Hé! courage! vivat! — La chanson folle du Hibou. — Celle du Carillon de Dunkerque plus folle encore. — Côté insaisissable de l'esprit des Flamands. — Les chansonniers détaillent et analysent tout. — Le Hareng saur et la chanson parisienne.

ALSACE............... page 17

SOMMAIRE. — Influence de l'élément suisse et de l'élément allemand dans cette province. — La musique chez les paysans. — Artistes nomades des bords du Rhin. — Différence entre les dialectes du Bas-Rhin et du Haut-Rhin. — Popularité des chansons d'Hebel dans le Sungau. — Auguste Stöber. — Une berceuse. — Rôle important de la berceuse dans la poésie populaire. — Simplicité de cette dernière. — La chanson des beignets. — Cuisine et poésie mêlées. — Satire en chanson contre les marchands qui trompent le peuple. — Amour et épicurisme, fond des poésies alsaciennes. — Un proverbe. — Origine tyrolienne de la mélodie du Diablotin.

LANGUEDOC............... page 25

SOMMAIRE. — La poésie spontanée. — Les méridionaux se vengent par des chansons. — Montpellier. — Jolie voix des femmes. — Airs peu naïfs. — Les processions. —

Chœurs religieux sans originalité. — Lettre de M. Soulas. — Courses de taureaux. — L'homme blessé chansonné. — Romance de Clotilde. — Sa ressemblance avec le conte du Barbe-Bleue. — Origine et tradition de toute poésie. — Généalogie de Polichinelle. — A qui appartient la création d'Hamlet. — Joli dragon. — Sentiments nombreux en peu de vers. — Le poète s'est passé de transitions. — Effet plus vif. — Jolie complainte montpelliérienne.

NORMANDIE............... page 33

SOMMAIRE. — Pommes et chansons. — Aussi nombreuses les unes que les autres. — A chaque récolte sa chanson. Nécessité d'une classification. — Chansons moissonneuses, chansons cueillissoires, chansons de filasse. — M. Eugène de Beaurepaire. — Le peuple est bien l'auteur des chansons de filasse. — Ce titre lui appartient. — Jolies chansons et jolies filles en bonnet de coton. — Noël normand. — La Colinette qui porte la galette. — Couplet sur le mardi gras. — Couplet menaçant et chanson galante d'un mendiant. — Couplet égrillard. — Façon d'entendre l'amour. — Le rhythme du moulin. — Tous les musiciens s'en sont emparés. — Gaillardise du tictac. — La dernière chanson de moulin.

BOURGOGNE............... page 41

SOMMAIRE. — Noëls de la Bresse. — Peu de poésie, mais abondance de victuailles. — Le petit Jésus bien nourri. — Les glorieux de Laon. — Les Bressans bien plus vaniteux. — Leurs noms cités dans les noëls. — Exemple de poésie religieuso-culinaire. — Nomenclature d'auberges. — M. Philibert le Duc. — Autre noël. — Toutes les personnes qui y prennent part sont nommées. — L'Enterrement d'Ornans, de M. Courbet. — Noms des personnages. — Toute la ville présente. — Fête du mois de mai.

BERRY............... page 49

SOMMAIRE. — Madame Sand. — Patois au théâtre. — Littérature de village. — Écho en Allemagne. — Riche mine littéraire en Berry. — M. Charles Ribault de Laugardière. — Talent de paysagiste. — Conversation avec des paysans. — Difficulté du chercheur de poésies populaires en Berry. — Chanson de noce. — Sentiment chaste. — Solennité des chants de noce. — Gravité des chants populaires relatifs au mariage. — Le peuple est toujours solennel à ce sujet. — Leçon d'un père à sa fille. — Différence entre un mariage de la ville et celui de la campagne. — Couplet d'une mariée.

GUYENNE ET GASCOGNE. . . . . . page 57

SOMMAIRE. — On s'occupe peu de la poésie populaire dans le Midi. — Elle est cependant riche. — Le chant de la Vallière. — Les bœufs Mazarin. — Les chevaux Polignac. — La chanson de Jean de la Réoule. — La Guillonnée. — Noces de l'ancien Bazadais. — Couplet de noce. — Précaution d'une jeune fille. — Monsieur le curé n'est pas content. — Le droit du seigneur partagé. — Plantation du mai. — Tristes ornements. — Chanson contre une servante. — La Justine, chanson d'amour.

AUVERGNE. . . . . page 65

SOMMAIRE. — Caractéristique de l'Auvergnat à Paris. — Il reste toujours Auvergnat. — La bourrée hors barrière. — Souvenir du pays. — La Montagnarde. — M. Bouillet — L'Album auvergnat. — Grande variété de bourrées. — Coquetterie des Auvergnates. — Sentiment poétique des Auvergnats. — M. de Barante. — Le vieillard d'amour. — La Première nuit des noces d'une jouvencelle. — La Bergère de Courpière.

SAINTONGE, ANGOUMOIS ET PAYS D'AUNIS. . . . . page 73

SOMMAIRE. — La P'tite Rosette. — M. Castaigne. — Le médecin de l'Empereur. — Pratiques de vieillards infligées à une jeune fille. — Le couplet du mauvais goût. — L'hypocrisie moderne. — Lettre à M. Ampère. — La Charmante Mayotte. — Les Lorrains, vendeurs de chansons. — La Femme du roulier. — M. Sainte-Beuve. — Madame Sand. — Moralité de la Femme du roulier. — Opinion de M. Ampère. — Comment cette chanson est arrivée jusqu'au comité officiel. — Son origine vraiment populaire.

FRANCHE-COMTÉ . . . . page 81

SOMMAIRE. — L'amour des noëls — L'imprimeur Gauthier. — La Monnaye de Dijon — L'esprit railleur et sceptique des noëls francs-comtois. — Sentiment religieux peu prononcé. — Les lousbots. — M. Michelet. — Religion des paysans. — Influence révolutionnaire du vin. — Les montagnons du Jura. — Le Joli petit pompon. — Indigestion des carmes. — La couraille. — Ils ne peuvent fêter Noël. — Précaution des cordeliers, qui les rend malades aussi. — Refus des jésuites à fêter Noël. — Leur prétexte. — Les capucins empêchés par leur barbe. — Le refrain du Joli petit pompon. — L'enfant Jésus reste seul. — Les moines pensent comme Mazarin. — Deux chansons amoureuses. — Leurs origines différentes. — M. Max Buchon. — Détails importants. — M. de la Villemarqué. — Nom et profession des gens du peuple. — Les sœurs de M. Courbet. — Émeute et scandale violent dans l'art. — Le convoi du général Lamarque. — Les deux airs des Trois princesses. — Vole, mon cœur, vole. — M. Proudhon religieux et mystique. — Tempérament franc-comtois. — Les points d'orgue des paysans. — Les fromageries — Les romances modernes.

BOURBONNAIS. . . . . page 89

SOMMAIRE. — Danses caractéristiques. — Le marché aux servantes. — Achille Allier. — Histoire de l'ancien Bourbonnais. — Sensations de voyage. — La bourrée bourbonnaise décrite par A. Allier. — Délicatesse de gestes. — Corot. — Delacroix. — La bourrée n'est pas monotone. — Demande en mariage. — Les deux servantes. — Regrets du pays. — J'ai fait une maîtresse.

BÉARN. . . . . page 97

SOMMAIRE. — Ramifications nombreuses de la chanson dans quelques provinces. — La chanson comparée à un arbre. — Elle est uniforme dans le Béarn. — L'amour, sujet principal des chansons béarnaises. — Belles mélodies. — Fantaisies pour violoncelle. — Le poëte Despourrins. — Héritage intellectuel partagé entre deux frères. — L'intelligence n'admet pas de droit d'aînesse. — Le curé Despourrins. — Charme du patois béarnais. — La traduction nuisible aux langues méridionales. — Les langues du Nord la supportent mieux — Leur caractère plus réfléchi et plus profond. — Le brio napolitain comparé à la froideur anglaise. — Mot d'une femme d'esprit à propos de traduction. — Mélodies de Schubert. — On ne s'inquiète pas des paroles. — M. Crevel de Charlemagne. — Le nom de Despourrins ne figure pas dans la pléiade. — Sa popularité dans le Béarn. — Absence de chansons bachiques. — Une seule dans le recueil de M. Rivarès. — La femme préférée au vin. — Jurançon.... tant une chansonnette. — Peu de malice chez les Béarnais. — L'esprit d'un peuple se reconnaît à ses poésies. — Navarrot poète vert galant. — Chanson de ville plutôt que de campagne. — Un Monsieur qui sait les femmes. — Les grisettes du Béarn. — Esprit de ville.

POITOU. . . . . page 105

SOMMAIRE. — Mariage dans le Poitou. — Usages singuliers. — Pourquoi nous nous occupons du mariage. — Il se rattache à la chanson. — La superstition du poêle. — L'offerte. — Cérémonie du ferrement. — Promenade du traîne-balai. — Les bougies de la Chandeleur. — Le bal de Saintonge. — Le branle du Poitou. — Louis XI. — Ses terreurs. — Ses distractions. — Chanson du labour. — Les dix bœufs. — Jacques du Fouilloux. — Traité de vénerie. — Ce qu'aimait Jacques du Fouilloux. — Gravures sur bois. — Fac-simile. — Plain-chant — Comme les bergères érodent leurs brebis. — Jacques du Fouilloux musicien. — Première notation d'un chant populaire. — Poëme de Jacques du Fouilloux.

TOURAINE, MAINE ET PERCHE. . . page 113

SOMMAIRE. — Coutume de battre les blés. — Fête de la gerbe. — Ce qui en résulta pour l'armée des chouans. — Madame Sand — Gravures curieuses. — Duplessis-Bertaux. — La chanson des moissonneurs. — Charme des derniers couplets. — Retour des champs. — Il faut que le mari soit. — Règle inflexible du mariage. — Le refrain : Naï no! — Souvenirs celtiques. — Couplets des moissonneurs. — Il faut boire. — Chaleur du jour. — Ce qu'on entend par Tourangeaux. — Absence de coutumes populaires. — La Violette. — La verdi, la verdon. — Su' l' pont du Nord. — Géographie des chansonniers. — Les ponts. — Le Pont d'Avignon et le Pont cassé. — Célébrité et éternité de tous ces ponts. — Les enfants aimeront toujours les ponts.

NIVERNAIS. . . . . page 121

Sommaire. — M. Dupin. — Livre du Morvan. — Chansons nivernichonnes. — Bas-reliefs de Phidias. — Degrés dans l'art. — Le Rosier blanc. — Couplet de la plaine. — Fragment de la montagne. — La couleur verte. — Théophile Gautier. — Costume des femmes du Morvan. — La dorlotte. — Luxe effréné. — Coiffage. — Couplet. — L'amour des demoiselles. — Orgueil des Château-Chinonnais. — Les Marseillais. — La faïence de Nevers. — Le patouillet. — Poésie des faïences. — Distique. — Sentiment de la chanson chez les paysans.

LIMOUSIN ET MARCHE. . . . . page 129

Sommaire. — Chanson auvergnate en Limousin. — A qui la chanson. — Bibrax et Alesia. — Les Commentaires de César. — Chant de la Vallière au Mississipi. — Chanson franc-comtoise au Canada. — La poésie civilisée. — Insurrection d'un poète contre la poésie populaire. — Le rhythme! — Choix dans la pensée. — Mémoires de Saint-Simon. — Style incorrect. — Le nombre! — Diderot, premier écrivain du dix-huitième siècle. — Le vouronnement. — Le creuset de la poésie. — Comment le poète Jasmin interprète la poésie populaire. — On le renvoie à ses barbes. — Autres essais malheureux dans le genre de celui de Jasmin. — La poésie populaire rebelle au régime de la poésie civilisée. — Jasmin chansonné en Limousin. — Le ménétrier limousin. — Sa vie nomade. — Couplet. — Brives la Gaillarde. — Vie facile. — Couplet. — Les Limousins danseront toujours.

ANJOU. . . . . page 137

Sommaire. — Peu de noëls dans cette publication. — Besoin d'une étude particulière des noëls. — Gausserie d'un paysan. — Les symboles. — Cas qu'il faut faire de certaines théories. — Le Louvre dans un noël. — Caractère peu angevin de ce noël. — Fabrication parisienne. — La Bibliothèque bleue. — Chanson du rémouleur. — Sterne. — Influence du tic-tac et des sssss sur les chansonniers populaires. — Molière. — Besoin de rire. — La tragédie. — L'Académie. — M. Ponsard. — Paul de Kock. — Heureuse influence de Paul de Kock sur les convalescents. — Danger de lire Lucrèce quand on sort de maladie. — M. Ponsard n'a rien à reprocher à Paul de Kock sous le rapport de la forme. — A qui s'adresse la Chanson du rémouleur.

DAUPHINÉ. . . . . page 147

Sommaire. — Fête de mai dans le Midi. — Le mois de mai salué partout. — La maie de Valence. — L'amour, thème éternel. — Le fringaire revenant de Marseille.

— La danse des Olivettes. — Lettre de M. Charles Mossaut. — Le ver à soie fournit le sujet de la chanson en Dauphiné. — Rossignolet des bois. — La Pernette. — La chanson de Pingo les noix. — Onomatopée grotesque.

BRETAGNE. . . . . page 153

Sommaire. — M. de la Villemarqué. — Les frères Grimm. — Travail de M. de la Villemarqué. — Son utilité. — Son opportunité. — Ce travail rendu bientôt impossible même en Bretagne. — Le chemin de fer transforme tout. — Les Quatre fils Aymon et les Mousquetaires. — La Bibliothèque bleue et le Journal pour tous. — La Chanson de la mariée. — Pas d'archéologie dans cette publication. — Madame de Sévigné. — Jean-Jacques Rousseau. — La Ballade des jeunes filles de Quimperlé, rapportée par M. Schann. — Il y a différentes morales.

LORRAINE. . . . . page 161

Sommaire. — Les Trimazos. — Rivalités des villages voisins. — Comment on fait des couplets au village. — Les chirurgiens étymologistes. — M. A. de la Fizelière. — Le coureur de guilledoux. — Caractère net et résolu du paysan français. — Oui, non. — Stendhal. — L'Amour. — Les anabaptistes. — La Blonde. — Une nuit où la morale peut courir des dangers. — Le Rondeau du Jozon.

LYONNAIS. . . . . page 169

Sommaire. — Le canut peu porté aux compositions musicales. — Origine de Guignol. — Les ateliers de la Croix-Rousse. — Le lundi des ouvriers lyonnais. — Ancien refrain. — Couplet canut. — M. J. B. Coignet. — Le patois canut brave la politesse en amour. — Chanson sur la révolte des canuts en 1788. — Couplet touchant. — Chanson railleuse contre les Auvergnats.

ORLÉANAIS. . . . . page 177

Sommaire. — Sologne, pays de fièvre. — La fièvre n'empêche pas d'y chanter. — Divertissements. — Scène de cabaret. — Couplet des filles sur les garçons et des garçons sur les filles. — Discussion éternelle entre les deux sexes. — On la retrouve jusqu'au village. — Art populaire d'Épinal. — Gravures symboliques. — L'homme conduit au moulin par sa femme. — Manière d'assouplir le caractère des femmes. — Le père Villet. — Comédie jouée au tribunal. — Exclamation soudaine. — Services rendus à l'histoire par l'imagerie. — Les curés au bois. — Gaudrioles salées. — Caractère des chansons de la Sologne. — Le sentiment ne se démontre pas.

PROVENCE ET COMTAT D'AVIGNON. page 185

Sommaire. — Ballet anglais. — Danse provençale. — La danse du porter et la danse des Olivettes. — Notre surprise et notre ignorance. — Cour d'amour. — Les Roumanegis. — Construction du pont d'Avignon. — Il émerveille tous les esprits. — Sa chanson. — Chanson et musique d'une chanson très-ancienne. — Thème naïf et sauvage. — Deux notes seulement. — L'enfant et le sauvage. — Sentiments identiques.

ILE-DE-FRANCE............ page 193

SOMMAIRE. — Souvenir de Gérard. — Son esprit dirigé vers la poésie populaire. — Sa voix douce. — La *bohême galante.* — Ses petits voyages, semés d'imprévus. — Le chevalier errant de l'art populaire. — Où le menaient quelquefois ses voyages. — Ses préoccupations. — Recherches bibliographiques de Gérard dans le Soissonnais. — L'histoire de l'abbé du Bucquoy. — Pourquoi le nom de Gérard se trouve si souvent dans cette notice. — Chansons de Gérard en prison.

ROUSSILLON............. page 201

SOMMAIRE. — Plantation d'un mai. — Estampe curieuse. — *Tres in uno.* — Pourquoi *Manon Lescaut* est un livre éternel. — J'ai tant pleuré. — Rareté des femmes poètes au village. — Oracles en vers. — Le poète Dorothée. — Supercherie d'une femme poète. — Ce qu'elle cachait dans son armoire. — Les villageois n'aiment pas les femmes qui font des vers. — Lamartine aux yeux des paysans mâconnais. — Ce que pensent les paysans des femmes de génie. — Les hommes font seuls les chansons. — Chants des pâtres, des mineurs et des bûcherons dans le Roussillon. — Les *juglars*. — Souvenirs arabes et espagnols dans les environs de Bayonne. — L'*almaratxa*.

CHAMPAGNE............. page 209

SOMMAIRE. — Importance historique d'un couplet. — *Vive le roi François!* — Mœurs et habitudes locales. — Chanson d'une ville contre une autre — M. Tarbé. — Chanson de mai, sorte de noël. — L'amour revient avec le mois de mai dans les autres provinces. — Mélanges de religion et de cuisine dans les noëls de certaines provinces — L'esprit françois de Désaugiers. — Une bouteille de vin de Champagne décrite en cinq petits vers.

TABLE

DES

CHANSONS POPULAIRES DES PROVINCES DE FRANCE

PAR ORDRE DE LIVRAISONS.

	Pages.
1re Liv. PICARDIE. — La Belle est au jardin d'amour.	3
La Ballade de Jésus-Christ.	5
Le Bouquet de ma mie.	8
2me Liv. FLANDRE. — La Fête de Sainte-Anne.	11
Le Hareng saur.	13
Le Messager d'amour.	16
3me Liv. ALSACE. — Le Jardin.	19
Le Diablotin.	22
La chanson du Hanneton.	24
4me Liv. LANGUEDOC. — Romance de Clotilde.	27
Joli dragon.	29
Dans un jardin couvert de fleurs.	32
5me Liv. NORMANDIE. — En revenant des noces.	35
Le Moulin.	37
Ronde du pays de Caux.	40
6me Liv. BOURGOGNE. — J'avais un' ros' nouvelle.	43
Eho! Eho! Eho!	45
Voici venu le mois des fleurs.	47
7me Liv. BERRY. — La voilà, la joli' coupe.	51
J'ai demandé-z-à la vieille.	53
Petit soldat de guerre.	56
8me Liv. GUYENNE ET GASCOGNE. — Michaut veillait.	59
La Fille du président.	61
Dès le matin.	63
9me Liv. AUVERGNE. — Bourrées de Chap-des-Beaufort.	67
Quand Marion s'en va-t-à l'on.	69
Bourrée d'Ambert.	72
10me Liv. SAINTONGE, ANGOUMOIS ET PAYS D'AUNIS. — La Femme du roulier.	75
La petite Rosette.	77
La Maîtress' du roi céans.	80
11me Liv. FRANCHE-COMTÉ. — Au bois rossignolet.	83
Les trois princesses.	85
Paysan, donn'-moi ta fille.	88
12me Liv. BOURBONNAIS. — Mon père a fait bâtir château.	91
Jolie fille de la garde.	93
Derrièr' chez nous.	96
13me Liv. BÉARN. — Belle, quelle souffrance.	99
Pauvre brebis.	101
Cantique entonnat par Jeanne d'Albret.	104
14me Liv. POITOU. — Nous somm's venus vous voir.	107
La V'nu' du mois de mai.	110
C'est aujourd'hui la foire.	112
15me Liv. TOURAINE, MAINE ET PERCHE. — La verdi, la verdon.	115
La Violette.	117
Su' l'pont du Nord.	120

	Pages.
16ᵐᵉ Liv. NIVERNAIS. — Lorsque j'étais petite.	125
Quand j'étais vers chez mon père.	125
J'étions trois capitaines.	128
17ᵐᵉ Liv. LIMOUSIN ET MARCHE. — Pourquoi me faire ainsi la mine?	131
Les Scieurs de long.	133
Quoiqu'en Auvergne.	136
18ᵐᵉ Liv. ANJOU. — Nous sommes trois souverains princes	139
La chanson du Rémouleur.	141
N'y a rien d'aussi charmant.	143
19ᵐᵉ Liv. DAUPHINÉ. — J'entends chanter ma mie.	147
La Pernette.	149
La Fille du général de France.	152
20ᵐᵉ Liv. BRETAGNE. — A Nant's, à Nant's est arrivé.	155
Rossignolet des bois.	157
Ronde des filles de Quimperlé.	160
21ᵐᵉ Liv. LORRAINE. — J'y ai planté rosier.	163
Mon père m'envoie-t-à l'herbe.	165
Le Rosier d'argent.	168
22ᵐᵉ Liv. LYONNAIS. — Belle, allons nous épromener	171
Nous étions dix filles dans un pré.	173
Pingo les noix.	176

	Pages.
23ᵐᵉ Liv. ORLÉANAIS. — Les Filles de Cernois.	179
Le Piocheur de terre.	181
Les Cloches.	184
24ᵐᵉ Liv. PROVENCE ET COMTAT D'AVIGNON. — Sur la montagne, ma mère.	187
Sirvente contre Guy.	189
Bonhomme, bonhomme.	191
25ᵐᵉ Liv. ILE-DE-FRANCE. — Germine.	193
Chanson de l'avoine.	197
Si le roi m'avait donné.	200
26ᵐᵉ Liv. ROUSSILLON. — J'ai tant pleuré.	203
Le Changement de garnison.	205
En revenant de Saint-Alban.	207
27ᵐᵉ Liv. CHAMPAGNE. — Cécilia.	211
Sur le bord de l'île.	213
C'est le jour du gigotiau.	216
28ᵐᵉ Liv. PRÉFACE.	1
29ᵐᵉ Liv.	»
30ᵐᵉ Liv. TITRE.	
— FRONTISPICE.	
— TABLES.	217

PARIS. TYPOGRAPHIE DE HENRI PLON, RUE GARANCIÈRE, 8.

Contraste insuffisant

NF Z 43-120-14

www.ingramcontent.com/pod-product-compliance
Lightning Source LLC
Chambersburg PA
CBHW050330170426
43200CB00009BA/1535